The Routledge Intermediate Dutch Reader

The Routledge Intermediate Dutch Reader has been specially designed for upper intermediate learners of Dutch and comprises a broad selection of graded readings.

The readings are taken from a range of contemporary Dutch writing, from newspapers and magazines through to specialist journals and the Internet. The texts have been specifically selected to ensure students receive maximum exposure to topics pertaining to Dutch language, culture and society, making this *Reader* an enjoyable and stimulating resource with a meaningful cultural context.

Each reading is fully supported by:

- a general introduction
- a vocabulary list with example sentences
- a number of text comprehension questions and extensive vocabulary exercises with model answers provided in the key
- a wide variety of speaking exercises relevant to the vocabulary and topic at hand
- a number of Internet research tasks
- a short list of suggested further reading.

A full glossary of words, an overview of fixed word combinations and an outline of irregular verbs are also available as free downloads at http://www.routledge.com/books/details/9780415550086/.

Suitable for both class use and independent study, *The Routledge Intermediate Dutch Reader* is an essential tool for facilitating vocabulary learning and increasing reading proficiency.

Eddy Verbaan is Research Associate at the University of Sheffield, UK. He has taught Dutch Studies at the Universities of Leiden, Paris IV-Sorbonne, Nottingham and Sheffield.

Christine Sas is Teaching Fellow of Dutch Language and Sociolinguistics at University College London's Department of Dutch.

Janneke Louwerse teaches Dutch at a secondary school in Delft, the Netherlands. She is a specialist in pedagogy and ICT.

ROUTLEDGE MODERN LANGUAGE READERS

Series Editor: Itesh Sachdev

Routledge Modern Language Readers provide the intermediate language learner with a selection of readings which give a broad representation of modern writing in the target language.

Each reader contains approximately 20 readings graded in order of difficulty to allow the learner to grow with the book and to acquire the necessary skills to continue reading independently.

Suitable for both class use and independent study, *Routledge Modern Language Readers* are an essential tool for increasing language proficiency and reading comprehension skills.

Available:

Turkish
Welsh
Chinese

Forthcoming:

Arabic
Brazilian Portuguese
Hindi
Korean
Japanese
Polish
Russian
Yiddish

The Routledge Intermediate Dutch Reader

Eddy Verbaan, Christine Sas and
Janneke Louwerse

Routledge
Taylor & Francis Group

LONDON AND NEW YORK

First published 2013
by Routledge
2 Park Square, Milton Park, Abingdon, Oxon OX14 4RN

Simultaneously published in the USA and Canada
by Routledge
711 Third Avenue, New York, NY 10017

Routledge is an imprint of the Taylor & Francis Group, an informa business

British Library Cataloguing in Publication Data
A catalogue record for this book is available from the British Library

Library of Congress Cataloging in Publication Data
  The Routledge Intermediate Dutch Reader / Eddy Verbaan, Christine Sas and Janneke Louwerse.
    pages cm. – (Routledge Modern Language Readers)
  Includes bibliographical references and index.
    1. Dutch language–Readers.   2. Dutch language–Textbooks for foreign speakers–English.
3. Dutch language–Culture.   I. Verbaan, Eddy, 1969–   II. Sas, Christine, 1971–
III. Herman-Louwerse, Jeannette.   IV. Title: Intermediate Dutch reader.
  PF112.R68 2013
  439.3186′421–dc23

                                                                                    2012050565

ISBN: 978-0-415-55007-9 (hbk)
ISBN: 978-0-415-55008-6 (pbk)
ISBN: 978-0-203-76661-3 (ebk)

Typeset in Scala
by Graphicraft Limited, Hong Kong

Printed and bound in Great Britain by
TJ International Ltd, Padstow, Cornwall

Contents

Acknowledgements

This reader was begun by Eddy Verbaan and Janneke Louwerse. When Janneke could no longer continue, Christine Sas took over from her. We enjoyed working together and could not have written this book without each other's contributions.

A warm thank you goes to those who have helped us shape this book. We are most grateful to Miranda van Rossum (University of Hull) and the anonymous Routledge reviewers for their comments on earlier versions of our manuscript. We would also like to thank Bas van den Boogaert (University of Utrecht) for his help with parts of the vocabulary lists, Valerie Geeraerts (University College London) for her help with the grading of the texts, and Eddy's students at the University of Nottingham who were used as human guinea pigs: Bobo Chiu, Hayley Hodge, Alexander McBride Wilson, Helen Shepheard-Walwyn, David Rutter and Richard Wilkinson. Finally, our gratitude goes to the authors whose work is included in this reader: Iris Pronk, Onno van Buuren, Elke van Riel, Amber van der Meulen, Monique Snoeijen, Brigit Kooijman, Marika Keblusek, Edward Dolnick, René van Trigt, Ernst Jan Pfauth, Jan Barsekok, Mathilde Jansen, Bas Blokker, Geert Bourgeois, Johan Leman, Jan Stroop, Herman Pleij, Kevin Absillis and Joost Zwagerman.

Every effort has been made to contact copyright holders. If any have been inadvertently overlooked the publishers will be pleased to make the necessary arrangements at the first opportunity.

Eddy Verbaan
Christine Sas
Sheffield/London, October 2012

Introduction

This reader is aimed at students of Dutch who are at the high intermediate or early advanced level. Its primary target are class-based students who study Dutch in a foreign language context in university, college or course environments such as evening classes, but the reader can also be used by self-study learners. Students can either pick and mix a selection of chapters from this reader, or work their way through the whole book. A good intermediate command of the language will be necessary from the start. The required starting level is roughly equivalent to the upper intermediate (B2) level of the Common European Framework of Reference for Languages. This translates approximately to university students who are in the 4th or 5th semesters of their study. Later texts progress into the advanced (C1) level.

There are twelve chapters of readings that are carefully graded. Each reading is accompanied by an extensive vocabulary list. They are followed by reading comprehension questions, vocabulary training, speaking exercises that relate to the topics of the texts and the vocabulary introduced, and Internet research tasks that aim to reinforce the acquired knowledge and skills. Each chapter ends with a short list of suggested further reading.

At the back of the book, students can access a model answer key. There is also a full glossary of all words (Appendix 1), an overview of fixed word combinations (Appendix 2) and a list of irregular verbs (Appendix 3). Appendices 1, 2 and 3 are available as free downloads on the Routledge website at http://www.routledge.com/books/details/9780415550086/.

Approach

This book is emphatically *not* a complete language method, but a *reader*. All exercises are designed to support the development of reading skills and of vocabulary in particular. They are designed with constructionist learning theories in mind.

Our emphasis on vocabulary learning is supported by the findings of current research. These show that reading proficiency is largely determined by the extent of a learner's vocabulary. They also indicate that extensive reading helps to increase a learner's vocabulary via a process of so-called 'incidental vocabulary learning'. Attractive texts that are sensibly attuned to the level of the learner will therefore facilitate incidental vocabulary learning and increase the learner's reading proficiency. However, readers will not always notice new words if they are presented in a (con)text, nor will they always be able to guess the meaning of new words. Furthermore, new words will only take root after considerable, continuously repeated exposure that allows learners to construct new mental models of meaning that are incorporated into pre-existing networks of meaning. In this reader we aim to reinforce this incidental vocabulary learning with 'intentional vocabulary learning', and to facilitate the construction of new mental models of meaning and their incorporation into pre-existing networks of meaning through carefully designed exercises and repeated exposure throughout each chapter individually and throughout the reader as a whole.[1]

This is done in a number of ways. New words are underlined in the text. Their meaning is given in vocabulary lists, which include sample sentences that present yet another context in which the word or word combination could occur. The vocabulary exercises (section 3) present a further opportunity for the learner to actively work with the new words and start incorporating them in a mental network of meaning. The speaking exercises that follow (section 4) are designed to offer learners new opportunities to actively use the vocabulary at hand in communicative situations. Finally, Internet-based tasks (sections 5 and 6) seek to encourage students to explore other relevant resources with the aim of further consolidating their newly acquired knowledge and skills, and engaging in further 'incidental vocabulary learning'.

Grammar explanations, grammar exercises and writing exercises are not part of the strategy of this reader. If necessary, the tutor can use a selection of our Internet-based tasks as writing assignments. Suggestions are given below.

Chapter structure

The constituent parts of each chapter are:

1. Vooraf
2. Teksten, woordenschat en vragen
3. Woordenschatoefeningen
4. Spreekoefeningen
5. Internetresearch
6. Verder surfen en lezen

Introduction (vooraf)

The introduction to each chapter aims to mobilise previous knowledge that students may already have on the topic and its related vocabulary. This will increase understanding of the text, and facilitate deeper learning as students progress through the chapter. Introductions typically involve a set of introductory questions, which can be used to trigger an initial discussion or a brainstorming session. They are followed by a brief discussion of the provenance of the texts ('Over de teksten').

Texts (teksten)

Each chapter contains one or more texts with an average length of 1,300 words per chapter. The readings are carefully graded. Chapters towards the beginning of the reader are usually shorter, and those towards the end longer and more complex. The texts are of a recent date and are taken from a range of both Dutch and Flemish media, such as newspapers, magazines, specialist journals, novels, collections of poetry, and the Internet. The topics relate to both Dutch and Flemish language, culture and society. This will expose students to a wide variety of topics, as well as a wide range of language uses in both the Northern and Southern parts of the Dutch language area.

Vocabulary lists (woordenschat)

New vocabulary is marked in the text and translated in the vocabulary lists. Each entry is accompanied by a sample sentence in which the word is presented in a relevant context. In order to keep the glossaries manageable, we have limited ourselves to mentioning (1) only the meaning of the word or word combination in the given context, and not all meanings that the word or word combination could have, and (2) only the most important of the grammatical characteristics of the word or word combination as detailed below.

Word	Information given	Abbreviations used	Examples
noun	gender	**de** or **het**	**werkwoord (het, -en)**
	plural	mv.: meervoud (plural)	**uitlaatklep (de, -pen)** **hulpkreet (de, -kreten)** **smeekbede (de, -n/-s)**
		g. mv.: geen meervoud (no plural exists)	**roem (de, g. mv.)**
		altijd mv.: altijd meervoud (only occurs as a plural)	**spitzen (altijd mv.)**
verb	irregularity; the conjugation of irregular verbs is given in Appendix 3	ww.: werkwoord (verb) onr.: onregelmatig (irregular)	**werken (ww.)** **lopen (ww., onr.)**
	fixed preposition		**zich wagen aan (ww.)**
word combinations	words that systematically occur together with a specific meaning; a separate list of word combinations is given in Appendix 2	vaste verb.: vaste verbinding (fixed combination)	**in spe (vaste verb.)** **de neus ophalen voor (iets) (vaste verb.)**

Text comprehension (vragen)

The comprehension of the text is trained in a variety of ways such as yes/no statements, multiple choice questions and open questions. Some of the open questions are factual, but others are interpretative. Since no correct answer exists for the latter, no answer is given in the answer key.

Vocabulary exercises (woordenschatoefeningen)

A person's vocabulary is a complex structure that involves referential meaning as well as connotations, syntactical and morphological characteristics, and an idea of how the words relate to other words in the person's vocabulary. This takes the form of a networked structure. The vocabulary exercises are designed to facilitate the construction of new mental models that fit in this existing networked structure. The exercises include:

– relating words to each other that have a common element of meaning (e.g. finding the odd one out and explaining why, or finding synonyms and antonyms),
– contextual exercises (e.g. filling in words from the glossary in sentences with a rich context),
– and exercises to learn and apply strategies for dealing with unknown but morphologically related vocabulary (e.g. discovering the meaning of a word by analysing compounds, exploring pre- and suffixes, or discovering derivations of words such as adjectives based on verbs and nouns).

The last vocabulary exercise of each chapter is designed to repeat vocabulary that occurs in the previous chapters of this reader. These exercises are clearly indicated as 'herhalingsoefening'. They focus on verbs, nouns and fixed combinations that occur in the three previous chapters. The 'herhalingsoefening' in Chapters 5 and 10 also focus on adjectives. Students who are working on a selection of chapters from this reader may wish to skip these exercises since they deal with vocabulary they may not have encountered.

Students are encouraged to make use of dictionaries, such as the printed dictionaries by *Van Dale*, *Prisma* and *Routledge*, or free online dictionaries such as:

– http://www.encyclo.nl, which includes synonyms and antonyms,
– http://en.bab.la/dictionary/, which provides sample sentences with a translation,
– and the on-line *Van Dale*, http://www.vandale.nl, which offers both a free service and paid subscriptions to more comprehensive online dictionaries.

Students are also encouraged to use dictionaries of proverbs such as http://www.spreekwoord.nl and http://www.woorden.org/spreekwoord.php.

Speaking exercises (spreekoefeningen)

The speaking exercises are designed for pairs or groups of students to discuss a topic relating to the theme. The exercises are set up in such a way that students are stimulated to use the vocabulary offered in the glossary and vocabulary exercises. The speaking exercises range from informal to more structured discussions, and include presenting plans and ideas using presentation software such as PowerPoint, and making audio and video recordings.

Internet-based tasks (Internetresearch)

The fifth section of each chapter contains between three and six tasks in which the students are asked to do their own research on the Internet into background issues that emerge from the texts. The issues are chosen to increase insight into the language, society and culture from the Netherlands and Dutch-speaking Belgium. These tasks contain no instructions on how the results of students' research should be communicated. This allows for flexibility in classroom situations: tutors can determine the nature of our Internet-based tasks with the specific needs of the current group of learners in mind. The tasks could be presented as writing or speaking exercises, using either formal situations (such as short reports or presentations), or informal ones (such as emails or unstructured discussions).

Suggested further reading (verder surfen en lezen)

Finally, each chapter ends with suggestions for further reading, predominantly on the Internet. The aim is to encourage students to further explore the topics discussed in the texts, and to allow them by means of extensive reading to further consolidate the new vocabulary and their newly acquired understandings of the culture, society and language(s) of the Low Countries.

We hope that you will enjoy using this book.

Note

1 This paragraph is based amongst others on Mondria, J.A. (1996) *Vocabulaireverwerving in het vreemde-talenonderwijs: de effecten van context en raden op de retentie*. PhD thesis Rijksuniversiteit Groningen, and Laufer-Dvorkin, B. (2006) 'Comparing Focus on Form and Focus on FormS in second-language vocabulary learning', *The Canadian Modern Language Review* 63.1: 149–66.

Chapter 1: Ik probeer mijn pen . . .

1. Vooraf

Heel veel mensen schrijven als hobby. Zoveel dat de kans groot is dat jij een amateurschrijver kent of misschien wel bent.

a. Schrijf jij voor je plezier (<u>houd</u> je bijvoorbeeld een dagboek <u>bij</u>)? Waarom wel/niet?
b. Ken jij mensen in je omgeving die voor hun plezier schrijven?
c. Kreeg jij op school les in creatief schrijven?
d. Welke beroemde schrijver (dood of levend) bewonder je? Waarom?

Over de teksten

De twee teksten uit dit hoofdstuk gaan over creatief schrijven in Nederland. De eerste tekst is een nieuwsbericht. Het rapporteert over de resultaten van een Schrijfonderzoek dat werd georganiseerd door de Nederlandse kwaliteitskrant *Trouw*. De tweede tekst is een achtergrondartikel naar aanleiding van dit Schrijfonderzoek. Beide artikelen verschenen in *Trouw*.

Woordenschat

bijhouden (ww., onr.)	to keep, to keep up with, to keep up to date *Omdat hij ziek was, heeft hij de laatste paar dagen zijn blog niet kunnen* <u>*bijhouden*</u>.

2. Teksten, woordenschat en vragen

Tekst 1 Anderhalf miljoen popelende schrijvers

Nederland telt 1 miljoen hobbyschrijvers en nog eens 1,5 miljoen 'aanstaande auteurs'. 'Dat is de bestselleritis,' zegt Renate Dorrestein.

De brievenbussen van uitgeverijen zouden wel eens kunnen gaan uitpuilen. Want zo'n 93.000 hobbyschrijvers zijn van plan om hun manuscript naar een uitgeverij te sturen. Dat blijkt uit het *Trouw* Schrijfonderzoek onder 2622 personen.

Eén van de opvallendste conclusies is dat er meer mensen zijn die over schrijven fantaseren, dan mensen die het ook daadwerkelijk doen. Al zijn dat er heel veel: ruim 1 miljoen Nederlanders van 18 jaar en ouder schrijven als hobby. Nog eens 1,5 miljoen doen dat nu niet, maar zeggen het wel van plan te zijn. Zij voelen zich mogelijk aangetrokken tot de romantiek van het schrijven, maar kunnen voor de activiteit zelf (nog) geen tijd of enthousiasme opbrengen.

Schrijfster Renate Dorrestein vermoedt dat veel mensen vooral fantaseren over schrijver zijn: 'Ik denk dat de *bestselleritis* daar één van de oorzaken van is: het is tegenwoordig voor een enkele schrijver mogelijk om rijkdom, roem en glorie te vergaren.'

Een derde van de hobbyschrijvers koestert de ambitie óf de droom officieel te debuteren. Maar de meeste schrijvers ervaren hun hobby als uitlaatklep of ontspanning.

De populairste genres zijn het blog op Internet en het (papieren) dagboek. Ook gedichten en korte verhalen zijn populair. Aan het grote project van een roman waagt slechts 4 procent van de schrijvers zich.

Er zijn meer vrouwen dan mannen die als hobby schrijven. Ruim 40 procent van de amateurschrijvers is jong (18 tot 34 jaar). Verder zijn ze relatief hoog opgeleid en welgesteld.

Woordenschat bij tekst 1

popelen (ww.)	to be eager to do something *Ze staan te popelen voor de deur van de bioscoop.*
aanstaand	future, upcoming *Kijk, daar staat zijn aanstaande vrouw.*
uitgeverij (de, -en)	publisher *De uitgeverij van de bekende roman 'De Avonden' was De Bezige Bij.*
uitpuilen van (ww.)	to bulge *Zijn zakken puilen uit van de snoep.*
zich aangetrokken voelen tot (iets of iemand) (vaste verb.)	to be attracted to (something or someone) *Hij voelt zich aangetrokken tot het katholicisme.*

(iets) kunnen opbrengen (vaste verb.)	to muster (something), to summon up (something) (such as a feeling or an attitude) *Zij vindt hem niet aardig: zij <u>kan</u> geen sympathie voor hem <u>opbrengen</u>.*
roem (de, g. mv.)	fame *Als voetballer vergaarde Marco van Basten veel <u>roem</u>.*
vergaren (ww.)	to gather *Voordat je begint met schrijven, moet je eerst zoveel mogelijk informatie <u>vergaren</u>.*
koesteren (ww.)	to cherish *Zij <u>koesteren</u> het plan om een jaar naar Australië te gaan.*
uitlaatklep (de, -pen)	*lit.*: outlet valve or exhaust valve; here: form of release *Voor haar is pianospelen een <u>uitlaatklep</u>: ze kan er al haar emoties mee uitdrukken.*
zich wagen aan (ww.)	to take a shot at *Na jaren te hebben gewerkt als popzangeres, <u>waagt</u> Madonna <u>zich aan</u> het maken van een film.*
welgesteld	wealthy *De kinderen op de privéschool kwamen allen uit <u>welgestelde</u> gezinnen.*

| Vragen bij tekst 1

1. De tekst rapporteert de uitkomsten van een Schrijfonderzoek door de Nederlandse krant *Trouw.*

    a. Welke twee soorten schrijvers zijn er volgens dat onderzoek, en wat zijn de kenmerken van deze twee soorten schrijvers?
    b. Hoeveel Nederlanders zijn er per groep?
    c. Geef aan welke subgroepen er zijn, en geef ook een karakteristiek van die subgroepen.

2. Dorrestein maakt een onderscheid tussen 'schrijven' en 'schrijver zijn' (alinea 4). Leg uit wat ze hiermee bedoelt.
3. Waarom schrijven de 1 miljoen Nederlanders?
4. Wat schrijven de 1 miljoen Nederlanders?
5. Wie zijn de 1 miljoen Nederlanders die schrijven?
6. In de cursief gedrukte inleiding staat *aanstaande auteurs* tussen <u>aanhalingstekens</u>. Leg uit waarom.
7. Renate Dorrestein heeft het over 'bestselleritis'. De uitgang '-itis' geeft in de medische wereld aan dat het om een ziekte gaat. Wat bedoelt Dorrestein met dit zelfverzonnen woord?

Woordenschat

aanhalingsteken (het, -s)   quotation mark
Het is een goede gewoonte om een citaat altijd tussen
aanhalingstekens te zetten.

Tekst 2 Waar heb jij leren schrijven? Op de universiteit

In het buitenland is 'creative writing' een vak op de universiteit. Hier is lang gedacht dat je literair
schrijven niet kunt leren.

Men neme een zolderkamer, <u>zitvlees</u>, een computer, een <u>snufje</u> inspiratie en een flinke
<u>scheut</u> talent. Voeg toe: ambitieuze schrijver <u>in spe</u>. Jaren laten <u>sudderen</u>, <u>hulpkreten</u> en
writer's blocks negeren. *Et voilà*: daar daalt van de zoldertrap een echte schrijver neer, met
een kant-en-klaar meesterwerk onder zijn arm.

Zo gaat het, en zo moet het ook, want schrijven is een <u>gave</u>, geen vak dat je – op een
<u>(hoge)school</u> bijvoorbeeld – zou kunnen leren. Dat is de romantische gedachte die in Neder-
land lange tijd dominant is geweest.

Er zijn voorbeelden genoeg van autodidacten die deze gedachte versterken: W.F. Hermans,
Gerard Reve, Harry Mulisch, Joost Zwagerman, Arnon Grunberg, ze publiceerden hun
eerste boek voor hun 26ste, zonder schrijfcoach of cursus 'Succesvol debuteren'. Dus zijn
er nauwelijks serieuze opleidingen voor schrijvers in Nederland, en wel conservatoria, dans-
opleidingen, toneelscholen en kunstacademies.

'Kunstfactor Schrijven' is de <u>belangenvereniging</u> voor amateurschrijvers en publiceerde
kortgeleden een manifest voor (her)oprichting van een opleiding tot docent creatief schrijven. Zo'n
docent zal zich vooral op volwassen (hobby)schrijvers moeten richten. Want anders dan muziek
of tekenen is creatief schrijven geen apart vak op de <u>basisschool</u> of in het <u>voortgezet onderwijs</u>.
Kinderen schrijven een <u>opstel</u> ('Mijn mooiste vakantiedag'), en dat is het meestal wel.

Er is – naast het romantische beeld van de eenzaam <u>zwoegende</u> schrijver – nog een
tweede verklaring voor de geringe aandacht in het reguliere onderwijs voor creatief schrijven.
Een <u>strijkstok</u> goed vasthouden is moeilijk, een klarinet aanblazen ook, net als het lopen
(<u>laat staan</u> dansen) op <u>spitzen</u>. Maar iedereen kent het alfabet en <u>kan met</u> pen en computer-
muis <u>overweg</u>. Het schrijfinstrumentarium kent weinig geheimen.

Maar al beheerst dus bijna iedere Nederlander de basistechniek, dat wil nog niet zeggen
dat hij ook kan schrijven. <u>Binnenrijm</u>, metafoor, metrum, perspectief, spanning en stijl, dat
zijn nog maar enkele van de literaire 'trucs' en technieken die professionele schrijver en
dichters moeten kunnen gebruiken bij het schrijven van een roman of poëzie.

Daarbij komen nog een heleboel andere <u>vaardigheden</u> die je alleen door oefening kunt
leren: herschrijven, <u>schrappen</u>, <u>omgaan met</u> kritiek, schrijfangst overwinnen, authentiek
durven zijn, je eigen stem als schrijver vinden.

Daarom is Renate Dorrestein, schrijfster van succesvolle romans, een groot voorstander
van onderwijs in creatief schrijven. 'Natuurlijk is talent een onmisbare basisvoorwaarde,' zegt
zij. 'Maar daarnaast zitten er aan schrijven heel veel <u>ambachtelijke</u> kanten, die je gewoon
kunt leren.'

Dorrestein vindt dat Nederland 'bespottelijk achterloopt' bij de Verenigde Staten, waar *creative writing* al vele jaren vast onderdeel is van het universitaire curriculum. Meer dan 350 Amerikaanse universiteiten hebben zelfs een programma van drie jaar. Beroemde schrijvers als Michael Cunningham en Jhumpa Lahiri vertellen onbekommerd dat ze hebben leren schrijven op de universiteit. Maar in Nederland haalden schrijvers en universiteiten lange tijd hun neus op voor het vak creatief schrijven. Daaraan kleeft immers een luchtje van buurthuizen, geen academische air.

Wetenschap en literatuur liggen hier sowieso verder uit elkaar dan elders, weet Ad Zuiderent, universitair docent aan de Vrije Universiteit in Amsterdam. 'Ik was te gast op een universiteit in Zuid-Afrika, en dacht: welke docent schrijft hier eigenlijk géén roman of gedichten? Dat is in Nederland heel anders.'

Wetenschappers moeten literatuur bestuderen, niet zelf maken, dat was de gangbare opinie onder Nederlandse professoren. Geert Buelens, hoogleraar in Utrecht: 'Een van mijn voorgangers, A.L. Sötemann, sprak nieuwe studenten altijd toe met de woorden: "Als je van plan bent om schrijver te worden, dan is daar de deur." Vroeger was het idee: het hoogst haalbare voor een neerlandicus is de structuuranalyse van de *Max Havelaar*.'

Maar dat idee is langzaam aan het veranderen. Verscheidene universiteiten werken al met gastschrijvers als Renate Dorrestein, Tommy Wieringa en Abdelkader Benali. En aan de Vrije Universiteit ligt een plan klaar voor een bijzondere leerstoel 'Literair schrijven'. Zuiderent, bedenker van dat plan, heeft daarnaast nog een 'verre droom': een *major*-studie creatief schrijven, naar Amerikaans voorbeeld, met ook een deel literatuurgeschiedenis en literatuurwetenschap. Hij gaat dit voorjaar alvast zelf een cursus schrijven geven. 'Er zijn zelfs collega's die vragen: Mag ik meedoen?'

De (academische) tijdgeest lijkt dus zo langzamerhand wel rijp voor het idee dat literair schrijven toch – net als andere kunstdisciplines – te leren is. Al zijn er mensen genoeg die blijven benadrukken dat de Reves en Grunbergs van straks er toch ook op eigen kracht moeten komen.

Eén van hen is Pauline Durlacher, directeur van de Schrijversvakschool, een vierjarige particuliere schrijfopleiding in Amsterdam. Jaarlijks beginnen zo'n vijftig studenten van gemiddeld 37 jaar oud aan het eerste jaar. 'Daarvan studeren er slechts drie of vier af.' Dat het slagingspercentage zo laag is, vindt Durlacher geen probleem: 'Je kunt niet vijftig goede schrijvers per jaar afleveren. Daar is ook helemaal geen markt voor.'

Sommige studenten die hun diploma wel halen, hebben inmiddels een officieel oeuvre op hun naam staan. Maar er zijn ook studenten die 'briljant' afstuderen en vervolgens nooit meer van zich laten horen. Het ontbreekt deze mensen zeker niet aan talent, zegt Durlacher: 'Maar wel aan doorzettingsvermogen. Schrijven is zwaar, het is heel intensief, je wordt er een beetje daas van, je staat buiten de wereld. Er zijn veel meer redenen om niet te schrijven dan om het wel te doen. Je hebt veel discipline nodig en díe kun je niet leren.'

Woordenschat bij tekst 2

zitvlees hebben (vaste verb.)	to be able to sit still for a long time *Zij heeft geen zitvlees: ze kan nog geen tien minuten stilzitten.*

snufje (het, -s)   a pinch
Als je nog een snufje zout bij de pasta doet, wordt hij lekkerder.

scheut (de, -en)   a dash
Engelsen gebruiken in hun thee altijd een flinke scheut melk.

in spe (vaste verb.)   upcoming
De assistent-coach van Arsenal is een topcoach in spe.

sudderen (ww.)   to simmer
Terwijl het vlees stond te sudderen, deed ze de afwas.

hulpkreet (de, -kreten)   cry for help
Veel mensen bellen onze telefonische hulplijn met de hulpkreet: 'Help, mijn computer is kapot.'

gave (de, -n)   gift, talent
De psycholoog had de gave om heel goed te luisteren.

hogeschool (de, -scholen)   university of applied science (vocational and professional training)
Hogescholen bieden beroepsonderwijs. Dat wil zeggen dat ze hun studenten opleiden voor een specifiek beroep.

belangenvereniging (-en)   interest group
Politici krijgen veel bezoek van belangenverenigingen die hun belangen hoger op de politieke agenda willen krijgen.

basisschool (de, -scholen)   primary school
Marie heeft leuke herinneringen aan haar basisschool.

voortgezet onderwijs (het, g. mv.)   secondary education
In Vlaanderen noemt men het voortgezet onderwijs secundair of middelbaar onderwijs.

opstel (het, -len)   composition, essay, paper
Nicole schreef het mooiste opstel van de klas.

zwoegen (ww.)   to toil
Zij zwoegen voor het examen.

strijkstok (de, -ken)   bow (for musical instrument)
Als je viool speelt, weet je dat een strijkstok is gemaakt van paardenhaar.

laat staan   let alone
Hij spreekt geen Engels, laat staan Frans.

spitzen (altijd mv.)   ballet shoes
Het meisje was nog te jong voor spitzen, maar ze wilde ze erg graag hebben.

overweg kunnen met (iets of iemand) (vaste verb.)	to be good with (something), to get along with (someone) *Het zijn goede vrienden: ze <u>kunnen</u> goed <u>met</u> elkaar <u>overweg</u>.* *Hij <u>kan</u> uitstekend <u>overweg met</u> de computer.*
binnenrijm (het, -en)	internal rhyme *'Er staan <u>bomen</u> die tot de hemel <u>komen</u>.'*
vaardigheid (de, -heden)	ability, skill *Bertus heeft weinig sociale <u>vaardigheden</u> en krijgt hier training voor.*
schrappen (ww.)	to delete *De pornografische passage moest uiteindelijk <u>geschrapt</u> worden omdat veel lezers er problemen mee zouden hebben.*
omgaan met (ww., onr.)	to deal with, to handle *Hij kan goed <u>met</u> computers <u>omgaan</u>. Hij weet er veel vanaf.*
ambachtelijk	artisan *Ik koop mijn brood bij de <u>ambachtelijke</u> bakker want ik vind fabrieksbrood niet lekker.*
bespottelijk	ridiculous *Hij heeft geen goede smaak: soms draagt hij <u>bespottelijke</u> kleren!*
onbekommerd	unconcerned, carefree *Hij leidt een <u>onbekommerd</u> leven.*
de neus ophalen voor (iets of iemand) (vaste verb.)	to look down on (something or someone) *Hij <u>haalt zijn neus op voor</u> iedereen die minder verdient dan hij.*
gangbaar	conventional, current, common *In sommige culturen is het niet <u>gangbaar</u> dat een man en een vrouw elkaar een hand geven.*
daar is (het gat van) de deur (vaste verb.)	you can go, please leave *Als je zo onaardig doet, dan <u>is daar het gat van de deur</u>.*
neerlandicus (de, -ci)	Dutch Studies specialist, someone with an academic degree in Dutch Studies *Toen ik mijn diploma ontvangen had, was ik officieel <u>neerlandicus</u>.*
Max Havelaar	famous novel from 1860 by Multatuli, pen name of Eduard Douwes Dekker

bijzondere leerstoel (de, -en)	endowed chair, professorship that is paid for with external funding *Na zijn periode als minister-president, kreeg Jan Peter Balkenende een bijzondere leerstoel aan de Erasmus Universiteit Rotterdam.*
tijdgeest (de, g. mv.)	spirit of the times, zeitgeist *Kleine kinderen met mobieltjes zijn typerend voor deze tijdgeest.*
slagingspercentage (het, -s)	success rate *Het doel van de cursus is een slagingspercentage van minimaal 95.*
afleveren (ww.)	to deliver *Die fabriek levert ieder uur 200 auto's af.*
doorzettingsvermogen (het, g. mv.)	perseverance *Zij heeft een enorm doorzettingsvermogen: als ze aan iets begint, doet ze alles om haar doel te bereiken, ook al duurt het lang.*
daas	scatterbrained *Na drie weken hard studeren kon Sofie alleen nog maar daas voor zich uit kijken.*

Vragen bij tekst 2

1. Zijn onderstaande beweringen waar of niet waar?

   a. Op de basisschool in Nederland is creatief schrijven een apart vak.
   b. Schrijven heeft ook ambachtelijke kanten.
   c. In Nederland denkt men: alleen zwoegende autodidacten worden goede schrijvers.

2. In de cursief gedrukte inleiding staat: 'Hier is lang gedacht dat je literair schrijven niet kunt leren.' In welke alinea wordt deze opvatting beschreven?
3. Alinea 1 is een recept. Lees deze alinea nog eens zorgvuldig.

   a. Wat wordt er bereid?
   b. Welke ingrediënten zijn er nodig?
   c. Wat moet de kok doen?
   d. Wie is de kok?

4. De tekst geeft twee verklaringen waarom er in Nederland zo weinig aandacht is voor creatief schrijven in het onderwijs. Welke twee?
5. Durlacher zegt: 'Er zijn veel meer redenen om niet te schrijven dan om het wel te doen.' Leg uit wat ze met deze bewering bedoelt.

Woordenschat

bewering (de, -en)	assertion, statement, claim *Zijn <u>bewering</u> dat de klimaatverandering niet door de mens wordt veroorzaakt, is bespottelijk.*
opvatting (de, -en)	opinion *Haar man heeft ouderwetse <u>opvattingen</u> over het huwelijk.*
bereiden (ww.)	to prepare (food) *Gisteren heeft zij een heerlijke maaltijd <u>bereid</u>.*

3. Woordenschatoefeningen

I   Welk woord hoort niet in het rijtje thuis en waarom?

1. roman – manuscript – dichtbundel – dagboek
2. dansopleiding – kunstacademie – basisschool – toneelschool
3. ridicuul – daas – belachelijk – bespottelijk
4. gangbaar – welgesteld – regulier – normaal – gewoon
5. school – onderwijs – opleiding – opstel

II   Zoek de tegengestelden (antoniemen). Verbind een woord uit de eerste kolom met een woord uit de tweede kolom. De betekenis van de woorden in de rechterkolom kun je afleiden uit de onderstaande zinnen.

1.	welgesteld	a.	onopgemerkt
2.	schrappen	b.	zorgelijk
3.	aanstaand	c.	luieren
4.	opvallend	d.	feit
5.	onbekommerd	e.	toevoegen
6.	daas	f.	opmerkzaam
7.	gangbaar	g.	berooid
8.	zwoegen	h.	verwaarlozen
9.	opvatting	i.	verleden
10.	koesteren	j.	ongebruikelijk

a.   De dief kwam *onopgemerkt* het huis binnen. Niemand die hem hoorde of die hem zag.
b.   Weet jij waarom zij zo *zorgelijk* kijkt? Heeft ze problemen?
c.   Een van zijn hobby's is *luieren*. Hij houdt ervan om hele dagen helemaal niets te doen.
d.   Als iets een *feit* is, dan is het zeker dat het is gebeurd of dat het waar is.
e.   De koffer is nu helemaal vol. Je kunt echt niets meer aan de bagage *toevoegen*.
f.   Hij keek *opmerkzaam* om zich heen zodat hij zeker wist dat hij alles zag.
g.   Toen hij al zijn geld met beursspeculaties had verloren, was hij helemaal *berooid*.

h. Saskia heeft haar kat *verwaarloosd*. Ze heeft het beest al weken geen eten gegeven. De kat leeft nu van de kattenbrokjes die Saskia's buurman iedere dag voor het arme beest buiten zet.

i. In het *verleden* heeft hij weinig boeken gelezen, maar ik denk dat hij in de toekomst vaker zal lezen.

j. Het is heel *ongebruikelijk* dat de koningin in het openbaar door een van haar onderdanen wordt gekust. Het gebeurt bijna nooit.

III Bestudeer de woordenlijst goed en vul het ontbrekende woord in onderstaande zinnen in. Let op dat je de juiste vorm gebruikt. Kies uit:

neerlandicus – zich aangetrokken voelen tot – de neus ophalen voor – op kunnen brengen – gave – overweg kunnen met – slagingspercentage – daar is het gat van de deur – laat staan – uitgeverij – rijp zijn voor – popelend – uitpuilen van – gangbaar – vergaren – vaardigheid – uitlaatklep

Mijn oudtante van 93 is zeer getalenteerd. Eén van haar . . . (1) is haar intelligentie. Niet dat ze ooit een opleiding heeft voltooid, want ze . . . (2) 'die domme school'. Ze heeft de basisschool nooit afgemaakt, . . . (3) een vervolgopleiding. Dus leverde ze ondanks haar hoge IQ geen bijdrage aan een hoog . . . (4) van haar school. Overigens was het in haar tijd ook niet . . . (5) dat meisjes verder leerden. Maar mijn oudtante heeft tijdens haar lange leven heel veel kennis en . . . (6) zelf . . . (7). Ze heeft zich vooral altijd erg . . . (8) de Nederlandse taal en literatuur. De . . . (9) zijn blij met mensen als mijn oudtante, want haar boekenkasten . . . (10) de romans en poëziebundels. Ze weet misschien wel meer van de literatuur uit De Lage Landen dan een afgestudeerde . . . (11)! Ze houdt van lezen omdat het voor haar een noodzakelijke . . . (12) is. Ze zegt altijd: 'Jongens, als ik het lezen niet meer . . . (13), . . . (14) ik het gesticht.' Maar voorlopig komt ze daar niet, want ze . . . (15) uitstekend het Internet en heeft de nieuwe roman van Arnon Grunberg al besteld. En nu zit ze . . . (16) op de postbode te wachten. Oei, daar komt hij. Ik drink snel mijn koffie op voordat m'n oudtante zegt: 'Sorry lieverd, ik ga lezen, . . . (17)!'

Woordenschat

afmaken (ww.)	to finish *Zij heeft haar studie nooit afgemaakt.*
gesticht (het, -en)	mental institution *Omdat de psycholoog vindt dat de massamoordenaar psychisch onstabiel is, moet hij de rest van zijn leven in een gesticht doorbrengen.*

IV Het Nederlands kent veel samenstellingen. Dat zijn woorden die uit twee (of meer) woorden bestaan. Door ze goed te bekijken kun je vaak de betekenis wel afleiden.

a. Omschrijf de volgende samenstellingen. Gebruik zo nodig een woordenboek.

Voorbeeld
de zolderkamer: de kamer op zolder
het zitvlees: het vlees waarop je zit

1. de hulpkreet   de kreet (schreeuw) om . . .
2. de zoldertrap   de trap die . . .
3. de schrijfclub   de club waar . . .
4. de schrijfcoach   iemand die . . .
5. de dansopleiding   de opleiding waar . . .
6. de hobbyschrijver   de schrijver die . . .
7. het buurthuis   het huis voor . . .
8. de belangenvereniging   de vereniging die . . .

b. Zoek deze samenstellingen in tekst 2 en kijk eens of je er nog andere vindt.

V Vervang de schuingedrukte woorden door de synoniemen uit het onderstaande rijtje.

zwoegen – afleveren – de neus ophalen voor – zich wagen aan – kunnen opbrengen – zich aangetrokken voelen tot – schrappen – overweg kunnen met

1. Ik *heb* geen <u>geduld</u> om de hele film te zien.
2. Zij hebben gisteren de hele dag *hard gewerkt* aan hun huiswerk.
3. Als schrijver moet je goed gedeeltes van je eigen tekst kunnen *verwijderen*, ook al voelt het soms als snijden in eigen vlees.
4. Die nieuwe schrijversschool *produceert* aan de lopende band nieuwe schrijvers.
5. Die schrijvers *beheersen* niet alleen het schrijfinstrumentarium, maar zij hebben ook kennis van literaire stijlmiddelen en ze hebben veel doorzettingsvermogen.
6. Ik dacht dat ik niet van extreme sporten hield, maar ik heb bungeejumpen *geprobeerd* en nu is dat mijn favoriete hobby!
7. *Vind* jij de acteur uit die soap ook zo *aantrekkelijk*?
8. Je kunt merken dat zij *zich beter voelt dan* een auteur die het schrijven heeft geleerd op een cursus.

Woordenschat

geduld (het, g. mv.)   patience
                              Ik wil later geen docent worden: ik heb niet genoeg <u>geduld</u>.

4. Spreekoefeningen

Er wordt heel veel geschreven, heel veel verkocht en dus heel veel gelezen. Tenminste, dat zou je denken. Maar de Vlaamse radio heeft uitgezocht welke boeken on(uit)gelezen in de boekenkast staan. De top-5:

1. *Het verdriet van België* – Hugo Claus
2. *De slinger van Foucault* – Umberto Eco
3. *Duivelsverzen* – Salman Rushdie
4. *De bijbel*
5. *Ulysses* – James Joyce

Veel van deze boeken staan ook ongelezen op Nederlandse boekenplanken, plus *De ontdekking van de hemel* van Harry Mulisch, *De avonden* van Gerard Reve (zie ook opdracht 7, Internetresearch) en boeken van Simon Vestdijk ('de man die sneller schreef dan God kon lezen').

1. Gesprek over niet-lezen

Werk in groepjes van twee. Voer een gesprek over lezen, of eigenlijk: niet-lezen. Gebruik de onderstaande vragen.

–   Wat is je laatst gelezen boek?
–   Heb je dit boek uitgelezen?
–   Heb je pagina's overgeslagen?
–   Welke boeken heb jij thuis ongelezen in de kast staan?
–   Welke van deze boeken ga je ook nooit lezen?
–   Waarom lees je een bepaald boek niet uit?
–   Welk zeer beroemd boek heb jij (nog) nooit gelezen?
–   Aan welke klassieker ben je ooit tevergeefs begonnen?
–   Over hoeveel boeken heb je gezegd dat je ze gelezen hebt terwijl dat niet zo was?
–   Werd(en) deze 'leugen(s)' ontdekt?
–   Van welk boek vind je dat je het per se gelezen moet hebben?

2. Stellingen over leren schrijven

Organiseer een discussie over schrijven. Gebruik daarvoor een of meer van de onderstaande stellingen. Wijs een of twee discussieleiders aan, een groep die het met de stelling eens is en een groep die ertegen is. Neem voldoende tijd om de discussie voor te bereiden.

–   Alle kunstsoorten (dus ook literair schrijven) kun je leren.
–   Leerlingen op school creatief leren schrijven is geld- en tijdverspilling.
–   Er debuteren veel te veel schrijvers, dat is jammer van al dat papier.
–   Discipline kun je niet leren.

5. Internetresearch

1. Uit tekst 1 blijkt dat 2,5 miljoen Nederlanders schrijven of van plan zijn te gaan schrijven. Maar hoeveel procent van de totale bevolking in Nederland is dat eigenlijk? Ga naar de website van het Centraal Bureau voor de Statistiek en zoek het uit.
2. Renate Dorrestein heeft het in tekst 1 over 'bestselleritis'. Een variant hierop is 'aanstelleritis'. Ga naar het gratis onlinewoordenboek van de belangrijkste woordenboekmaker, Van Dale (http://www.vandale.nl), en vind uit wat 'aanstelleritis' is.
3. In de jaren '80 van de vorige eeuw brak er in Nederland nog een heel bijzondere ziekte uit: de Hollanditis. Geef een korte beschrijving van deze ziekte. Gebruik hiervoor informatie van het Internet.
4. In tekst 2 (alinea 4) wordt naar enkele beroemde auteurs verwezen. W.F. Hermans, Gerard Reve en Harry Mulisch worden wel 'de grote drie' van de naoorlogse Nederlandse literatuur genoemd. Zoek via Wikipedia en de Digitale Bibliotheek voor de Nederlandse Letteren (http://www.dbnl.org) naar deze drie auteurs en noteer van elk de drie beroemdste werken.

6. Verder surfen en lezen

- http://www.trouw.nl/schrijf: op de sectie *Schrijf* van de Nederlandse krant *Trouw* vind je veel informatie over literatuur en literair schrijven in het Nederlandse en internationale nieuws.
- http://www.renatedorrestein.nl: dit is de officiële website van literair auteur Renate Dorrestein, die in de teksten van dit hoofdstuk aan het woord wordt gelaten.
- http://www.schrijversvakschool.nl: op de website van de Schrijversvakschool in Amsterdam kun je lezen over de schrijfcursussen die zij organiseren. Er is zelfs een volledige (deeltijd)opleiding voor aspirant-schrijvers!
- http://www.schrijvenonline.nl: op deze website vind je schrijfnieuws, schrijftips, schrijfblogs en een actieve community van schrijvers en schrijfdocenten.

Sources

Text 1: based on 'Anderhalf miljoen popelende schrijvers', in: *Trouw*, 15 November 2007.
Text 2: based on Iris Pronk, 'Waar heb jij leren schrijven? Op de universiteit', in: *Trouw*, 15 November 2007.

Chapter 2: Geluk

Voor veel mensen is <u>geluk</u> een ideaal dat ze <u>nastreven</u>. Maar het is niet zo simpel als het klinkt: geluk is niet eenvoudig te definiëren en het wordt vaak <u>verward met</u> aspecten zoals rijkdom en status.

a. Hoe zou jij geluk definiëren? Welke aspecten <u>dragen</u> er volgens jou <u>toe bij</u>?
b. Hoe worden gelukkige mensen, van verschillende generaties, afgebeeld, in reclame en op andere plaatsen? Wat zijn de fysieke aspecten van deze beelden?
c. 'Geld maakt niet gelukkig' is een oud adagium. Wat denk je, zit er een waarheid in of is het naïeve onzin?
d. Denk je dat het zinvol is om geluk na te streven? Of denk je dat andere dingen belangrijker zijn?

Over de tekst

Dit hoofdstuk bevat één tekst. Het is een interview met Ruut Veenhoven, een academicus die onderzoek doet naar geluk. Het gesprek gaat over de relatie tussen welvaart, geluk en de samenleving. De tekst is oorspronkelijk gepubliceerd op een website met informatie en publicaties op het gebied van carrièremanagement en persoonlijke ontwikkeling.

Woordenschat

geluk (het, g. mv.)	here: happiness *Geluk nastreven kan je pas doen als je brood op tafel hebt en een dak boven je hoofd.*
nastreven (ww.)	to pursue, to aim for *Men zegt wel eens dat je je ziel aan de duivel verkoopt als je alleen geld en welvaart nastreeft.*
verwarren met (ww.)	to confuse (with) *De woorden 'lijken' en 'blijken' worden vaak met elkaar verward, terwijl er toch een belangrijk verschil tussen zit.*
bijdragen tot (ww., onr.)	to contribute (to) *Het enthousiasme van de kinderen en hun ouders heeft enorm bijgedragen tot het succes van de school; iedereen wilde er een succes van maken.*

2. Tekst, woordenschat en vragen

Tekst   Ruut Veenhoven, onderzoeker van geluk

Geld maakt niet gelukkig, vrijheid wel

'We zijn <u>*verdomd*</u> *gelukkig; onder andere door de zeer gevarieerde en* <u>*uitdagende*</u> *arbeidsmarkt.'
Ruut Veenhoven, werkzaam op de Erasmus Universiteit Rotterdam, onderzoekt al dertig jaar
wereldwijd het geluksgevoel. Uit zijn* World Database of Happiness *concludeert hij dat we ons
geluk vooral danken aan de meerkeuzemaatschappij. 'Die* <u>*dwingt*</u> *tot nadenken over wat het meeste
geluk* <u>*oplevert*</u>*. Sommige mensen* <u>*leggen teveel in het mandje van*</u> *de carrière.'*

U zei in een interview dat carrière niet van invloed is op geluk. Dat lijkt me een <u>boude</u> stelling.

'Daarmee bedoel ik carrière <u>in de zin van</u> hogerop komen. Bij geluk gaat het erom dat je
lekker bezig bent. Daarvoor hoef je niet <u>uitsluitend</u> in directiekamers te <u>vertoeven</u>. Je ziet
wel dat mensen in beroepen met een hogere status iets gelukkiger zijn, maar <u>dat zit 'm</u>
waarschijnlijk <u>in</u> de vrijheid die ze hebben. De correlatie tussen geld en geluk is <u>buitenge-
woon</u> klein. Bij mensen die meer geld krijgen zie je een kortstondige <u>opleving</u>, maar na
een jaar is dat extra geluk weg. In een arm land heeft een loonsverhoging natuurlijk wel
meer effect dan hier.'

U noemt dat de wet van de <u>afnemende</u> <u>meeropbrengst</u>.

'Ja, als je kijkt naar een grafiek van het gemiddeld geluk in landen, zie je dat eerst toenemen met het inkomen, maar daarna <u>vlakt</u> het <u>af</u>. Het geluksverschil tussen rijk en heel rijk
zie je nauwelijks.'

Veel mensen voelen zich niet gelukkig in hun werk. Het is saai of ze hebben last van stress,
vervelende collega's of een incompetente baas. Wat zou je die mensen aanraden?

'In bepaalde beroepen zijn mensen gemiddeld minder gelukkig; dat zit met name in de
zelfcontrole. Het kan ook zijn dat je als persoon niet in dat beroep past. Dan kun je beter
iets anders gaan doen. Een andere mogelijkheid is dat het in jezelf zit; dat je in elke
baan ongelukkig wordt, omdat je <u>nou eenmaal</u> een neuroot bent. Dan helpt het niet om je
baan <u>op te zeggen</u>, want je neemt de ellende met je mee. Loop dan eens langs bij het <u>RIAGG</u>;
en als dat niet helpt: <u>jammer dan</u>.'

'Als je je baan niet geweldig vindt en je ziet geen alternatief, moet je zoveel mogelijk compensatie zoeken. Wat minder werken of leuke dingen doen. Geluk is tenslotte de balans
tussen positieve en negatieve gevoelens.'

Is de <u>jacht</u> naar geluk niet een hype? Het lijkt <u>aangejaagd</u> door de commercie met z'n
droombeelden in de reclame. Moeten we het geluk niet juist vinden in immateriële zaken?

'Reclame probeert consumptiegoederen te verbinden aan geluk, met plaatjes van lachende
mensen. Je <u>kunt je geluk niet op</u> met al die wasmiddelen! Maar er zijn weinig mensen die
denken dat je gelukkig wordt van waspoeder.

Maar veel mensen hebben toch de neiging hun verdriet of onvrede te verdringen door te gaan winkelen?

'Ja, maar het geluksonderzoek laat zien dat het verband met materiële goederen beperkt is. Een eigen huis of een auto maakt wel iets uit. Ik denk dat de belangstelling voor geluk niet zozeer door het kapitalisme wordt aangewakkerd, maar eerder structureel is. Als grote problemen als armoede en onderdrukking weg zijn, vraagt de mens zich af wat hem verder gelukkig kan maken.

'De samenleving ontwikkelt zich steeds meer tot meerkeuzemaatschappij; keuzes worden steeds minder voorgeschreven door familie of de kerk. Bij al die keuzes vragen mensen zich af waar ze het gelukkigst van worden. Vroeger kon je bijvoorbeeld te snel kinderen krijgen. De pil maakte een bewuste keuze mogelijk. Overigens blijkt uit onderzoek dat je iets minder gelukkig wordt van kinderen krijgen; het gaat om de balans tussen voor – en nadelen.'

Geld en kinderen maken dus niet gelukkig. Wat dan wel?

'Er is een discussie onder een aantal economen over wat nou gelukkig maakt. Er is een stroming die zegt: vriendschap, liefde en familie, dus we moeten wat minder werken. Ik geloof dat er wel wat in zit. Sommige mensen leggen teveel in het mandje van de carrière. Dat maakt ze kwetsbaar als het werk wat minder gaat. Het is altijd verstandig een redelijke mix te houden.

'Maar mensen slaan door als ze zeggen: "extra inkomen maakt niet gelukkig, dus werk maakt niet gelukkig". Nee, we zijn gelukkiger dan ooit in de geschiedenis; ik denk dat dat voor een deel komt door het werk. Als je niks te doen hebt, verveel je je de ogen uit je hoofd. Daarom nemen veel huisvrouwen de dubbele belasting van een baan op de koop toe. Die willen buiten de deur komen en lekker bezig zijn. We zijn en blijven verdomd gelukkig; ik denk dat dat onder andere komt door de zeer gevarieerde en uitdagende arbeidsmarkt. Door het wegautomatiseren van saaie rotbanen is de kwaliteit van de arbeid behoorlijk toegenomen.'

Waar komt geluksbeleving eigenlijk vandaan? Dient het een doel?

'Wanneer je je vermogens goed gebruikt, beloont de natuur dat met een goed gevoel. Dat psycho-biologische mechanisme komt voort uit de evolutie. Als jager of verzamelaar moest je je fit voelen en op tijd kunnen wegrennen voor een slang of een leeuw. We zijn er dus op gebouwd op een redelijk hoog attentieniveau te functioneren. Maar in de tijd van de landbouwsamenleving sloeg de verveling toe; je stopte een aardappel in de grond en moest vervolgens lang wachten tot er iets uit kwam. Dat maakt vreselijk lui, en dat is waarschijnlijk de reden dat dat niet zo'n gelukkige periode voor de mensheid is geweest.'

'Als je de geschiedenis van geluk van de mensheid weergeeft in een grafiek zie je een langdurige constante. Na de agrarische revolutie zakt het in, en na de industriële revolutie zit het geluk weer in de lift. Niet alleen doordat goederen nu veel efficiënter worden geproduceerd, maar ook doordat arbeid veel gevarieerder is en dus aansluit op de menselijke behoefte om bezig te zijn en scherp te blijven.'

U denkt ook dat individualisme geluk bevordert. Maar in hechte gemeenschappen kunnen mensen zich toch veilig en geborgen voelen, en dus gelukkig?

'In Japan zijn mensen duidelijk minder gelukkig dan in het Westen. Dat zit 'm waarschijnlijk in dat collectivisme; je bent daar erg onderdeel van een groep. De baas zoekt een verloofde voor je uit. Daar is een mens niet op gebouwd. De mens heeft 95 procent van z'n bestaan als jager-verzamelaar in vrij losse verbanden geleefd. Rondtrekkend in kleine groepjes waren ze redelijk individualistisch, vergelijkbaar met mensapen.'

'Wij zijn dus sociale dieren met een voorkeur voor zwakke en inwisselbare banden. Bij jagers-verzamelaars komt seriële monogamie vaak voor. Door de landbouw raakten mensen afhankelijker van hun samenleving, want ze moesten hun land en de oogst beschermen. Je bent dan veel meer aangewezen op de groep. Daarom was de invloed van de kerk en de familie in de Middeleeuwen sterk. Maar daar is de mens van nature niet zo geschikt voor. Dus toen men door de industriële revolutie aan de sociale druk kon ontsnappen, deed men dat ook. Men trok naar de stad, ook al waren de leefomstandigheden daar niet zo goed.'

Woordenschat bij de tekst

verdomd	very, damn (derived from *verdomme*: damn it) *Ik heb vandaag verdomd hard gewerkt, dus nu verdien ik een pilsje!*
uitdagend	challenging *Het is uitdagend om een goede baan te combineren met het opvoeden van kinderen.*
dwingen (ww., onr.)	to force *De vliegtuigkapers dwongen de piloot om in Parijs te landen.*
opleveren (ww.)	to fetch, to yield *Die parttime baan levert hem niet genoeg geld op om de huur te betalen.*
teveel in het mandje leggen van (iets) (vaste verb.)	derived from: *al zijn eieren in één mandje stoppen*: to put all one's eggs in one basket *Je moet niet al je eieren in één mandje stoppen, want als je mandje valt, zijn al je eieren kapot. Daarom moet je altijd proberen het risico zoveel mogelijk te spreiden.*
boud	bold *Volgens de premier is er in Nederland geen armoede. Dat vind ik een boude stelling, gezien de recent gepubliceerde statistieken.*
in de zin van (iets) (vaste verb.)	in the sense of (something) *Het werkwoord 'vogelen' in de zin van copuleren werd al in de zestiende eeuw gebruikt.*

uitsluitend	exclusively *Sociaalnetwerksites zoals Facebook zijn er niet <u>uitsluitend</u> voor de lol, maar ook voor bedrijven die zich in een snel evoluerende markt willen profileren.*
vertoeven (ww.)	to stay, to be somewhere *De directeur <u>vertoeft</u> momenteel in Zwitserland.*
het zit hem in (iets) (vaste verb.)	it lies in (something), the reason is (something) *<u>Het zit hem in</u> zijn mentaliteit dat Pim nooit wat wint. Met intelligentie heeft dat niets te maken.*
buitengewoon	extraordinary *Hij is een speler met <u>buitengewone</u> kwaliteiten.*
opleving (de, -en)	revival, upturn *Na de recessie van de jaren '80 werden de jaren '90 gekenmerkt door een economische <u>opleving</u>.*
afnemen (ww., onr.)	to decrease, to take off *Het aantal bibliotheken in Nederland <u>neemt</u> sterk <u>af</u> omdat er steeds minder overheidsgeld beschikbaar is.*
meeropbrengst (de, -en)	surplus revenue *Het nieuwe kinderpark is gefinancierd met de <u>meeropbrengst</u> gegenereerd door een stijging in parkeerboetes.*
afvlakken (ww.)	to flatten (out) *Afnemende meeropbrengt betekent dat de winstcurve eerst stijgt, dan <u>afvlakt</u> en ten slotte daalt.*
nou eenmaal	simply, just *Tsja, jongen, zo is het leven <u>nou eenmaal</u>, daar kan je weinig aan veranderen*
opzeggen (ww., onr.)	to cancel *Vanwege geldgebrek heeft hij zijn abonnement op de krant <u>opgezegd</u>.*
RIAGG	*Regionaal Instituut voor Ambulante Geestelijke Gezondheidszorg* (public mental health centre) *De <u>RIAGG</u> is een hulpinstelling waar mensen terecht kunnen met psychosociale en psychiatrische klachten.*
jammer dan	too bad, better luck next time *Als het nu niet lukt, <u>jammer dan</u>. Misschien heb je morgen meer geluk.*
jacht (de, -en)	hunt, chase *Djokovic gaat op Roland Garros op <u>jacht</u> naar zijn eerste overwinning in Parijs.*

aanjagen (ww., onr.)

stimulate
De overheid wil de Nederlandse economie aanjagen door de
banken geld te lenen.

zijn geluk niet op
kunnen (vaste verb.)

cannot believe one's luck, to be beside oneself with joy
Ze kon haar geluk niet op met haar nieuwe laptop:
supersnel Internet, alle spelletjes en nooit meer wachten op
een download!

neiging (de, -en)

tendency
Zij heeft de neiging om stil in een hoekje te zitten als er
visite komt.

verdringen (ww., onr.)

to repress
Vaak verdringen slachtoffers van seksueel misbruik deze
herinnering. Dat is een psychologisch defensiemechanisme.

verband (het, -en)

link, relationship
Het heeft een heel aantal jaar geduurd voor het verband tussen
roken en longkanker bekendheid kreeg bij het brede publiek.

beperkt

limited
De mogelijkheden om uit te gaan zijn beperkt als je in een
dorp woont.

uitmaken (ww.)

to matter
Het maakt mij niet uit wie er kampioen wordt, als het
maar spannend is.

aanwakkeren (ww.)

to instigate, to spark
Een stevige wind wakkerde de bosbrand aan.

onderdrukking (de, -en)

oppression
Sommigen vinden een hoofddoekje bij vrouwen een teken
van onderdrukking, iets wat moslima's vaak tegenspreken.

overigens

anyway, for that matter
Er is een verschil tussen christelijke fundamentalisten en
islamisten. Die laatsten hebben overigens weinig met religie
te maken maar alles met politiek.

daar zit wat in (vaste
verb.)

there is a point
Jij zegt dat hij nooit geld heeft omdat hij werkloos is. Daar
zit wat in natuurlijk, maar hij heeft toch een uitkering?

kwetsbaar

vulnerable
Aniek lijkt altijd zo'n kwetsbaar meisje want ze is zo
verlegen en fragiel van gestalte.

doorslaan (ww., onr.)

to carry on, to go over the top
Vraag hem niet om te vertellen over zijn collectie melkflessen,
want dan slaat hij helemaal door. Hij houdt niet meer op.

zich de ogen uit het hoofd vervelen (vaste verb.)	to be bored stiff *Die arme Chantal zat zich de ogen uit het hoofd te vervelen tijdens dat congres. Ze was veel liever thuisgebleven.*
op de koop toe (vaste verb.)	on top, as part of the deal or bargain *Hij heeft die tweedehands auto gekocht voor een vriendenprijsje. De deuk aan de zijkant neemt hij op de koop toe.*
beleving (de, -en)	experience *Mijn beleving van het gastronomische weekend was compleet anders dan die van mijn ouders. Ik genoot er intens van, maar zij zagen alleen het gebrekkige comfort van het hotel.*
landbouw (de, g. mv.)	agriculture *De landbouw is een belangrijk onderdeel van de Nederlandse economie met zijn bloembollen en kaasproductie.*
toeslaan (ww., onr.)	to strike *De criminelen waren van plan's nachts toe te slaan, rond een uur of vier, wanneer iedereen diep aan het slapen is.*
weergeven (ww., onr.)	to display, to show *De auteur van die prachtige roman heeft goed weergegeven hoe het voelt om eenzaam te zijn.*
inzakken (ww.)	to collapse *De vraag naar nieuwe auto's is door de economische crisis volledig ingezakt.*
in de lift zitten (vaste verb.)	to be rising, to be on the up *Cosmetische chirurgie is de afgelopen jaren steeds populairder geworden. Vooral borstvergrotingen zitten in de lift.*
behoefte (de, -n/-s)	need *Kinderen onder de vijf hebben vooral veel behoefte aan aandacht, liefde en zorg.*
aansluiten op (ww., onr.)	to connect to, to fit with *Universiteiten worden steeds meer gedwongen om opleidingen te bieden die aansluiten op de arbeidsmarkt.*
bevorderen (ww.)	to stimulate, to promote *Door zijn uitspraken bevordert de paus het gebruik van condooms niet, maar remt het eerder af.*
hecht	close *Berend en Roos hebben een hechte relatie: ze vertellen elkaar werkelijk alles.*

geborgen	safe, comfortable
	Als zij bij haar ouders is en de vertrouwde geuren van het ouderlijk huis weer ruikt, voelt ze zich altijd heel geborgen.
inwisselbaar	exchangeable
	Alle Nederlandse stadscentra lijken op elkaar: de filialen van het Kruidvat, de Hema en andere winkelketens zijn volstrekt inwisselbaar.
aangewezen zijn op (iets of iemand) (vaste verb.)	to have to rely on (something or someone)
	Wij zijn aangewezen op het openbaar vervoer omdat we geen auto hebben.

Vragen bij de tekst

1. Wat is volgens geluksprofessor Ruut Veenhoven de invloed van carrière op geluk?
2. Wat bedoelt hij met de wet van de afnemende meeropbrengst?
3. Om welke redenen zijn mensen volgens hem soms niet gelukkig in hun werk?
4. Hoe definieert hij geluk?
5. Wat is volgens hem de relatie tussen geluk en consumptie?
6. Wat heeft het kapitalisme te maken met de belangstelling voor geluk?
7. Welke invloed heeft de meerkeuzemaatschappij op onze geluksbeleving?
8. Wat zegt Veenhoven over de balans tussen werk en vrije tijd?
9. Waarom zijn we volgens hem gelukkiger dan ooit?
10. Beschrijf globaal de geschiedenis van het geluk vanaf het begin van de mensheid tot het heden. Teken een grafiek om je antwoord te illustreren.
11. Waarom is individualisme volgens Veenhoven belangrijker voor de geluksbeleving dan hechte sociale verbanden? Vind je zijn argument overtuigend? Waarom (niet)?
12. Waar of niet waar volgens Veenhoven, of ertussenin? Leg uit en geef ook je eigen mening.

    a. Kinderen maken je gelukkig.
    b. Winkelen maakt je gelukkig.
    c. Geld maakt je gelukkig.
    d. Veel werken maakt je gelukkig.
    e. Carrière maken maakt gelukkig.
    f. Een uitdagende baan hebben maakt gelukkig.
    g. Een huis hebben maakt je gelukkig.
    h. Een auto hebben maakt je gelukkig.
    i. Seriële monogamie maakt je gelukkig.
    j. Bezig zijn en scherp blijven maken je gelukkig.
    k. De pil maakt je gelukkig.
    l. Huisvrouwen zijn gelukkig.

3. Woordenschatoefeningen

I   Welk woord hoort niet in het rijtje thuis en waarom?

1.   boud – sterk – zwak – krachtig – fel
2.   inzakken – aanwakkeren – stimuleren – bevorderen – opleven
3.   redelijk – buitengewoon – heel – erg – zeer – uitermate – verdomd
4.   staren – dwingen – kijken – zien – <u>turen</u> – <u>loeren</u>
5.   uitsluitend – alleen – allemaal – enkel – slechts – beperkt
6.   overigens – trouwens – daarbij – ook – hoewel

Woordenschat

turen (ww.)   to peer, to squint
Zonder bril kan ik echt niet goed televisie kijken. Dan moet ik heel intens naar het scherm <u>turen</u> om ook maar iets van de gezichten te kunnen zien.

loeren (ww.)   to watch, to leer
Onze buurman zit steeds maar over het heg naar die jonge meisjes van daarnaast te <u>loeren</u>. Ik word er niet goed van.

II   Er zijn veel manieren om een ontwikkeling te beschrijven, zoals in de tekst gebeurt met de geluksgrafiek. De volgende werkwoorden hebben allemaal te maken met het beschrijven van trends in grafieken. Sorteer ze in het onderstaande schema.

vertragen, toenemen, omlaaggaan, afnemen, in de lift zitten, inzakken, vermeerderen, verhogen, verminderen, oplopen, afvlakken, verlagen, groeien, krimpen, omhooggaan, teruglopen, stilstaan

Stijgen	Stagneren	Dalen

III Wat betekent ongeveer hetzelfde? Verbind een woord uit de eerste kolom met een woord uit de tweede kolom.

1.	vertoeven	a.	jammer dan
2.	geborgen	b.	vergelijkbaar
3.	verdringen	c.	beëindigen
4.	hecht	d.	breekbaar
5.	opzeggen	e.	verblijven
6.	buitengewoon	f.	sterk
7.	helaas	g.	bijzonder
8.	inwisselbaar	h.	gelimiteerd
9.	kwetsbaar	i.	veilig
10.	beperkt	j.	onderdrukken

IV Verbind de woorden met hun tegengestelde.

1.	toestaan	a.	afbreken
2.	onderdrukking	b.	vrijheid
3.	aanwakkeren	c.	zich inhouden
4.	uitdagend	d.	probleemloos
5.	buitengewoon	e.	voorzichtig
6.	aansluiten	f.	geen verschil maken
7.	uitsluitend	g.	inclusief
8.	uitmaken	h.	ondermaats
9.	boud	i.	blussen
10.	doorslaan	j.	verbieden

Woordenschat

zich inhouden (ww., onr.)	to control oneself, to restrain oneself *Er is eten genoeg voor iedereen, dus je hoeft je niet in te houden. Als je twee stukken taart wilt, of drie, het kan!*
ondermaats	below standard *Je laatste essay was echt ondermaats. Het niveau van je eerdere werk was veel beter.*
blussen (ww.)	to put out (a fire) *Na een half uur had de brandweer het vuur onder controle en niet lang erna was de hele brand geblust.*

V Vul de volgende woorden of uitdrukkingen in onderstaande zinnen in. Let op dat je de juiste vorm en woordvolgorde gebruikt. Kijk goed naar de betekenis van de zin, soms moet je hem negatief maken.

op de koop toe – het zit hem in – zijn geluk niet op kunnen – opleveren – al zijn eieren in één mandje stoppen – opzeggen – neiging – aangewezen zijn op – uitmaken – doorslaan – toeslaan – weergeven – in de lift zitten – beleving – behoefte

1. Kijk, hoe we de energievoorziening van de toekomst moeten regelen is een groot probleem. Leggen we het zwaartepunt bij de fossiele brandstoffen, of op duurzame energiebronnen zoals windenergie? En wat doen we met kernenergie? Ik vind het in ieder geval belangrijk om niet op één paard te wedden en. . . . Het is immers belangrijk om het risico te spreiden! Als je . . . één energiebron, dan heb je problemen als er iets verkeerd gaat met die ene bron.

2. Theo is altijd bang geweest voor de tandarts, maar de laatste keer dat hij voor controle naar de tandarts moest was het erger dan ooit. De angst. . . . Wat de oorzaak is? Niemand die het weet. Vermoedelijk . . . de haak, de boor en de ziekenhuislucht.

3. Toen hij na jaren zoeken die uiterst zeldzame melkfles uit de jaren '50 gevonden had, ... Hij was zo blij, dat hij een gat in de lucht sprong. Dat de fles hem de lieve duit van 5.000 euro kostte, ... Dat was een nadeeltje waar hij wel mee kon leven. Rare jongens, die melkflessenverzamelaars.

4. Toen de vrouw van de melkflessenverzamelaar hoorde dat haar man 5.000 euro had besteed aan een nieuwe fles, . . . ze helemaal. Natuurlijk wist ze dat melkflessenverzamelaars de . . . hebben veel geld uit te geven, maar 5.000 euro was toch echt te veel. Ze begon te huilen en te schreeuwen. Hoe moesten ze nu de hypotheek betalen? Hij moest van zijn vrouw onmiddellijk zijn abonnement op het tijdschrift voor melkflessenverzamelaars. . . .

5. Soms is het moeilijk om exact . . . wat er gebeurd is bij zo'n ramp. Televisiezenders rapporteren vaak chaotisch en wakkeren zo de paniek aan. Uiteraard speelt dat in hun voordeel want dat . . . veel kijkcijfers. Maar eigenlijk hebben mensen op zo'n moment . . . aan betrouwbare en goed geïnformeerde berichtgeving.

6. Nou, als jij bereid bent op mijn huis te passen, dan doe ik hetzelfde voor jou als je weg bent en ik neem je hond. . . . Trouwens, dat hele idee van huizenruil . . . : mogelijk heeft het te maken met de recessie en ook dat mensen gewoon graag ergens thuis zitten wanneer ze met vakantie zijn. Het is ook een heel ander soort . . . dan in een hotel zitten met internationale gasten; je leert meer over het alledaagse leven op je vakantiebestemming.

VI Herhalingsoefening. In deze oefening wordt de woordenschat uit hoofdstuk 1 herhaald.

a. Kies uit de volgende werkwoorden en vul ze in de onderstaande zinnen in. Let op de juiste vorm.

koesteren – popelen – vergaren – sudderen – zwoegen

1. Kleine Karel zat te . . . van ongeduld om naar school te gaan, want hij was zo blij dat hij na de lange zomer zijn vriendjes terug zou zien.

2.   Stilletjes . . . hij nog de hoop dat zijn vriend terug zou komen, maar diep in zijn hart wist hij dat hun relatie definitief afgelopen was.

3.   De journalist was al maanden bezig met informatie te . . . over de corrupte politicus, maar hij had nog niet genoeg bewijs om er een artikel over te schrijven.

4.   Mijn lievelingsgerecht – konijn met pruimen – stond zachtjes op het vuur te . . . terwijl oma een douche nam en de kinderen televisie keken.

5.   Hoewel de studenten hard hadden . . . voor hun essays, kregen toch ze geen hoge cijfers.

b.   Vul een van de volgende substantieven in de zinnen in.

vaardigheid – roem – bewering – hulpkreet – gesticht

De beroemde kunstenaar is recent naar een (1) . . . gebracht, nadat hij geprobeerd had zelfmoord te plegen. Dat werd gezien als een (2) . . . omdat hij de (3) . . . niet meer aankon. Het was hem allemaal te veel geworden. Met beroemdheid omgaan is een kunst op zich en die (4) . . . beheerste hij nog niet helemaal. Maar de (5). . . . die in sommige kranten stond, dat hij knettergek en zelfs gevaarlijk zou zijn, klopt niet. De man heeft vooral veel rust nodig.

c.   Welke prepositie hoort bij de vaste verbindingen in de volgende zinnen?

1.   Zijn vrouw heeft altijd haar neus opgehaald . . . kant-en-klaarmaaltijden, maar toch zet zij ze elke week een keer op het menu.

2.   Het is soms moeilijk te begrijpen waarom mensen zich . . . anderen aangetrokken voelen, maar het laat zien hoe smaken verschillen.

3.   De zak van Sinterklaas puilde uit . . . de cadeautjes en de kinderen konden nauwelijks wachten.

4.   Ik moet eerlijk toegeven dat ik nooit goed . . . haar overweg gekund heb, en daarom ben ik blij dat ze hier niet meer werkt.

5.   Breng toch eens wat meer enthousiasme . . . voor je huiswerk!

4. Spreekoefeningen

Nadenken over geluk is niet nieuw. Vandaag de dag gaat het er vaak over welke prioriteiten je stelt en er wordt veel gesproken over een evenwicht tussen werk en gezin. Ook zien velen het geluk van kinderen als een belangrijk beleidspunt, want gelukkige kinderen maken stabiele volwassenen.

1. Kritische vragen over de tekst

Welke vragen roept de tekst bij jou op? Bedenk zelf twee kritische vragen en stel die aan een groepje van je medestudenten.

2. Presentaties over evenwicht tussen werk en gezinsleven

Je bent met je collega's op een studiedag over het evenwicht tussen werk en gezinsleven. Tijdens een workshop bespreek je een aantal mogelijkheden om een betere balans te creëren, zoals thuis werken, kinderopvang op het werk, glijdende werkuren, deeltijds werken, enzovoort. Je kunt zelf andere suggesties verzinnen. Werk in kleine groepjes die elk de voor- en nadelen van een van de suggesties bediscussiëren. Presenteer achteraf je conclusies aan de rest van je collega's met behulp van een PowerPointpresentatie. Je presentatie mag niet langer duren dan 4 minuten.

3. Interviews over geluk

Volgens een recent rapport van de OESO zijn Nederlandse kinderen de gelukkigste ter wereld. Britse kinderen daarentegen komen er niet zo goed uit, met veel dronkenschap en tienerzwangerschappen. Werk in groepjes van twee. Doe eerst wat onderzoek naar deze bevindingen op het Internet, en creëer daarna een kort video-vraaggesprek. Een persoon is de interviewer en de andere kiest uit een van de rollen hieronder. Maak een video- of audio-opname van je gesprekje (niet langer dan tien minuten) en laat het aan je medestudenten zien, als inleiding voor een bredere discussie in de groep.

- Je werkt voor de Britse Ambassade en hebt het gevoel dat de Britten wel erg stereotiep worden neergezet in de media naar aanleiding van het OESO rapport.
- Je bent een buitenlander (kies zelf land) en je hebt een minder rooskleurige visie op de Nederlandse opvoedingsstijl.
- Je bent een pedagoog en je komt uitleggen waarom de Nederlandse opvoedingsstijl voordelen heeft.

Woordenschat

evenwicht (het, g. mv.)	balance *Het is belangrijk een evenwicht te vinden tussen de eisen van je werk en je persoonlijke omgeving, anders word je gek.*
glijdende werkuren (vaste verb.)	flexible working hours *Veel overheidsinstellingen bieden hun personeel glijdende werkuren aan; zo kunnen ze hun werkdag tussen 7 en 10 uur beginnen en tussen 3 en 6 eindigen.*
OESO	OECD, Organisation for Economic Co-operation and Development *De OESO is de Organisatie voor Economische Samenwerking en Ontwikkeling.*

---

5. Internetresearch

1.   Zoek meer op over het werk van geluksonderzoeker Ruut Veenhoven. Je kan bijvoorbeeld een interview met hem vinden op YouTube of je kan kijken op de website van de Erasmus Universiteit Rotterdam.

2. Er zijn veel spreekwoorden en gezegden over 'geluk'. Ga naar de Digitale Bibliotheek voor de Nederlandse Letteren (http://www.dbnl.org) en zoek een woordenboek met spreekwoorden en gezegden.

    – Welke spreekwoorden met geluk kun je vinden? Wat betekenen ze? Vind je dit spreekwoordenboek nuttig?
    – Zoek ook naar andere spreekwoordensites, zoals http://www.spreekwoord.nl en http://www.woorden.org/spreekwoord.php. Wat zijn de beste sites om naar spreekwoorden en hun betekenis te zoeken? Waarom?
    – Wat zijn de drie nuttigste spreekwoorden over 'geluk' om te onthouden en te leren gebruiken?

3. Zoek wat meer op over de geluksgraad van Nederlandse en Belgische kinderen, eventueel in vergelijking met kinderen in het land waar je zelf woont of vandaan komt. Zowel de OESO als Unicef produceren dit soort rapporten. Op welke aspecten wordt er gelet? Zijn er dingen die je verbazen? Wat zijn de verschillen tussen Nederland en België? Kan je die verklaren?

4. Ga naar de gelukstartpagina (http://geluk.startpagina.nl). Zoek naar tips en regels om gelukkig te worden. Wat zijn die tips? Heb je er wat aan? Vergelijk ze met de tips die je uit de tekst haalde (bijvoorbeeld in vraag 12 bij de tekst) en suggesties die uit spreekoefening 2 naar voren kwamen.

5. Doe de Nationale Gelukstest op http://educatie.ntr.nl/nationalegelukstest/. Hoe goed weet jij wat Nederlanders gelukkig maakt? Wat denk je van deze test en dit soort testen?

6. Verder surfen en lezen

– http://www.scp.nl: dit is de website van het Sociaal en Cultureel Planbureau (SCP). Het SCP brengt sinds 2001 elke twee jaar een rapport uit onder de titel: *De sociale staat van Nederland*. Tevredenheid van de Nederlandse burgers met hun leven en hun leefsituatie is één van de dingen die ze meten. Je vind hier niet alleen de volledige tekst, maar ook samenvattingen van de belangrijkste resultaten van deze rapporten.
– http://www.123test.nl/geluk/: deze site biedt naar eigen zeggen 'echte tests met serieuze antwoorden'. Doe de gelukstest!
– http://nl.wikipedia.org/wiki/Bruto_nationaal_geluk: de staat Bhutan bedacht het concept van Bruto Nationaal Geluk om het geluk van een land te meten. Dat werd in de Neder-landse pers uitgebreid besproken.

Source

Text: based on Onno van Buuren, *Ruut Veenhoven, onderzoeker van geluk: Geld maakt niet gelukkig, vrijheid wel*, online, originally published in November 2006 at http://www.loopbaan.nl.

Chapter 3: Sinterklaasstress

1. Vooraf

Ieder jaar vieren de Nederlanders en Vlamingen Sinterklaas. In Nederland doen ze dat 's avonds op 5 december. In België op 6 december.

a. Heb jij wel eens Sinterklaas gevierd? Wat gebeurde er toen?
b. Wat weet je over Sinterklaas en het sinterklaasfeest? Hoe zien Sinterklaas en Zwarte Piet eruit? Wat doen ze? Wat doen de kinderen? Waar komt de traditie vandaan? Zijn er nog andere landen waar men ook Sinterklaas viert, of waar men een feest viert dat erg op Sinterklaas lijkt?
c. Wat zijn volgens jou de leukste aspecten van het sinterklaasfeest?
d. Zijn er, denk je, ook negatieve aspecten?

▌ Over de teksten

De volgende drie teksten gaan over de opvoedkundige aspecten van het sinterklaasfeest. De eerste tekst heet 'Pepernotenkoorts' en komt uit een tijdschrift dat adviezen geeft aan ouders over de opvoeding van kinderen tussen de 4 en 16 jaar. De tweede tekst heet 'De sinterklaasleugen' en werd gepubliceerd in een populairwetenschappelijk tijdschrift over psychologie.

Woordenschat

opvoedkundig	pedagogical, educational *Kinderen van vijf die tot negen uur 's avonds televisie kijken, dat vind ik opvoedkundig niet verantwoord.*

2. Teksten, woordenschat en vragen

Tekst 1 Pepernotenkoorts

Slecht slapen, weinig eetlust, buikpijn, hoofdpijn, plotselinge koortsaanvallen, overspannen of superdruk gedrag; het zijn allemaal herkenbare symptomen die zich manifesteren rond Sinterklaas. En die treffen niet eens alleen overgevoelige kinderen; ook een nuchter zieltje kan behoorlijk op tilt slaan. Hoe blijft de feestmaand feestelijk?

'We zien in december een piek als het gaat om in- en doorslaapproblemen,' zegt Clarisse van Gorkom, orthopedagoog in het Mesos Medisch Centrum in Utrecht. Het komt volgens haar in de feestmaand regelmatig voor dat leuke spanning finaal uit de hand loopt. Kinderen gaan minder goed eten, letten op school slechter op, of krijgen hoofdpijn.

Spanning rond het zetten van de schoen en de vraag welke cadeautjes de Sint zal geven, bestond vroeger ook. Maar de laatste jaren neemt de drukte toe. Sinterklaas komt niet alleen langs op school, maar ook nodigen veel sport- en hobbyclubjes hem uit. In de winkels liggen eind september al chocoladeletters, marsepein en pepernoten. En weken voordat de Sint daadwerkelijk voet op Nederlandse bodem zet, vallen er kleurige speelgoedfolders in de brievenbus. Als hij eenmaal gearriveerd is, voert het dagelijkse Sinterklaasjournaal op de televisie de spanning nog eens op.

De moeilijke maand, noemt Emmeliek Boost december. Ze is initiatiefneemster van de Opvoeddesk. De Opvoeddesk bood dit jaar voor het eerst een workshop decemberstress aan voor ouders. Die vond half november plaats. De aanleiding was dat er in deze periode regelmatig mensen bellen dat hun kind bijvoorbeeld al drie weken slecht slaapt. Of ze worden erg bang als Sinterklaas op het kinderdagverblijf komt.

Niet alleen voor de echte gelovigen, maar ook voor oudere kinderen kan de sinterklaastijd spanningen opleveren, aldus Boost. 'Als de kinderen zo'n tien jaar oud zijn, wordt Sinterklaas op school vaak met surprises gevierd. Sommige ouders knutselen vijf avonden met hun kind aan een prachtige surprise en kiezen een cadeautje dat goed bij de betreffende klasgenoot past. Dan kan het heel zuur zijn als je kind zelf een gummetje en een zak drop krijgt, gewikkeld in proppen krantenpapier.'

Wat met name veel zou schelen bij het beperken van sintstress, is als de ouders zelf maat houden. 'Twee of drie keer de schoen zetten is het maximum,' vindt orthopedagoog Clarisse van Gorkom. Boost is het hiermee eens: 'Sommige ouders stoppen Playmobil of een Barbie in de schoen. Voor je het weet wordt dat normaal en moeten andere ouders daar in meegaan. Anders denkt een vijfjarige die een mandarijntje of pepernoten heeft gekregen, dat Sint hem of haar niet lief vindt.'

Ouders moeten ook goed in de gaten blijven houden hoe hun kind reageert. Een kind dat van nature erg enthousiast is, zal bevattelijker zijn voor de speciale sinterklaassfeer en eerder op tilt slaan.

Verder is het uiteraard onverstandig om Sint en Piet als boeman te gebruiken. En als jonge kinderen bang zijn voor Zwarte Piet, moeten ouders dat zeker serieus nemen, adviseert Van Gorkom. 'Het is allemaal heel magisch, waardoor het voor kinderen met een sterke verbeeldingskracht snel te veel kan worden.' Voor kinderen die duidelijk gespannen zijn, adviseert ze om het verhaal aan te passen door bijvoorbeeld te zeggen dat Sint en Piet niet bij alle huizen over het dak lopen, maar de cadeautjes meestal bij de achterdeur neerleggen.

Dat de sinterklaastijd zo spannend is, komt ook volgens Jos Hendriksen, psycholoog bij kinderrevalidatiecentrum Franciscusoord in Valkenburg, mede doordat kinderen tot een jaar of 7 magisch denken. 'Ze maken geen onderscheid tussen fantasie en werkelijkheid. Alleen wat ze zien, bestaat voor hen echt.'

Een mooi bewijs hiervan leverde een beroemde tv-uitzending waarin de juf zich voor de ogen van de klas verkleedde als Sint. Op de vraag 'Wie is dit?' antwoordden de kinderen vervolgens collectief: 'Sinterklaas!' Want die zagen ze en de juf was 'weg'. Toen de Sint zich weer omkleedde, was ze in de ogen van de kinderen gewoon de juf en geen ex-Sinterklaas. 'En zelfs al zijn kinderen op de leeftijd dat ze beseffen: Sint bestaat niet, dan nog blijft de hele periode spannend.'

Woordenschat bij tekst 1

pepernoot (de, -noten)	confectionery associated with Sinterklaas *Als Sinterklaas ergens arriveert, is het een traditie dat zijn Zwarte Pieten handenvol pepernoten door de kamer gooien.*
koorts (de, -en)	fever *Als je een lichaamstemperatuur van 38°C hebt of hoger, heb je koorts.*
eetlust (de, g. mv.)	appetite *Mensen met koorts willen vaak niet eten: ze hebben geen eetlust.*
overspannen	stressed out *Ik heb de laatste weken zo hard gewerkt dat ik helemaal overspannen ben.*
gevoelig	sensitive *In tegenstelling tot de directeur, die een nuchtere persoonlijkheid heeft, is de secretaresse heel gevoelig.*
nuchter	here: down to earth, rational *De directeur is erg nuchter en laat nooit zijn emoties een rol spelen.*
op tilt slaan (vaste verb.)	to go crazy *Toen de kleuter zag dat Sinterklaas een dure iPod in zijn schoen had gedaan, sloeg hij helemaal op tilt.*
orthopedagoog (de, -gogen)	remedial educationalist, specialising in children with mental, developmental or behavioural disorders *De orthopedagoog analyseert de psychologische problemen die het kind heeft, en bedenkt daarna een plan om de situatie te verbeteren.*

voorkomen (ww., onr.)	here: to occur *Het komt voor dat kinderen in december op tilt slaan.*
finaal	completely, totally *– Heb jij de boodschappen nog gedaan? – Oeps, dat ben ik finaal vergeten.*
de schoen zetten (vaste verb.)	to put one's shoe in front of the fireplace and sing a song, hoping that *Sinterklaas* will put a small present in it *Nadat Sinterklaas in november op zijn stoomboot vanuit Spanje naar Nederland is gekomen, zetten de kinderen iedere avond hun schoen.*
chocoladeletter (de, -s)	letter of the alphabet made of chocolate, usually given as a present in the *Sinterklaas* period *Margotje kreeg van de Sint een heerlijke chocololadeletter. Natuurlijk was het een M.*
folder (de, -s)	brochure *In de weken voor Sinterklaas vallen er bij ieder huis talloze folders van speelgoedwinkels door de brievenbus.*
opvoeren (ww.)	here: to increase, to step up *De Opec heeft de olieprijs kunstmatig opgevoerd.*
dagverblijf (het, -ven)	day care, day nursery *Ons kinderdagverblijf geeft kwalitatief goede kinderopvang aan kinderen van werkende ouders.*
spanning (de, -en)	tension *Toen Sinterklaas en Zwarte Piet binnenkwamen, steeg de spanning in de zaal.*
surprise (de, -s)	present, given in the Sinterklaas period, that is packaged in a personalised way and accompanied by a personalised poem (Sinsterklaasgedicht) *Als de kinderen ouder zijn, wordt Sinterklaas in Nederland vaak met surprises gevierd: het cadeautje wordt op een bijzondere manier ingepakt. Als de surprise voor iemand is die veel van computerspelletjes houdt, kun je bijvoorbeeld een spelcomputer maken van papier-maché.*
knutselen (ww.)	to do arts and crafts, to make things as a hobby *Kinderen knutselen graag. Geef ze een schaar en wat papier en ze zijn uren bezig.*
gum (de, -men)	eraser *Ik schrijf het liefst met een potlood want als ik dan een fout maak, kan ik het eenvoudig verwijderen met mijn gum.*

drop (**de**, g. mv.)	liquorice *Drop is mijn favoriete snoepgoed, vooral Engelse drop!*
wikkelen (ww.)	to wrap *Hij wikkelde het cadeau in een cadeaupapiertje.*
prop (**de**, **-pen**)	ball, wad *Hij maakte een prop van zijn papier en gooide die door de klas.*
schelen (ww.)	to matter, to make a difference *Het scheelt veel of je boodschappen doet bij de goedkope supermarkt Lidl of bij de veel duurdere Albert Heijn.*
maat houden (vaste verb.)	to enjoy in moderation *In onze consumptiemaatschappij is het belangrijk dat een mens maat kan houden.*
(iets of iemand) in de gaten houden (vaste verb.)	to observe (something or someone), to keep an eye on (something or someone) *Kun jij mijn kinderen even in de gaten houden? Ik ga even naar de supermarkt.*
bevattelijk voor	susceptible to *Als je bevattelijk bent voor griep, ben je vaak ziek.*
boeman (**de**, **-nen**)	bogeyman *Voor veel kinderen is Sinterklaas een boeman, die stoute kinderen in een zak meeneemt naar Spanje.*
verbeeldingskracht (**de**, g. mv.)	imagination *Hij heeft een enorme verbeeldingskracht. Dat blijkt uit de prachtige verhalen die hij schrijft.*
juf (**de**, **-fen**)	female primary school teacher *Gisteren was er geen les omdat de juf ziek was. Ze had koorts en geen eetlust.*
beseffen (ww.)	to realise *Besef je wel hoeveel pijn je me hebt gedaan?*

| Vragen bij tekst 1

1. Welke problemen hebben kinderen in december?
2. Waarom zijn die problemen nu erger dan vroeger? Geef drie redenen.
3. In de vijfde alinea is er sprake van 'de echte gelovigen'. Wie zijn dat? Waarom gebruikt de auteur deze woorden?
4. Waarom hebben ook oudere kinderen problemen rond Sinterklaas volgens Emmeliek Boost?
5. Welke adviezen geven Clarisse van Gorkom en Emmeliek Boost aan ouders?

6. Van Gorkom en Hendriksen spreken over het magische denken van kinderen. Wat bedoelen zij daarmee?
7. Bij dit artikel passen drie tussenkopjes: *zelf maat houden/magisch denken/workshop decemberstress.* Zet deze kopjes op de juiste plaats in de tekst.

Tekst 2 De sinterklaasleugen

Al honderden jaren wordt het sinterklaasfeest in Nederland gevierd. Maar is dit feest opvoedkundig gezien wel verantwoord? Veel kinderen zijn bang voor de goedheiligman *en terwijl ouders hun kinderen leren dat ze niet mogen liegen,* bedotten *ze hun* kroost *zelf jarenlang met het verhaal over de Sint en zijn Pieten.*

Vanessa Lommers werkt bij het Kids Party Centrum te Amsterdam. 'Ik ben nooit bang geweest voor Sint en Piet, ik was juist stapeldol op hen. Daarom kwam het keihard aan toen ik op mijn negende hoorde dat ze niet bestonden. Ik voelde me enorm belazerd en het vertrouwen dat ik in mijn ouders had, was een tijdje helemaal weg. Achteraf denk ik dat het aan mij lag dat ik er zo laat achter kwam. Het was me echt wel eerder verteld. Maar wanneer ik ergens volstrekt van overtuigd ben, kan ik me helemaal afsluiten voor informatie die tegen die overtuiging ingaat. Als kind had ik dat sterk en nu ook nog wel een beetje. Toch denk ik dat het sinterklaasfeest nauwelijks problemen geeft. Zeker voor de kinderen van vandaag de dag: die laten zich niet zo snel bedotten.'

Marjolein Veenis is moeder van twee jonge kinderen. 'Ik vind het geen liegen, je neemt je kinderen meer in de maling met iets dat ze jarenlang heel veel plezier geeft. Het wordt pas liegen als je kind onzeker is of Sint en Piet wel bestaan en jij constant zegt: natuurlijk bestaan ze. Als je dat doet kan een kind teleurgesteld raken in zijn ouders. De angst voor Sint en Piet is vooral iets voor hele jonge kinderen, die vinden zoveel dingen eng. Als je daar als ouder nuchter mee omgaat, ontdekken ze snel genoeg alle leuke kanten van dit feest.'

Frank Verhulst is hoogleraar kinder- en jeugdpsychiatrie aan de Erasmus Universiteit Rotterdam. 'Vroeger kon ik me geweldig opwinden over het sinterklaasfeest. Jonge kinderen worstelen toch al met de vraag wat realiteit is en wat niet en dan ga je ze met zo'n raar verhaal opzadelen. Mijn jongste dochter heb ik gewoon de waarheid verteld. We vierden wel Sinterklaas en dat vond ze erg leuk, alleen voor haar was het meer een verkleedfeest. Later ben ik er wat genuanceerder over gaan denken. Volgens mij kan het sinterklaasfeest weinig kwaad, zolang je er verstandig mee omgaat. Sommige ouders gebruiken de roe en de zak van Sinterklaas als een manier om hun kinderen angst aan te jagen en zo te disciplineren, wat voor veel kinderen heel bedreigend is. Maar dat zegt meer over de opvoedingsstijl die de ouders hanteren, dan over het sinterklaasfeest.'

Jos Meijs is orthopedagoog en hoofd van de kinderafdeling van Astmacentrum Heideheuvel in Hilversum. 'Volgens mij mag je je kinderen best bedotten met het sinterklaasfeest. Het is gewoon een heel leuk feest dat de banden in een familie kan versterken. Bovendien past het goed bij de ontwikkelingsfases die een kind doormaakt. Hele jonge kinderen geloven in magische dingen, zoals kabouters. Sinterklaas en Zwarte Piet passen daar heel goed bij. Rond hun zesde levensjaar ontdekken kinderen vaak de waarheid, want dan komen ze in de fase waarin ze steeds realistischer naar de wereld gaan kijken. Wel kunnen kinderen die

niet zo <u>lekker in hun vel zitten</u>, angstig worden van de spanning die het hele sinterklaas-
<u>gebeuren</u> met zich meebrengt.'

Gerda Dujardin is leider van het medisch <u>kleuter</u>dagverblijf *'t Kabouterhuis* te Amsterdam.
'Op onze school zitten kleuters die snel <u>van slag zijn</u>, omdat ze bijvoorbeeld gedragsproble-
men of angst<u>stoornissen</u> hebben. Daarom wordt Sinterklaas op het kleuterdagverblijf op
een speciale manier gevierd. <u>Hulpverleners</u> die de kinderen goed kennen, verkleden zich
als Sint en Piet waar de kinderen bij zijn. Als de kinderen dan angstig worden op het
moment dat jij bijvoorbeeld net je gezicht zwart hebt <u>geschminkt</u>, dan zeg je gewoon: ik ben
het, Gerda. Ze zijn dan meteen <u>gerustgesteld</u>. Ik weet niet of ze door die verkleedpartij ook
<u>snappen</u> dat Sint en Piet niet echt bestaan. Wij behandelen kinderen tot ze zes jaar worden
en als ze zo jong zijn dan vinden ze het eigenlijk heel gewoon dat ik Piet ben en tegelijkertijd ook Gerda. Wel interessant om eens te onderzoeken hoe ze later over de Sint en Piet
denken en of het voor onze kinderen moeilijker is, wanneer ze de waarheid ontdekken.'

Woordenschat bij tekst 2

goedheiligman (de, -nen)	Sinterklaas *Op 5 december krijgen alle Nederlandse kinderen cadeautjes* *van de <u>goedheiligman</u>.*
bedotten (ww.)	to fool, to take in *Heb je echt de hoofdprijs in de loterij gewonnen, of zit je me* *te <u>bedotten</u>?*
kroost (het, g. mv.)	offspring *Die moeder is heel trots op haar <u>kroost</u>.*
(stapel)dol zijn op (iets **of iemand) (vaste verb.)**	to love (something or someone) *Ze <u>is dol op</u> chocola. Ze vindt het echt heel lekker.*
(kei)hard aankomen **(vaste verb.)**	to hit hard, to be a great blow *De mededeling van Amnesty International over de* *abominabele situatie van de mensenrechten in China,* *<u>kwam hard aan</u> bij de Chinese president.*
belazeren (ww.)	to cheat *De directeur van het farmaceutische bedrijf heeft zijn vrouw* *jarenlang met zijn secretaresse <u>belazerd</u>.*
liggen aan (ww., onr.)	to be the reason *Waar <u>ligt</u> het <u>aan</u> dat werkende mannen hun vrouw zo* *vaak belazeren met hun secretaresse?*
komen achter (iets) **(vaste verb.)**	to find out (something), to figure out (something) *Als je ooit <u>achter</u> de waarheid <u>komt</u>, laat het me dan weten.*
volstrekt	completely *Het is mij <u>volstrekt</u> onduidelijk wat je bedoelt; ik begrijp je* *echt niet.*

ingaan tegen (ww., onr.)
to disagree with, to argue against
Ze is het nooit met iemand eens. Ze gaat altijd tegen alles in.

vandaag de dag
(vaste verb.)
nowadays
Er zijn vandaag de dag veel kinderen met allergieën.
Niemand weet waarom.

(iemand) in de maling nemen (vaste verb.)
to pull (someone's) leg, to fool (someone)
Als je kleine kinderen vertelt dat Sinterklaas bestaat, neem je ze eigenlijk in de maling.

teleurstellen (ww.)
to disappoint
Hij was enorm teleurgesteld toen hij ontdekte dat hij niet voor zijn rijexamen was geslaagd.

raken (ww.)
here: to get, to become
Toen de dochter van de minister-president zakte voor haar eindexamen, raakte dat al snel algemeen bekend.

hoogleraar (de, -raren/-s)
professor
Het departement Nederlands heeft geen hoogleraar in de taalkunde, maar wel een hoogleraar in de letterkunde.

zich opwinden over
(ww., onr.)
to get excited about, to get worked up about
De pers wond zich op over de ruzie tussen de minister-president en de minister van financiën.

worstelen met (ww.)
to struggle with
Ik vind wiskunde erg moeilijk. Ik zit altijd enorm te worstelen met mijn wiskundehuiswerk.

opzadelen met (ww.)
to saddle with, to burden with
Helaas worden veel studenten opgezadeld met een hoge studieschuld.

zich verkleden (ww.)
here: to dress up, to disguise
Toen ik klein was, verkleedde mijn oom zich altijd als Zwarte Piet. Wie Sinterklaas was, weet ik nog steeds niet.

(iemand) angst aanjagen
(vaste verb.)
to frighten (someone)
Zwarte Piet joeg hem altijd veel angst aan.

bedreigend
threatening
Voor veel kleine kinderen is Sinterklaas bedreigend omdat hun ouders hem gebruiken als boeman.

lekker in (hun) vel zitten
(vaste verb.)
to feel well, to be confident
Hij zit de laatste tijd lekker in zijn vel. Hij heeft veel zelfvertrouwen en is vrolijk.

gebeuren (het, -s)
event, happening
Het kerstgebeuren verwijst naar alle gebeurtenissen en dingen die te maken hebben met kerst.

kleuter (de, -s)	preschooler of 3 to 6 years old *Met <u>kleuters</u> moet je altijd oppassen. Als je even niet kijkt, gebeurt er misschien iets ergs.*
van slag zijn (vaste verb.)	to be upset *Hij <u>was</u> helemaal <u>van slag</u> toen hij hoorde dat John Lennon was vermoord; hij verloor zijn eetlust en lag de hele dag in bed.*
stoornis (de, -sen)	disorder *Deze patiënt heeft ernstige geheugen<u>stoornissen</u>. Vaak kan hij zich niet herinneren wat hij een uur geleden heeft gedaan.*
hulpverlener (de, -s)	relief worker *Een <u>hulpverlener</u> is een persoon die hulpt verleent in bepaalde situaties, zoals een brandweerman, een politieagent of een arts.*
schminken (ww.)	to put on theatre make-up *Een clown moet veel aandacht besteden aan het <u>schminken</u>.*
geruststellen (ww.)	to reassure, to put someone's mind at rest *Toen hij bij de dokter kwam, <u>stelde</u> deze hem onmiddellijk <u>gerust</u>. Er waren op de scan geen abnormaliteiten te zien.*
snappen (ww.)	to understand *Daar <u>snap</u> ik niks van. Het is Chinees voor me.*

Vragen bij tekst 2

1. Waarom kwam Vanessa Lommers er pas laat achter dat Sinterklaas eigenlijk niet bestaat?
2. Waar ligt volgens Marjolein Veenis de grens tussen leugen en niet-leugen?
3. Waarom vond Frank Verhulst het sinterklaasfeest vroeger een slechte zaak?
4. Onder welke voorwaarden kan volgens hem het sinterklaasfeest zonder problemen worden gevierd?
5. Wat zijn volgens Jos Meijs de voordelen van het vieren van Sinterklaas?
6. Wat is zo bijzonder aan de manier waarop Sinterklaas wordt gevierd op het dagverblijf van Gerda Dujardin?
7. Welke van de volgende beweringen zijn waar?

   a. Vanessa Lommers denkt dat kinderen vroeger meer problemen hadden met Sinterklaas dan tegenwoordig.
   b. Marjolein Veenis vindt dat ouders nuchter met het sinterklaasfeest moeten omgaan.
   c. De jongste dochter van Frank Verhulst verkleedde zich altijd met Sinterklaas.
   d. Volgens Jos Meijs mag je tegen kinderen liegen over Sinterklaas.
   e. Kinderen komen er gemiddeld op hun negende jaar achter dat Sinterklaas een leugen is.
   f. Op het kleuterdagverblijf van Gerda Dujardin begrijpen kinderen dat Sinterklaas niet echt bestaat.

3. Woordenschatoefeningen

I   Welke woorden horen (niet) bij elkaar?

a.   In de linkerrij staan groepjes van drie woorden. Welk vierde woord past erbij en waarom? Kies uit de twee gegeven woorden in de rechterrij.

1. sinterklaas – goedheiligman – zwarte piet   bisschop/kabouter
2. chocoladeletter – marsepein – pepernoten   drop/speculaas
3. liegen – belazeren – in de maling nemen   bedotten/geruststellen
4. houden van – gek zijn op – leuk vinden   dol zijn op/op tilt slaan
5. beseffen – snappen – ergens achterkomen   knutselen/ontdekken

b.   Geef bij onderstaande werkwoorden de substantieven en adjectieven die aan het werkwoord gerelateerd zijn. Bijvoorbeeld:

Werkwoord   Substantief   Adjectief
denken   *de gedachte*   *denkend*

Werkwoord	Substantief	Adjectief
bedreigen		
teleurstellen		
geruststellen		
overtuigen		
opwinden		
spannen		
scheiden		
huwen		
voelen		

c.   Welke woorden zijn tegengestelden (antoniemen) van elkaar? Verbind een woord uit de eerste kolom met een woord uit de tweede kolom.

1. teleurstellen   a. werkelijkheid
2. volstrekt   b. dal
3. nuchter   c. bevattelijk
4. verbeelding   d. tevredenstellen
5. kleuter   e. idool
6. piek   f. nauwelijks
7. immuun   g. overeenkomst
8. boeman   h. bedreigen
9. onderscheid   i. emotioneel
10. geruststellen   j. volwassene

II Veel werkwoorden hebben een vaste prepositie.

a. Welk zinsdeel uit de rechterkolom past bij het zinsdeel uit de linkerkolom?

1.	Theo's school doet veel	a.	*van* hoofdpijn.
2.	Dat ligt	b.	*tegen* haar ouders.
3.	Die verzekering beschermt je	c.	*aan* de hormonen.
4.	Zij gaat altijd in	d.	*van* mijn gelijk.
5.	Hij windt zich op	e.	*over* de politiek.
6.	Thea is heel bevattelijk	f.	*met* hun huiswerk.
7.	Zij worstelen	g.	*aan* Sinterklaas en kerst.
8.	Basje is dol	h.	*voor* verkoudheden.
9.	Ik heb last	i.	*tegen* problemen met je auto.
10.	Ik ben overtuigd	j.	*op* softijs.

b. Vul de juiste prepositie in.

1. In de weken voor pakjesavond houdt hij de brievenbus altijd nauwlettend . . . de gaten.
2. Dat komt omdat zijn school veel . . . Sinterklaas doet.
3. Soms komt de postbode te laat. Daar windt hij zich dan enorm . . . op.
4. Hij raakt echt helemaal . . . slag.
5. Ik weet niet waar dat . . . ligt.
6. Normaal is hij namelijk een jongen die lekker . . . zijn vel zit.
7. Misschien is het probleem dat hij niet goed onderscheid kan maken . . . fantasie en werkelijkheid.
8. Bovendien brengt de Sinterklaastijd te veel spanning . . . zich mee.
9. Ik heb er veel over nagedacht, maar ik weet niet hoe ik moet omgaan . . . die opwinding van mijn zoon.
10. Dat zegt waarschijnlijk meer . . . mijn opvoedingsstijl dan . . . het sinterklaasfeest.

III In het Nederlands zijn er veel werkwoorden met een prefix.

a. Welke prefix hoort bij het werkwoord? Kies uit: *aan, in, op, uit.* Alle werkwoorden in deze oefening zijn zogenaamde scheidbare werkwoorden.

1. Het is belangrijk om de spanning niet te hoog . . . te voeren. (. . . voeren)
2. Tijdens de zomervakantie gaat zij altijd naar Ibiza en leeft zij zich helemaal. . . . (zich . . . leven)
3. De politicus ging . . . tegen de gangbare opinie. (. . . gaan tegen)
4. Ik kan me enorm . . . winden over de armoede in de derde wereld. (zich . . . winden over)
5. De docent vertelde me dat ik mijn essay moest . . . passen: er zaten nog een paar foutjes in die moesten worden gewijzigd. (. . . passen)

b. Welke twee van de drie werkwoorden uit het rechter rijtje passen bij het zinsdeel in het linker rijtje?

1. Je kunt angst aanjagen
opwinden
opvoeren

2. Je kunt een probleem voorkomen
ondervinden
ingaan

3. Iets kan hard aankomen
zich opwinden over
voorkomen

c. Kies het juiste prefix bij het werkwoord *komen*.

1. Het kan goed *voorkomen/achter komen* dat Sinterklaas zijn Grote Boek vergeet.
2. Het is moeilijk om *erachter te komen/voor te komen* waar hij zijn Boek heeft laten liggen.
3. Het kan hard *aankomen/uitkomen* als je je baan verliest.

IV Vul de ontbrekende woorden in onderstaande zinnen in. Let op dat je de juiste vorm en woordvolgorde gebruikt. In zin 2 en 10 moet je ook het woord tussen de twee haakjes gebruiken. Kies uit de volgende woorden en woordcombinaties.

maat houden – opvoeren – angst aanjagen – worstelen met – stoornis – op tilt slaan – kroost – schelen – erachter komen – opzadelen met – zich opwinden over – hard aankomen

1. Hij is vijf en gelooft nog heilig in Sinterklaas. Tijdens de weken voor Sinterklaas wordt de spanning door activiteiten op school en het Sinterklaasjournaal enorm. . . .
2. Maar pas op de avond van de vijfde december (hij). . . . Dan wordt hij helemaal gek. Hij loopt te springen en te dansen en hij kletst je de oren van het hoofd.
3. Dat komt gedeeltelijk omdat wij als ouders . . . het sinterklaasfeest: hoe vaak mag hij zijn schoen zetten en wat doen wij erin? Wij hebben eigenlijk geen idee.
4. Bovendien is het een groot probleem als hij minder leuke cadeaus krijgt dan zijn vriendjes. Dan denkt hij misschien dat Sinterklaas hem niet lief vindt en dat. . . .
5. Je wilt je . . . toch zoveel mogelijk verwennen. Je wilt ze mooie cadeaus geven zodat ze blij en tevreden zijn.
6. Toch denken we dat het goed is om . . . : we willen onze zoon niet te veel cadeautjes geven.
7. Het is belangrijk dat we onze kleine jongen niet . . . een minderwaarheidscomplex of met een andere psychologische . . . doordat wij tegen hem als ouders altijd hebben gelogen over Sinterklaas en Zwarte Piet.
8. Of doordat wij hem altijd . . . door Sinterklaas te gebruiken als boeman die stoute kinderen straft door ze in de zak mee te nemen naar Spanje.
9. Het zou . . . als we hulp zouden krijgen, bijvoorbeeld van de Opvoeddesk.
10. Misschien (we dan) . . . dat we veel dingen verkeerd doen.

V   Herschrijf de volgende passage en parafraseer de schuingedrukte zinsdelen, gebruik makend van de woorden en woordcombinaties uit het lijstje.

erachter komen – in de hand hebben – opvoeren – bedriegen – Sinterklaas – in de gaten houden – voorkomen – tegenwoordig – ondervinden – bedreigend – beseffen

Amber van der Horst is moeder van twee kinderen. 'Het kan natuurlijk *gebeuren* dat de spanning in de Sinterklaastijd zo *wordt verhoogd* dat het finaal uit de hand loopt en sommige kinderen op tilt slaan. Dat komt *vandaag de dag* door alle poeha rondom het sinterklaasfeest. Maar vroeger gebeurde het natuurlijk ook. We hebben het allemaal als klein kind wel eens *ervaren*. Sinterklaas en Zwarte Piet komen langs. We worden bang en we moeten huilen. Als klein kind *begrijpen* we nog niet goed dat *de goedheiligman* helemaal niet *gevaarlijk* is, maar dat hij juist de beste bedoelingen heeft. Later *ontdek* je pas dat hij helemaal niet bestaat. En dat je ouders en je familie je de hele tijd *voor de gek hebben gehouden*. Daarom ga ik heel voorzichtig met het sinterklaasfeest om. Ik *observeer* mijn kinderen voortdurend en ik zorg dat ik alles *onder controle heb*.

VI Herhalingsoefening. In deze oefening wordt de woordenschat uit hoofdstuk 1 en 2 herhaald.

a.   Kies telkens het juiste werkwoord. Er is maar 1 goed antwoord.

   1.   Als Sinterklaas op zijn stoomboot in Nederland aankomt, staan de kinderen te *popelen/koesteren/verdringen* om hem te zien.
   2.   Ondanks de economische crisis is de verkoop van speelgoed in december niet *bevorderd/afgenomen/doorgeslagen*, maar juist flink gegroeid.
   3.   Sommige moeders *afmaken/bereiden/zwoegen* zelf speculaas in de keuken, maar de meeste moeders kopen het gewoon in de supermarkt.
   4.   Je moet het sinterklaasfeest niet *verwarren met/aansluiten op/bijdragen tot* het kerstfeest, dat drie weken later plaatsvindt.
   5.   Veel mensen vinden het belangrijk om een duidelijke scheiding tussen Sinterklaas en kerst *weer te geven/na te streven/op te leveren* en daarom geen kerstspullen te verkopen in de periode voor Sinterklaas.

b.   Vul de volgende substantieven in de zinnen in.

behoefte – beleving – vaardigheid – opleving – neiging

   1.   Na een jarenlange crisis liet de economie weer een kleine . . . zien.
   2.   Bij het leren van een taal heb je niet alleen kennis van de grammatica en de woordenschat nodig, maar ook de . . . om die kennis te gebruiken.
   3.   Iedereen heeft een andere . . . van het sinterklaasfeest: sommigen vinden de surprises en cadeautjes het leukst, anderen denken vooral aan speculaas en marsepein.
   4.   Na urenlang in een trein met een kapotte wc te hebben gezeten, had ik een enorme . . . om naar het toilet te gaan.
   5.   De meeste mensen hebben de . . . om met Kerstmis en Sinterklaas te veel te eten. Dat is iets wat elk jaar voorkomt.

c. Vervang de schuingedrukte woorden door de onderstaande vaste verbindingen. Let op de juiste vorm van het werkwoord en op de woordvolgorde.

de neus ophalen voor – zich de ogen uit het hoofd vervelen – zich aangetrokken voelen tot – zijn geluk niet op kunnen – het zit hem in

1. Theo *heeft* het sinterklaasfeest altijd *erg leuk gevonden*.
2. Toen hij werd gevraagd om voor Zwarte Piet te spelen, *was* hij daarom *heel blij*.
3. Maar hij zou zich nooit als de Kerstman willen verkleden. Daar *denkt hij negatief over*.
4. Hij weet niet waarom hij kerst minder leuk vindt dan Sinterklaas. Misschien *is* de datum *hier de oorzaak van*: kerst en oud en nieuw liggen heel dicht bij elkaar.
5. En in de periode tussen kerst en oud en nieuw *voelt hij zich altijd slecht omdat hij niets leuks te doen heeft*.

4. Spreekoefeningen

Sinterklaas is een feest met een eeuwenlange traditie. Het is ook een typisch Nederlands feest. In de leesteksten wordt de vraag gesteld of het feest wel opvoedkundig verantwoord is. Sinterklaas en Zwarte Piet jagen de kinderen angst aan. In november en december wordt de spanning zo hoog opgevoerd dat de kinderen er gestrest door kunnen raken. Bovendien moeten de ouders liegen tegen de kinderen. Al die dingen kunnen tot psychologische problemen leiden. Ten slotte wordt vaak de vraag gesteld of Sinterklaas niet een racistisch feest is. Vooral buitenlanders maken zich daar zorgen over, maar in toenemende mate ook Nederlanders en Vlamingen zelf.

1. Gesprekken over het voorkomen van Sinterklaasstress

Bespreek in groepjes van twee de onderstaande adviezen die horen bij de eerste tekst ('Hoe blijft de spanning hanteerbaar?'). Welke adviezen zijn nuttig? Welke adviezen zijn dat niet? Zet de adviezen in een lijstje in volgorde van belangrijkheid en leg uit waarom je die volgorde hebt gekozen. Welke andere adviezen kun je nog meer bedenken? Maak ook hiervan een lijstje. Als jullie tevreden zijn over jullie twee lijstjes, bespreek ze dan met een of meer andere groepjes. Wat zijn de verschillen en overeenkomsten?

Hoe blijft de spanning <u>hanteerbaar</u>?

– Maak een kalender met de hoogtepunten zodat kinderen <u>overzien</u> hoe lang het nog duurt
– <u>Onderschep</u> de speelgoedfolders en kijk ze op een rustig moment samen door
– Spreek af hoe vaak de schoen gezet mag worden
– Maak de feesten voorspelbaarder. Vertel bijvoorbeeld al iets over de cadeautjes
– Lees verhalen voor over de betekenis van het feest
– Informeer wat er op school gaat gebeuren zodat het kind erop kan worden voorbereid
– Neem de tijd om de dag met het kind te bespreken
– Maak van Sint geen boeman
– Op tijd inkopen doen voorkomt stress bij de ouders
– Probeer het aantal festiviteiten thuis en bij anderen beperkt te houden
– Hanteer de gouden regel: minder is meer

Woordenschat

hanteerbaar	manageable *Die psycholoog kan je helpen om het verdriet dat je hebt hanteerbaar te maken.*
overzien (ww., onr.)	to overview *Vanaf die toren kun je de hele stad overzien.*
onderscheppen (ww.)	to intercept *De politie heeft een grote hoeveelheid cocaïne onderschept op de grens met Duitsland.*

2. Discussie over stellingen

Bespreek één of meer van de volgende stellingen. Werk eerst in kleine groepjes van drie of meer personen. Bespreek de stellingen daarna klassikaal.

–   Het sinterklaasfeest is opvoedkundig niet verantwoord.
–   Sinterklaas is een familiefeest: het moet thuis worden gevierd, niet op school.
–   Pepernoten en andere sinterklaasspullen mogen pas worden verkocht als de goedheilig-man voet op Nederlandse bodem heeft gezet, niet daarvóór.
–   Zwarte Piet is een racistische koloniale karikatuur, niet een leuke sprookjesfiguur.

5. Internetresearch

1.   Zoek op het Internet naar de website van het Sinterklaasjournaal. Wat is het Sinterklaas-journaal? Kijk naar de video met het jaaroverzicht. Wat is er vorig jaar in de periode vlak voor Sinterklaas gebeurd?
2.   Sinterklaas is een historische figuur. Zoek op het Internet naar betrouwbare bronnen over de herkomst van Sinterklaas en de geschiedenis van het sinterklaasfeest. Als je je bronnen hebt gelezen: wat zijn je belangrijkste conclusies?
3.   Wat zijn typische soorten snoep die Nederlanders eten met Sinterklaas? Welke kruiden zitten er in speculaaskruiden?
4.   Kan je iets vinden over de achtergrond van Zwarte Piet? Is Zwarte Piet een koloniaal overblijfsel of heeft hij andere bronnen? Is er in Nederland veel discussie over?

6. Verder surfen en lezen

–   http://www.meertens.knaw.nl: het P.J. Meertensinstituut is een onderzoeksinstituut dat de Nederlandse taal en cultuur bestudeert met nadruk op het alledaagse leven. Op hun website vind je goede informatie over Sinterklaas.
–   http://www.bestesinterklaaslied.nl: dit is een mooi voorbeeld van de vele websites met muziek en tekst van de bekendste sinterklaasliedjes.

– http://sinterklaas.startpagina.nl: als je meer wilt weten over Sinterklaas, kun je hier je zoektocht beginnen.

Sources

Text 1: based on Elke van Riel, 'Pepernotenkoorts en kerststress', in: *J/M*, 8 November 2010, online, http://www.jmouders.nl/Themas/Opvoeding/Opvoeden/Pepernotenkoorts-en-kerststress.htm.
Text 2: based on Amber van der Meulen, 'De sinterklaasleugen', in: *Psychologie magazine*, 19.11 (December 2000).

Chapter 4: Nieuwetijds moederen

1. Vooraf

Veel vrouwen willen het moederschap combineren met een deeltijdbaan. Andere vrouwen kiezen er <u>bewust</u> voor om thuis te blijven en al hun tijd te besteden aan de opvoeding van de kinderen.

a. Afgezien van biologische verschillen, denk je dat er nog andere verschillen zijn tussen mannen en vrouwen? Zo ja, welke?
b. Hebben die verschillen invloed op de rollen die mannen en vrouwen thuis en in de samenleving spelen?
c. Wat vind je ervan als mannen niet werken, maar thuisblijven om voor hun kinderen te zorgen?
d. Wat vind je ervan als vrouwen niet werken, maar thuisblijven om voor de kinderen te zorgen?
e. Vind je jezelf een feminist? Waarom?
f. Denk je dat feminisme en moederschap samen gaan?

Over de teksten

Dit hoofdstuk bevat twee teksten. De eerste tekst gaat over Nicole Orriëns die thuisblijfmoeder is. Dat is een moeder die er bewust voor kiest om thuis te blijven en voor de kinderen te zorgen. In de tweede tekst is Irene van Staveren aan het woord. Zij heeft er bewust voor gekozen om fulltime te werken. Beide artikelen verschenen in de Nederlandse kwaliteitskrant *NRC Handelsblad.*

Woordenschat	
nieuwetijds	modern, of this age *Met <u>nieuwetijds</u> moederen wordt het moderne moederschap bedoeld.*
bewust	conscious(ly), deliberate(ly) *Zij is heel <u>bewust</u> een thuisblijfmoeder geworden.*

2. Teksten, woordenschat en vragen

Tekst 1 Thuisblijfmoeder (tbm) is geen huisvrouw

Nicole Orriëns wilde na haar studie niet werken, maar thuis voor de kinderen zorgen. Ze schreef een boek over 'nieuwetijds moederen' (dus niet stofzuigen). 'Ik zie mezelf als feministe,' vertelt ze Monique Snoeijen.

Afgestudeerd psycholoog Nicole Orriëns koos voor een carrière met eigen verantwoordelijkheden, beloningen en uitdagingen. Dat is haar niet in dank afgenomen. 'De samenleving kijkt mij met de nek aan,' zegt ze. Nicole Orriëns is 'thuisblijfmoeder' (tbm). 'Sommigen vinden mij een parasiet die eerst met belastingcenten heeft gestudeerd en nu wegloopt voor haar maatschappelijke verantwoordelijkheden.' Ze schenkt nog maar eens een kop thee in.

Al tijdens haar studie psychologie wilde Orriëns een gezin met veel kinderen waar ze zelf voor wilde zorgen. Maar hoe doe je dat 'in een samenleving die de norm stelt dat moeders moeten werken', in een 'cultuur die het moederschap verheerlijkt, maar intussen het werk van moeders niet waardeert'? Ex-staatssecretaris van Emancipatiezaken Annelies Verstand en de hoofdredacteur van het feministische maandblad *Opzij* Cisca Dresselhuys noemden vrouwen die thuis bij de kinderen willen blijven zelfs 'dom' en 'luxepaardjes'. Het emancipatiebeleid dat de overheid voert, heeft als doel dat over vijf jaar zestig procent van de vrouwen economisch onafhankelijk is.

'Vergooi ik werkelijk mijn talenten en een kleurrijke toekomst als ik alleen voor de kinderen ga zorgen?', vroeg Orriëns zich af toen ze zwanger was. En wat te zeggen als anderen (vooral vrouwen) reageerden met: 'ja, ja, zeker lekker de hele dag sherry drinken' of 'heeft het feminisme daar zo hard voor gestreden?' 'Moet ik me ervoor schamen dat ik voor huis en haard wil zorgen?' Eindeloos veel boeken over de meest uiteenlopende vormen van ouderschap kwam ze tegen, maar niet één over vrouwen die bewust kozen thuis bij hun kind te blijven. Ze begon zelf een website: www.thuisblijfmoeders.nl. De reacties waren zo enthousiast dat ze besloot in de avonduren een handboek voor 'thuisblijfmoeders' te schrijven. In *Nieuwetijds moederen* schrijft ze over de financiële gevolgen van het tbm-schap (Orriëns wikt en weegt iedere aankoop, koopt alleen nog maar tweedehands kinderkleding en gaat nooit meer op vakantie), de mogelijke reacties van de partner ('Waar is mijn carrièretijgerin gebleven?') en over het ongemakkelijke gevoel niets te vertellen te hebben op verjaardagen en feestjes.

Maar 'de belangrijkste uitdaging' van het moederschap, zegt ze, is 'het aanbrengen van structuur in de dag'. Werkende moeders kleden 's ochtends – hup hup hup – hun kinderen aan, maken het ontbijt en brengen ze dan naar de kinderopvang of school. Maar voor de thuisblijfmoeder ontvouwt zich 's ochtends een lange en lege dag. 'Dan denk je in het begin: Wat nu? Ik probeer een strak weekschema aan te houden. Op maandag maken we met z'n allen het huis schoon. Op woensdag gaan we zwemmen. Donderdag gaan we naar een speelgroep waar ook andere moeders met hun kind komen en vrijdagochtend gaan we zwemmen. Die structuur aanbrengen heeft me wel even tijd gekost.'

Orriëns voelt zich een feministe. 'Want het feminisme staat voor het kunnen maken van je eigen keuzes. Los van stereotypes of gedateerde rolmodellen.'

Zeg trouwens nooit huisvrouw tegen een thuisblijfmoeder. Een huisvrouw schept er eer en genoegen in het stof van de plinten te vegen, een thuisblijfmoeder wijdt zich aan het moederschap: ze wil niet het risico lopen door het huishouden iets te missen van de sociaal-emotionele ontwikkeling van haar kind. Uit het hoofdstuk 'Moet ik echt het huishouden doen?': 'Over vijf jaar doet het er niet meer toe of je elke dag stofzuigde, maar wel hoeveel tijd je besteedde aan je kinderen. (. . .) En "er zijn" kost tijd.' Toch is het moeilijk een balans te vinden. 'Soms ben ik met het huishouden bezig en dan wil één van mijn kinderen een spelletje doen,' zeg Orriëns. 'Daar worstel ik dan wel mee. Ik ben thuisgebleven om er voor hen te zijn en dan sta ik te stofzuigen.'

Hebben hoogopgeleide vrouwen die na hun studie in staat zouden moeten zijn om in het bedrijfsleven te werken, werkelijk zo'n handboek nodig? Hoe deden hun moeders en grootmoeders dat dan? 'Die hoefden niet tegen de stroom in te roeien,' zegt Orriëns.

Woordenschat bij tekst 1

verantwoordelijkheid (de, -heden)	responsibility *Het is de verantwoordelijkheid van de ouders om goed voor hun kinderen te zorgen.*
beloning (de, -en)	reward *Net zoals een wortel beter is dan een stok, is een beloning beter dan een straf.*
uitdaging (de, -en)	challenge *Het is een grote uitdaging om de hoogste berg in Europa, de Mont Blanc, te beklimmen.*
(iemand) (iets) niet in dank afnemen (vaste verb.)	not to thank (someone) for (something) *De speech van de minister-president over het drugsbeleid werd hem door zijn politieke partij niet in dank afgenomen.*
(iemand) met de nek aankijken (vaste verb.)	to give (someone) the cold shoulder *Ron is niet blij met zijn collega's, die hem met de nek aankijken en achter zijn rug over hem praten.*
belasting (de, -en)	tax *Iedereen moet belasting betalen, of je het leuk vindt of niet.*
verheerlijken (ww.)	to glorify, to praise *Die politieke partij denkt dat de Palestijnse Autoriteit terroristische acties tegen Israël verheerlijkt.*
intussen	here: nevertheless *Ik denk dat je gelijk hebt, maar intussen ben ik daar niet blij mee.*

luxepaard (het, -en) | someone who likes to enjoy a life of luxury without spending too much energy
Je hebt luxepaarden en werkpaarden.

een beleid voeren (vaste verb.) | to pursue a policy
Het drugsbeleid dat de Nederlandse overheid voert, wordt vaak liberaal genoemd.

vergooien (ww.) | to waste, to throw away
Door met die vreselijke vrouw te trouwen heeft hij zijn kans op geluk definitief vergooid.

zich schamen voor (ww.) | to be ashamed of
Uit onderzoek blijkt dat meisjes zich vaker voor iets schamen dan jongens.

uiteenlopend | various, divergent, different
Er zijn uiteenlopende manieren om werk te vinden.

wikken en wegen (vaste verb.) | to weigh carefully, to deliberate
Na veel wikken en wegen kwam hij tot de conclusie dat een carrièretijgerin voor hem niet de ideale partner was.

kinderopvang (de, g. mv.) | childcare
Ouders die werken, brengen hun kinderen overdag naar de kinderopvang.

zich ontvouwen (ww.) | to unfold
In die documentaire over een vader en zijn zoon ontvouwt zich een beeld van hun moeilijke relatie.

los van | apart from
Los van enkele typefouten is de tekst die zij heeft geschreven van een hoog niveau.

genoegen scheppen in (iets) (vaste verb.) | to take pleasure in (something)
Sofie schept er genoegen in haar huis schoon te houden. Ze vindt het leuk om te stofzuigen en ze doet drie maal per dag de afwas.

plint (de, -en) | skirting-board
Een plint beschermt de muur tijdens het stofzuigen.

zich wijden aan (ww.) | to devote oneself to
Richard heeft zich zijn hele leven aan de kunst gewijd.

roeien (ww.) | to row
Het is moeilijk om tegen de stroom van de rivier in te roeien. Veel makkelijker is het om met de stroom mee te varen.

Vragen bij tekst 1

1. Moederen betekent: de rol van moeder spelen. Wat is nieuwetijds moederen, volgens Nicole Orriëns?
2. Kijk naar de eerste drie alinea's. Wat vindt men ervan dat Oriëns tbm'er is? Noem zowel de reacties van de samenleving als van haar omgeving.
3. Orriëns heeft een boek geschreven over *Nieuwetijds moederen*.

    a. Beschrijf het ontstaan van Orriëns' boek.
    b. Welke onderwerpen komen in het boek aan bod?

4. Wat is de belangrijkste uitdaging van het tbm-schap? Hoe biedt Orriëns die uitdaging het hoofd?
5. Waarom voelt Orriëns zich feministe?
6. Wat is het verschil tussen een huisvrouw en een thuisblijfmoeder?
7. Leg uit waarom hoogopgeleide vrouwen het handboek volgens Orriëns nodig hebben.

Tekst 2 Van thuiszitten word je niet blij

Het verhaal van Irene van Staveren (44) die fulltime werkt en zichzelf een goede moeder vindt

Tegen mijn buitenlandse studenten zeg ik altijd: Nederland is een modern land als het gaat om abortus en euthanasie, maar achterlijk in de arbeidsparticipatie van vrouwen. In jullie landen is dat veel beter. Dan zijn ze stomverbaasd, want mijn studenten komen uit Azië, Afrika en Zuid-Amerika. Ze zien Nederland als zeer vooruitstrevend. Maar fulltime werkende moeders als ik zijn hier een uitzondering. Vijf procent van de vrouwen met schoolgaande kinderen en fulltime werkende man, werkt zelf ook fulltime.

Het moederschapsideaal in Nederland is heel sterk. Mijn kinderen zijn nu 15 en 17, maar toen ze jonger waren, kreeg ik weleens vreemde reacties. De ondertoon was dan dat ik een slechte moeder zou zijn omdat ik fulltime werkte. Een keer zei de moeder van een vriendinnetje van mijn dochter: Paula moet altijd maar naar die buitenschoolse opvang, dat vind ik toch zó zielig! Het voelde als een klap in mijn gezicht. Later dacht ik, boos: zó hou je dus dat moederschapsideaal in stand.

Ik werk als universitair hoofddocent feministische ontwikkelingseconomie aan het Institute of Social Studies in Den Haag en ben hoogleraar economie en christelijke ethiek aan de Radbouduniversiteit in Nijmegen. Waarom ik een baan van vijf dagen heb, en niet van vier of drie, kan ik simpel uitleggen: omdat ik dol ben op mijn vak. In mijn geval is het ook nog eens zo dat mijn ideeën over de economische wetenschap en wat er zou moeten veranderen in de maatschappij, afwijken van de mainstream, ik heb een missie. Dat vraagt extra inzet.

Onderwijs geven, studenten begeleiden en managementtaken vullen het grootste deel van mijn tijd. Daarna kom ik pas toe aan onderzoek doen en werken aan mijn publicaties. Vandaar dat ik altijd werkweken draai van 50 à 55 uur. Niet dat ik mezelf aan alle vrouwen ten voorbeeld wil stellen. Heb je een beroep waar je niet zo tevreden mee bent, dan kan ik me voorstellen dat je vier dagen werken wel genoeg vindt. En heb je een kind met ADHD of iets anders waardoor het extra aandacht nodig heeft, dan kan het ook niet. Het is mijn geluk dat ik gezonde kinderen heb, en zelf energiek ben en een goede gezondheid heb.

Bovendien heb ik het altijd zo kunnen regelen dat ik op woensdag thuis werk, en mijn vrije dagen opneem in de schoolvakanties. En, heel belangrijk, ik heb een man die altijd veel gedaan heeft thuis. Hij is degene die het huis schoonhoudt, spic en span. De werksters die we hebben gehad, stuurde hij de laan uit omdat hij ze niet goed genoeg vond.

Mijn moeder heeft een laborantenopleiding gedaan. Daarna ging ze als chemisch analiste werken bij Hoogovens. Toen de kinderen kwamen, zegde ze haar baan op. Mijn vader voer op zee, en destijds was het voor een vrouw in die situatie natuurlijk wel bijzonder lastig om te blijven werken. Ik heb er nooit met haar over gesproken, maar mijn indruk is dat het huisvrouwenbestaan haar niet bepaald gelukkig maakte. Ze lag vaak met hoofdpijn op de bank. Misschien komt daar mijn *drive* wel vandaan. Ik heb aan mijn moeder gezien dat je van thuis zitten niet blij wordt. Die bewuste thuisblijfmoeders snap ik dan ook niet. Daarbij: wat voor voorbeeld geven ze aan hun dochters? En staan ze er wel bij stil dat ze alleen kunnen komen te staan? Een op de drie huwelijken eindigt in een scheiding. Je kunt weduwe worden, of je partner kan arbeidsongeschikt raken.

De toename van de arbeidsparticipatie van vrouwen stagneert sinds een aantal jaren. Om het voor moeders gemakkelijker te maken, zouden een aantal dingen beter geregeld kunnen worden. De buitenschoolse opvang zou meer een tweede thuis moeten zijn voor kinderen, een plek waar ze niet alleen zoet worden gehouden, maar waar ze culturele activiteiten kunnen doen en huiswerkbegeleiding kunnen krijgen.

Het zwangerschapsverlof zou met een of twee maanden verlengd moeten worden. Zestien weken is te kort. En net als in Scandinavië zouden mannen ouderschapsverlof moeten krijgen, op te nemen in het eerste jaar na de geboorte, ná het zwangerschapsverlof van de moeder. Zodat de man, als de vrouw weer aan het werk is, de tijd krijgt om een autonome band met het kind op te bouwen. Voor mijn zoon is het heel goed geweest om als baby zoveel bij zijn vader te zijn geweest: mijn man heeft twee jaar lang na zijn geboorte voltijds voor hem gezorgd. Mijn dochter is al na drie maanden voor vier dagen in de week naar de crèche gegaan. Als je me vraagt of ik me weleens ergens schuldig over voel, zeg ik: ja, dat was misschien wel te vroeg. Maar over het geheel vind ik dat wij het best goed gedaan hebben.

Woordenschat bij tekst 2

achterlijk	backward *Een land dat de doodstraf heeft, vind ik niet progressief maar achterlijk.*
(stom)verbaasd	(very) surprised *Toen hij in maart Sinterklaas op straat zag lopen, was hij stomverbaasd. Hij kon het niet geloven.*
vooruitstrevend	progressive *Die politicus is helemaal niet conservatief maar heel vooruitstrevend in haar opinies.*
buitenschoolse opvang (BSO) (de, g. mv.)	childcare during out-of-school hours *Omdat allebei zijn ouders een voltijds baan hebben, blijft hij na school altijd op de buitenschoolse opvang.*

zielig	sad, pitiful *Ik vind het <u>zielig</u> dat zij voor de tweede keer in een maand ziek is.*
klap (de, -pen)	*lit.*: slap, *fig.*: blow *Het is een enorme <u>klap</u> voor jonge kinderen als ze ontdekken dat Sinterklaas niet bestaat.*
(iets) in stand houden (vaste verb.)	to preserve (something) *De overheid doet veel moeite om de populatie van die zeldzame vogelsoort <u>in stand te houden</u>.*
geval (het, -len)	case *In <u>geval</u> van nood moet u de politie bellen op het nummer 112.*
afwijken van (ww., onr.)	to differ from, to deviate from *Het is als individu moeilijk om <u>af te wijken van</u> de norm, omdat dat vaak niet wordt geaccepteerd.*
inzet (de, g. mv.)	effort *Hij heeft 10 uur per dag gestudeerd. Door die enorme <u>inzet</u> haalde hij een goed resultaat.*
toekomen aan (ww., onr.)	to get round to *Ik heb het zo druk gehad dat ik niet ben <u>toegekomen aan</u> het huishouden.*
vandaar dat	that is why, therefore *Zij heeft een drukke baan en werkt minstens 50 uur per week. <u>Vandaar</u> dat haar man het huishouden doet en voor de kinderen zorgt.*
draaien (ww.)	here: to run, to work *Hoewel hij een deeltijdbaan heeft, <u>draait</u> hij toch vijf werkdagen van minstens zeven uur per week.* *Op zijn werkcomputer <u>draait</u> altijd hetzelfde programma.*
geluk (het, g. mv.)	here: luck, good fortune *Hij heeft altijd veel <u>geluk</u>: gisteren vond hij een briefje van 50 euro op straat en vandaag wint hij de loterij!*
opnemen (ww., onr.)	here: to take *Zij <u>neemt</u> iedere maand twee vrije dagen <u>op</u>.*
werkster (de, -s)	cleaning lady *Omdat Jan en Thea allebei werken en vaak niet toekomen aan het huishouden, hebben zij een <u>werkster</u> die één keer per week het hele huis schoonmaakt.*
(iemand) de laan uitsturen (vaste verb.)	to fire (someone) *Hij is <u>de laan uitgestuurd</u> omdat hij grote fouten heeft gemaakt.*

Hoogovens	Ijmuiden Steelworks: large steel producer based in Ijmuiden near Amsterdam, and known as Hoogovens.
varen (ww., onr.)	to sail, to go by boat *Hij vindt <u>varen</u> prettiger dan vliegen. Daarom gaat hij altijd met de boot van Engeland naar Zeebrugge.*
lastig	difficult *Op zijn werk moet hij vaak praten met <u>lastige</u> klanten.*
bestaan (**het**, g. mv.)	existence *Het <u>bestaan</u> van een huisvrouw is net zo moeilijk als het bestaan van een carrièretijgerin.*
stilstaan bij (iets) (vaste verb.)	to give thought to (something), to give consideration to (something) *Tijdens de Nationale Dodenherdenking op 4 mei <u>staan</u> Nederlanders enkele momenten <u>stil bij</u> iedereen die sinds het begin van de Tweede Wereldoorlog in oorlogssituaties is overleden.*
alleen staan (vaste verb.)	to be on one's own *Zij is een alleenstaande moeder, maar zij vindt het niet prettig om <u>alleen te staan</u>.*
(echt)**scheiding** (**de**, -en)	divorce *De <u>scheiding</u> van Jan en Thea was een klap in het gezicht van hun twee kinderen.*
arbeidsongeschikt	disabled, unable to work *Als je <u>arbeidsongeschikt</u> bent en dus niet meer kunt werken, krijg je een kleine hoeveelheid geld van de staat.*
zoet	sweet, good *Kinderen die het hele jaar <u>zoet</u> zijn geweest, krijgen cadeautjes van Sinterklaas.*
begeleiding (**de**, -en)	support, supervision *Toen hij werkloos werd, kreeg hij veel <u>begeleiding</u> bij het zoeken naar een nieuwe baan.*
verlof (**het**, -loven)	leave *Werkende vrouwen krijgen zwangerschaps<u>verlof</u> als ze een kind krijgen.*
schuldig	guilty *Jan voelde zich <u>schuldig</u> toen hij een hele week niets in het huishouden had gedaan.*
over het geheel (**genomen**) (vaste verb.)	on the whole *<u>Over het geheel genomen</u> vind ik het een prachtige film, maar er zijn enkele scenes die ik niet zo goed vind.*

Vragen bij tekst 2

1. Irene van Staveren vertelt haar buitenlandse studenten ieder jaar hetzelfde verhaal. Waarover zijn de buitenlandse studenten van Irene van Staveren altijd verbaasd?
2. Van Staveren kreeg vreemde reacties toen haar twee kinderen jonger waren.

   a. Waarom kreeg zij zulke reacties?
   b. Leg uit wat Van Staveren bedoelt met de zin: 'Later dacht ik, boos: zó hou je dus dat moederschapsideaal in stand.'

3. Welke twee redenen geeft Van Staveren dat ze voltijds en niet deeltijds werkt?
4. Waarom draait Van Staveren werkweken van 50 tot 55 uur, en niet een normale voltijdse werkweek van iets minder van 40 uur? Noem twee redenen.
5. Wat heeft het mogelijk gemaakt voor Van Staveren om zoveel uren per week te werken? Noem vijf dingen.
6. Hoe waren de taken verdeeld tussen de ouders van Van Staveren?
7. Waarom snapt Van Staveren 'die bewuste thuisblijfmoeders' niet? Geef drie redenen.
8. Hoe zou de arbeidsparticipatie van vrouwen kunnen worden verbeterd, volgens Van Staveren? Noem drie punten.
9. Heeft Van Staveren spijt van haar keuzes?

Woordenschat

spijt hebben van
(vaste verb.)

to regret
Hoewel zijn vrouw boos is dat hij een affaire heeft gehad met zijn secretaresse, heeft hij er geen spijt van.

---

3. Woordenschatoefeningen

I Synoniemen

   a. Welk woord hoort niet in het rijtje thuis en waarom?

      1. modern – nieuwetijds – ouderwets – hedendaags
      2. varen – zeilen – roeien – rijden
      3. modern – vooruitstrevend – achterlijk – progressief
      4. koken – vegen – poetsen – stofzuigen
      5. divers – uiteenlopend – verschillend – intussen

   b. Welke woorden betekenen ongeveer hetzelfde? Verbind een woord uit de eerste kolom met een woord uit de tweede kolom.

      1. behalve   a. lief
      2. onophoudelijk   b. voortdurend
      3. moeilijk   c. los van
      4. vandaar   d. lastig
      5. zoet   e. daarom

c. Vervang de schuingedrukte woorden in de volgende zinnen door werkwoorden en vaste verbindingen uit de twee woordenlijsten die hetzelfde betekenen.

1. Ik vind dat het moederschap te veel *wordt geromantiseerd*. Het is veel beter voor vrouwen om niet thuis te blijven om voor de kinderen te zorgen, maar zich te ontvouwen als een carrièretijgerin.
2. Emma denkt daar anders over. Na veel wikken en wegen vond zij het idee om haar man Daan voor de kinderen te laten zorgen en zelf een voltijdse carrière te beginnen niet zo goed. Ze vond het beter om het traditionele rollenpatroon *te laten voortduren*.
3. Ze realiseert zich dat veel mannen en vrouwen haar *met depreciatie zullen behandelen*, maar dat risico loopt ze graag.
4. Ik *begrijp* haar beslissing wel, maar ik vraag me of af ze gelukkig wordt.
5. En wat gebeurt er als Hoogovens haar man *ontslaat*? Dat betekent dat haar man geen werk meer heeft. Waar komt dan het geld vandaan om te leven?

II Vul het ontbrekende woord in onderstaande zinnen in. Let op dat je de juiste vorm en woordvolgorde gebruikt. Kies uit de volgende woorden:

uitdaging – voeren – zich schamen – wijden aan – niet in dank afnemen – verantwoordelijkheid – schuldig – met de nek aankijken – vergooien – wikken en wegen

1. Maartje ... omdat zij van het balkon viel toen zij Julia speelde in het beroemde toneelstuk *Romeo and Juliet* van Shakespeare.
2. Het was weliswaar niet haar schuld dat ze van het balkon viel, maar toch voelt ze zich ... : door haar val moest de voorstelling worden gestopt.
3. Haar mede-acteurs hebben haar het incident ... : ze zijn er absoluut niet blij mee.
4. Sommige collega-acteurs ... haar zelfs ... : ze behandelden haar zonder respect. Ze spraken zelfs niet meer met haar.
5. Daarom heeft Maartje na veel ... besloten om een tijdje niet meer toneel te spelen. Een pauze, zeg maar.
6. Misschien ... ze daarmee haar kans op een goede carrière in de theaterwereld, maar dat risico loopt ze graag.
7. Aan de ene kant wil ze eigenlijk liever een heel nieuwe carrière beginnen, bijvoorbeeld in de financiële wereld. Dat zal niet makkelijk zijn en ze zal heel hard moeten werken. Het is een hele ... !
8. Aan de andere kant wil ze ook gewoon thuisblijfmoeder worden. Dan kan ze al haar tijd ... haar kinderen.
9. Ze vindt het namelijk de ... van iedere moeder om zelf voor haar kinderen te zorgen.
10. Die mening verschilt van het beleid dat de overheid. ... . Dat is er namelijk op gericht om zoveel mogelijk vrouwen te laten participeren op de arbeidsmarkt.

III Vul in de onderstaande zinnen telkens de juiste prepositie in. Kies uit: *aan, bij, in, met, op, over, tegen, uit, van, voor.* Alle vaste combinaties met preposities kun je in de tekst vinden.

Afgestudeerd psycholoog Nicole Orriëns kon kiezen ... (1) twee alternatieven: werken of nieuwetijds moederen. Zij koos ... (2) het laatste alternatief. Zij wilde na haar studie niet werken, maar thuis ... (3) de kinderen zorgen. Daar schaamt ze zich niet ... (4). 'Sommigen vinden mij een parasiet die wegloopt ... (5) haar maatschappelijke verantwoordelijkheden,' zegt ze. 'Heeft het feminisme daar zo hard ... (6) gestreden?' vragen ze dan. Toch voelt zij zich feministe, 'want het feminisme staat ... (7) het kunnen maken van je eigen keuzes.' Heel veel vrouwen zijn als Nicole: ze geloven niet dat alleen werken gelukkig maakt en ze zijn begonnen met nadenken ... (8) wat echt belangrijk is in het leven. Orriëns besteedt nu veel tijd ... (9) haar vier kinderen. Ze wijdt zich vol overgave ... (10) het moederschap, dat ze niet combineert ... (11) een baan. Orriëns vindt het vinden van een balans tussen huishoudelijk werk en zorgen voor de kinderen wel moeilijk, bijvoorbeeld als ze ... (12) het huishouden bezig is en één van haar kinderen een spelletje wil doen. Ze worstelt ... (13) die situatie. Van Staveren wijkt af ... (14) Orriëns: zij denkt dat je als thuisblijfmoeder niet gelukkig wordt. Zij is dol ... (15) haar werk en ze schept er daarom veel genoegen ... (16). Toch zeggen mensen weleens ... (17) haar dat ze haar kinderen verwaarloost. Dat is dan een klap ... (18) haar gezicht. Zij staat er vaak ... (19) stil dat er in Nederland inderdaad een moederschapsideaal is dat op veel manieren ... (20) stand wordt gehouden. Het is natuurlijk waar dat een vrouw die voltijds werkt niet altijd toekomt ... (21) het opvoeden van de kinderen, maar als je man ervoor kiest om het huishouden te doen en voor de kinderen te zorgen, dan is er toch geen probleem? Van Staveren wil zichzelf niet ten voorbeeld stellen ... (22) alle vrouwen in Nederland. Ook denkt ze dat ze niet alles altijd goed heeft gedaan. Soms voelt ze zich schuldig ... (23) beslissingen uit het verleden: het was misschien te vroeg dat ze haar dochter Paula al na drie maanden voor vier dagen in de week naar de kinderopvang stuurde.

IV In de tekst komen veel werkwoorden met een prefix voor.

a. Maak samengestelde werkwoorden door de prefixen uit de linkerkolom te combineren met de woorden uit de rechterkolom. Alle samengestelde werkwoorden kun je ook vinden in de tekst.

af	blijven
(zich) ont	heerlijken
op	komen (aan)
op	lopen (voor)
stil	nemen
stof	staan (bij)
thuis	vouwen
toe	wijken (van)
ver	zeggen
weg	zuigen

b. Welke van de vijftien werkwoorden zijn scheidbaar en welke niet?

c. Maak een zin van minstens 8 woorden met elk van de tien samengestelde werkwoorden. Experimenteer met langere en complexere zinnen in verschillende werkwoordstijden.

V   Herhalingsoefening. In deze oefening wordt de woordenschat uit hoofdstuk 1 tot en met 3 herhaald.

a.   Herschrijf de onderstaande zinnen door de schuingedrukte woorden te vervangen door een van de volgende synoniemen. Denk aan de vorm en de woordvolgorde.

kunnen schelen – aanjagen – beseffen – inzakken – weergeven

1.   De markt voor desktops is de laatste jaren *dramatisch afgenomen*, terwijl de vraag naar smartphones, tablets en laptops is toegenomen.
2.   Het *maakt* mij niet *uit* hoeveel cadeautjes ik krijg van Sinterklaas.
3.   Als kind *snapte* ik niet hoe uitzonderlijk het was dat mijn vader thuis bleef en mijn moeder iedere dag naar haar werk ging.
4.   Deze grafiek *laat* duidelijk *zien* dat de behoefte aan kinderopvang de laatste jaren is gegroeid.
5.   Het idee om thuis te blijven en voor de kinderen te zorgen, *bezorgt* haar veel angst.

b.   Vul de onderstaande substantieven in de zinnen in.

verbeeldingskracht – onderdrukking – opvatting – doorzettingsvermogen – uitgeverij

1.   Zij heeft een enorm . . . : zij stopt pas als ze haar doel heeft bereikt.
2.   Daarom is zij bijzonder geschikt voor de zakenwereld. Ze heeft haar eigen . . . , want haar man is romanschrijver.
3.   Haar partner heeft een grotere. . . . Hij is bijvoorbeeld heel goed in het verzinnen van verhalen. Hij is dan ook auteur van een aantal succesvolle romans.
4.   Die oude man heeft een traditionele . . . over de rolverdeling tussen mannen en vrouwen.
5.   Zijn vrouw is het niet met hem eens: zij vindt dat de denkbeelden van haar man leiden tot de . . . van de vrouw, die thuis moet blijven en niet de mogelijkheid krijgt om zich te ontplooien.

c.   Herschrijf de zinnen met gebruik van de onderstaande werkwoorden en vaste verbindingen. Denk aan de vorm en woordvolgorde.

liggen aan – maat houden – doorslaan – dol zijn op – in de maling nemen

1.   Volgens haar is Parijs de mooiste stad ter wereld. Zij *voelt zich enorm aangetrokken tot* die stad.
2.   Ik vind het niet fijn dat je me *belazert en bedot*. Als je wilt liegen, dan moet je maar een ander slachtoffer kiezen!
3.   Toen hij hoorde dat hij zijn baan had verloren, *sloeg hij op tilt*.
4.   Dat hij de zwemwedstrijd verloren heeft, *zit hem in* het geringe aantal uren dat hij heeft besteed aan zijn training.
5.   Tijdens het avondeten vindt zij het altijd moeilijk om *zich in te houden*. Ze kan gewoon niet stoppen met eten!

4. Spreekoefeningen

Volgens de tweede tekst is het moederideaal in Nederland heel sterk: Van Staveren verdedigt haar keuze om voltijds te werken. De eerste tekst doet het tegenovergestelde: Orriëns geeft de indruk dat werkende moeders de norm zijn en dat thuisblijfmoeders tegen de stroom in roeien. Er is natuurlijk ook een derde optie: een baan in deeltijd.

1. Hoeveel tijd wil jij besteden aan het moeder- of vaderschap?

Beantwoord eerst de volgende vragen. Bespreek je antwoorden met je buurman of buurvrouw.

- Hoeveel tijd wil jij later besteden aan de zorg voor de kinderen?
- Hoeveel tijd je wilt besteden aan de zorg voor de kinderen is een keuze die zowel mannen als vrouwen moeten maken. Vind je dat die keuze anders is voor mannen dan voor vrouwen? Waarom?

2. Geeft Orriëns goede adviezen?

Nicole Orriëns geeft vijf tips aan thuisblijfmoeders. Het volgende fragment hoort bij de eerste tekst uit dit hoofdstuk. Lees eerst de tekst en maak een lijstje van de vijf tips. Voer daarna een gesprek met je buurman of buurvrouw. Vertel elkaar wat je vindt van deze tips. Zet ze daarna in volgorde van bruikbaarheid en zorg dat jullie argumenten kunnen geven voor de volgorde die jullie gekozen hebben.

Tips uit *Nieuwetijds Moederen*

Pas op voor het 'joggingpaksyndroom'. 'Je komt 's ochtends uit bed en trekt een makkelijk zittend joggingpak aan. Waarom moeite doen, het maakt de kinderen toch niet uit hoe je eruit ziet, en wie ziet je nou? Door jezelf te <u>verwaarlozen</u>, ga je je vervelend voelen. Dus kleed je netjes aan, kam je haren en je voelt je automatisch beter.' Onderneem actie om nieuwe collega's te vinden. 'Laat ze weten dat je begonnen bent in je nieuwe baan, en dat ze er een geweldige collega bij hebben. Niemand begrijpt je zo goed als een collega-thuisblijfmoeder.' Zorg voor tijd voor jezelf. 'Soms moet je even afstand nemen en tot jezelf komen. Je bent een thuisblijfmoeder, geen <u>martelaar</u>.' Zorg dat je het huis uitkomt. 'Doe iets, wat dan ook. Weer of geen weer, ga naar buiten! Een thuisblijfmoeder pakte de bus naar Ikea, bracht de kinderen naar 'Speelland' en vertrok zelf naar het restaurant voor een <u>broodnodig</u> kopje koffie. De kinderen waren blij, en zij kon even <u>bijtanken</u>.' Zorg voor romantiek. 'Vertel je partner dat je geen ondergoed draagt.'

Woordenschat

verwaarlozen (ww.)	to neglect *Volgens sommigen bestaat het gevaar dat vrouwen die werken hun kinderen <u>verwaarlozen</u>.*
martelaar (de, -laren/-s)	martyr *In de zestiende eeuw werden protestanten vaak gedood om hun geloof. Dat zijn <u>martelaren</u>.*
broodnodig	highly necessary *Als toneelspeler is het <u>broodnodig</u> dat je je tekst goed kent.*
bijtanken (ww.)	lit.: to refuel; here: to relax in order to gain energy *Net zoals auto's <u>bijgetankt</u> kunnen worden door de tank te vullen met benzine, kunnen ook mensen <u>bijtanken</u> door een weekendje te relaxen.*

3. Geeft Van Staveren goede adviezen?

Volgens Van Staveren moet de arbeidsparticipatie van vrouwen worden verbeterd. Zij geeft verschillende adviezen: betere buitenschoolse opvang, langer zwangerschapsverlof en ouderschapsverlof voor mannen. Lees de laatste twee alinea's van de tweede tekst nog eens goed door. Voer daarna een gesprek met je buurman of buurvrouw. Vertel elkaar wat je vindt van Van Staverens ideeën.

4. Discussie over stellingen

Bespreek met elkaar (één of enkele van) de volgende stellingen. Werk eerst in kleine groepjes van drie of meer personen. Bespreek de stellingen daarna klassikaal.

– Werken en moederen gaan niet samen. Dat is slecht voor de kinderen.
– Een voltijds moeder kan geen feministe zijn.
– De wetgeving met betrekking tot flexibele werktijden voor ouders, mannen en vrouwen, moet versoepeld worden zodat beide partners hun verantwoordelijkheden kunnen opnemen.
– Thuisblijfmoeders zijn luxepaardjes, die irritante, zelfvoldane kinderen de wereld in sturen.
– Het klassenverschil heeft grote invloed op opvattingen over het moederschap.
– Het feminisme heeft haar doel bereikt: vrouwen zijn in onze maatschappij helemaal gelijkwaardig aan mannen.

5. Internetresearch

1. Zoek op het Internet naar de inhoudsopgave van Orriëns' boek. Waar denk je dat de hoofdstukken over gaan?
2. In de tekst is sprake van de bekende ex-hoofdredacteur (1981–2008) van het feministische tijdschrift *Opzij* Cisca Dresselhuys. Ga naar de website van *Opzij*: http://www.opzij.nl. Wat zijn volgens *Opzij* de mythes over het feminisme? Is er volgens het tijdschrift een verschil tussen feminisme en vrouwenemancipatie?
3. Er worden doorgaans twee golven onderscheiden in het (Nederlandse) feminisme. Zoek internetbronnen over de geschiedenis van het feminisme in Nederland. Geef een korte beschrijving van wat feminisme eigenlijk is en hoe de geschiedenis van het feminisme in Nederland eruit ziet.
4. Van Staveren benadrukt dat het moederschapsideaal in Nederland heel sterk is en dat de arbeidsparticipatie van vrouwen er te wensen overlaat. Kun je gegevens vinden over de arbeidsparticipatie van Nederlandse vrouwen? Is dit wezenlijk anders dan in je eigen land?

6. Verder surfen en lezen

– http://www.thuisblijfmoeders.nl: dit is de website over thuisblijfmoeders van Nicole Orriëns.
– http://www.ikvader.nl: de laatste jaren is er steeds meer te doen over 'vaderschap'. Op deze site lees je alles over vaderschap voor 'nieuwe vaders', want opvoeden en kinderen krijgen is niet alleen iets voor moeders.

- http://www.cbs.nl: dit is de website van het Nederlandse Centraal Bureau voor de Statistiek (CBS). Iedere twee jaar publiceert het CBS een emancipatiemonitor met statistische gegevens over de arbeidsparticipatie en economische zelfstandigheid van vrouwen in Nederland.

Sources

Text 1: based on Monique Snoeijen, 'Thuisblijfmoeder (tbm) is geen huisvrouw', in: *NRC Handelsblad*, 8 February 2003.

Text 2: based on Brigit Kooijman, 'Het verhaal van Irene van Staveren (44) die fulltime werkt en zichzelf een goede moeder vindt', in: *NRC Handelsblad*, 19 January 2008.

Chapter 5: Han van Meegeren

1. Vooraf

Iedereen kent Nederland vanwege 'de grote meesters': wereldberoemde schilders als Rembrandt, Van Gogh en Vermeer. Maar men noemt vaak ook een wereldberoemde <u>meestervervalser</u>, Han van Meegeren (1889–1947).

a. Ken je nog meer beroemde vervalsers?
b. Ken je voorbeelden van vervalsing buiten de schilderkunst?
c. Als je zou kunnen kiezen tussen een 'echt' object en een 'vals' object dat meer dan de helft goedkoper was, wat zou je kiezen en waarom?
d. Wat maakt volgens jou een goede vervalsing? Welke aspecten zijn belangrijk?
e. Denk je dat met de opkomst van de digitale media ons concept van 'origineel' verandert of zelfs <u>vervalt</u>?

▌ Over de teksten

In dit hoofdstuk staan twee krantenartikelen over meestervervalser Han van Meegeren. Het eerste artikel verscheen oorspronkelijk in *NRC Handelsblad*, het tweede in *Trouw*. De teksten gaan over de man achter de vervalser en wat hem motiveerde, en over de wisselende reacties vanuit de kunstwereld en het publiek.

Woordenschat

meestervervalser (de, -s)	master forger *Naast Van Meegeren is Geert Jan Jansen een bekende Nederlandse <u>meestervervalser</u>. Hij vervalste vooral schilderijen van Karel Appel.*
vervallen (ww., onr.)	to expire, to no longer be valid *Je lidmaatschapskaart van de sportclub <u>vervalt</u> over een maand. Zou je niet nog eens een keertje gaan sporten?*

2. Teksten, woordenschat en vragen

Tekst 1 Han van Meegeren loog en bedroog tegen de klippen op

Ruim zestig jaar na zijn dood blijft de meestervervalser Han van Meegeren (1889–1947) intrigeren: binnen twee jaar tijd verschenen maar liefst drie Engelse biografieën, er wordt gewerkt aan een speelfilm en het Museum Boijmans Van Beuningen stelt zijn werken weer tentoon.

De feiten zijn bekend. De schatrijke kunstschilder Han van Meegeren werd pal na de bevrijding in mei 1945 door de politie van zijn bed aan de Keizersgracht gelicht. In de kunstcollectie van Hermann Göring was een schilderij van Vermeer gevonden dat Van Meegeren aan de Rijksmaarschalk zou hebben verkocht. Dat stond gelijk aan collaboratie. Tijdens zijn verhoor legde de schilder echter een verbijsterende verklaring af: Göring had geen Vermeer aan de muur, maar een Van Meegeren. En de schilder bekende meteen ook dat de beroemdste Vermeer in Nederlands bezit van zijn hand was: *De Emmaüsgangers* in het Museum Boijmans Van Beuningen in Rotterdam was een vervalsing.

Het was een gevoelige klap voor flink wat vooraanstaande kunsthistorici en museum-directeuren uit heel Europa, die de Vermeers van Van Meegeren de hemel in hadden geprezen. Juist daar – aldus de vervalser zelf – was het hem om te doen geweest: als kunstenaar miskend door de heren kunstkenners, had hij ze met zijn 'oude meesters' vakkundig misleid. Wie het laatst lacht, lacht het best – en zo dacht het publiek er ook over. Van Meegeren werd een volksheld, die zowel zijn critici als de nazi's te slim af was geweest. Dat hij daar miljoenen aan had verdiend, ook tijdens de oorlog, werd hem stilzwijgend vergeven.

De meeste biografen zijn het er wel over eens dat Van Meegeren werd gedreven door ordinaire geldlust en door een quasi-heroïsche 'ik-zal-ze-eens-wat-laten-zien'- mentaliteit, zoals hij zelf beweerde. Dat neemt niet weg dat de aard en omvang van zijn bedrog een ongelooflijk verhaal vormen, dat steeds opnieuw wordt verteld. Veel archiefmateriaal bleef lang onbenut en onbekend, tot in 1979 het baanbrekende 'Een vroege Vermeer uit 1937' van de kunsthistorica Marijke van den Brandhof verscheen.

Vrijwel alle biografen kenmerken Van Meegeren als iets tussen een kleurrijke boef en een opportunistische schurk. Het is de kunsthistoricus Jonathan Lopez die er geen doekjes om windt: Van Meegeren was een professionele leugenaar, die meer dan sympathiseerde met het naziregime. Lang vóór hij in 1937 de kunstwereld veroverde met zijn 'bijbelse' Vermeers, was hij in de jaren twintig al betrokken bij een commercieel vervalserscollectief in de Haagse Sumatrastraat, geleid door de restaurator-vervalser Theo van Wijngaarden. Inspelend op de liefde voor Vermeermeisjes, leverde deze samen met zijn kompanen een aantal 'nieuw ontdekte' oude meesters aan kunsthandelaren en verzamelaars. Die 'echte' Van Meegerens waren zo slecht nog niet, maar, stelt Lopez, de schilder had zijn kunst-enaarsziel bij de duivel ingeruild voor die van een eersterangs vervalser. En wat hem als vervalser zo goed maakte, was het besef dat alleen technisch en kunsthistorisch inzicht in de werkwijze van een schilder niet voldoende was. Het publiek moet in het kunstwerk geloven en daarvoor moet het, onbewust, iets tijdloos én eigentijds in het werk herkennen.

En dat was nu precies waarom *De Emmaüsgangers* in 1937 zo'n indruk maakte. Het doek appelleerde aan de mentaliteit van de jaren dertig. Het toont een katholieke, reactionaire Vermeer en laat de bekende beelden van Arische boerenfamilies op het land zien. In 1942 schilderde Van Meegeren, onder eigen naam, zelf zo'n boerengezin aan de maaltijd; de overeenkomsten met de Emmaüsgangers zijn frappant, maar de overduidelijke overeenkomst met de fascistische beeldtaal is schokkend. Al in 1928 ging Van Meegeren schuimbekkend tekeer tegen het 'kunstbolsjewisme' in zijn tijdschrift *De Kemphaan*, dat hij met de ultra-rechtse journalist Jan Ubink had opgericht ter bevordering van de Nederlandse cultuur. De redactie vond inspiratie in Italiaanse en Franse fascistische propaganda en er klonken zelfs letterlijke echo's uit *Mein Kampf* in door.

De deus ex machina-bekentenis redde Van Meegerens imago: hij ontliep het brandmerk van collaborateur. Alle aandacht ging naar het bedrog en de bedrogenen, niet naar de bedrieger. Het pact met de duivel bleef lang onopgemerkt.

Woordenschat bij tekst 1

tegen de klippen op (vaste verb.)	with might and main *De atleet trainde tegen de klippen op maar werd slechts vierde tijdens het kampioenschap.*
schatrijk	very rich *Sommige jonge oprichters van internetbedrijfjes werden tijdens de dotcom-boom aan het einde jaren negentig in korte tijd schatrijk.*
pal	directly, close *Zij is op 11 februari jarig, en hij pal erna. Op 12 februari dus.*
(iemand) van (zijn) bed lichten (vaste verb.)	to arrest (someone) at their home, usually at night *De vrouwelijke drugsdealer werd gisteren in alle vroegte door de politie van haar bed gelicht.*
verhoor (het, -horen)	interrogation *De rechter was heel erg verbaasd toen de dief tijdens het verhoor bekende dat hij nog veel meer had gestolen.*
verbijsterend	shocking, bewildering *Wat een verbijsterende reactie van de minister. Het lijkt wel of de ramp haar niets kan schelen!*
een verklaring afleggen (vaste verb.)	to make a (witness) statement *De getuige zwoer eerst op de Bijbel de waarheid te spreken en legde toen in de rechtszaal haar verklaring af.*
van de hand van (iemand) (vaste verb.)	made by (someone) *Dit schilderij is absoluut van de hand van Rembrandt. Dat kan je zien aan het subtiele spel met licht en donker.*
vooraanstaand	prominent *Vooraanstaande wetenschappers presenteren binnenkort nieuw onderzoek naar een zeldzame vorm van keelkanker.*

(iets of iemand) de hemel in prijzen (vaste verb.)	to praise (something or someone) excessively *De jonge Hollywoodacteur werd vanwege zijn rol in de laatste blockbuster <u>de hemel in geprezen</u>.*
miskennen (ww.)	to fail to appreciate, to ignore *Hij voelde zich <u>miskend</u> omdat zijn boeken niet goed besproken werden in de kranten.*
de heren ...	the establishment (negative connotation) *<u>De heren</u> medici lachen soms om alternatieve geneeswijzen, zoals homeopathie maar veel mensen nemen het heel serieus.*
vakkundig	competent *Dat heb je heel <u>vakkundig</u> gerepareerd: het is weer stevig en je ziet bijna niets van de breuk.*
misleiden (ww.)	to mislead *De oude dame werd <u>misleid</u> door de gladde financieel adviseur die haar uiteindelijk duizenden euro's armer maakte.*
wie het laatst lacht, lacht het best (vaste verb.)	he who laughs last, laughs longest *Manchester City stond lange tijd acht punten achter op United, maar ze werden toch kampioen. <u>Wie het laatst lacht, lacht het best.</u>*
volksheld (**de**, -en)	national hero *Jan van Schaffelaar werd vanwege zijn dodelijke sprong van een kerktoren in de 15ᵉ eeuw een ware <u>volksheld</u>.*
(iemand) te slim af zijn (vaste verb.)	to outwit (someone) *De politie zat de bankovervaller al een tijdje op de hielen, maar hij <u>was</u> hen elke keer <u>te slim af</u>.*
stilzwijgend	silently, keeping quiet *Zij is <u>stilzwijgend</u> akkoord gegaan met de verdeling van de erfenis hoewel haar broer een groter deel kreeg.*
gedreven worden door (**iets**) (vaste verb.)	to be motivated by (something) *De docent <u>werd gedreven door</u> zijn liefde voor het vak en de motivatie van zijn leerlingen.*
ordinair	common, vulgar *De kleuter wilde naar school met rode nagellak op haar nagels maar haar vader vond dat <u>ordinair</u>.*
geldlust (**de**, g. mv.)	lust for money *<u>Geldlust</u> is meestal niet zo'n heel goede drijfveer voor werk; het is belangrijker dat je ook interesse hebt voor je baan.*
quasi-	seemingly, as if *Hij stond daar <u>quasi</u>-verontschuldigend, maar ik weet dat hij er absoluut geen spijt van heeft.*

aard (**de**, g. mv.)	nature *Het zit in zijn aard dat hij soms vreselijk driftig kan worden.*
omvang (**de**, -en)	size, extent *De omvang van de ramp is nog niet bekend maar duidelijk is dat veel dorpen zijn overstroomd.*
bedrog (**het**, g. mv.)	fraud, deception *Toen hij geen geld kon uitkeren aan zijn klanten, kwam het bedrog uit.*
onbenut	unused, unexploited *Hij heeft zijn kansen op de universiteit onbenut gelaten en is direct gaan werken.*
baanbrekend	groundbreaking *Door het baanbrekende onderzoek van de arts kregen veel patiënten weer hoop.*
boef (**de**, -ven)	crook *De boef was door het raam naar binnengekomen en had een mobiele telefoon en wat geld gestolen.*
schurk (**de**, -en)	villain *De schurk moest lang de gevangenis in vanwege zijn gewelddadige overvallen op tankstations.*
geen doekjes winden om (**iets**) (vaste verb.)	to be very clear and direct about (something), to call a spade a spade *'Ik zal er maar geen doekjes om winden: ik heb al heel lang een relatie met Monique en ik wil scheiden,' zei de soapacteur.*
leugenaar (**de**, -s)	liar *'Jij vuile leugenaar, pak jij je koffers maar,' gilde daarop de soapactrice.*
inspelen op (ww.)	to react on, to respond to, to use *We kunnen met onze reclamecampagne goed inspelen op het wereldkampioenschap voetbal.*
inruilen (ww.)	to exchange *Na aankoop heb je nog drie weken om je producten in te ruilen, als je een goede reden hebt.*
eersterangs	first class *Zij is een eersterangs wetenschapper en heeft al veel prijzen en beurzen gewonnen.*
besef (**het**, g. mv.)	realisation, awareness *Uiteindelijk kwam ze tot het besef dat ze beter maar een diploma kon gaan halen.*

werkwijze (de, -n)	method *Veel mensen hebben een inefficiënte <u>werkwijze</u> omdat ze veel te veel dingen tegelijk doen op de computer.*
eigentijds	contemporary *Die nieuwe bibliotheek heeft een heel <u>eigentijdse</u> sfeer, met die grote open ruimte vol sofa's en computers.*
appelleren aan (ww.)	to appeal to *De politieke partij <u>appelleert</u> met haar ideeën <u>aan</u> een gevoel van onzekerheid bij het volk.*
frappant	striking *Het is <u>frappant</u> hoeveel die zussen op elkaar lijken. Je zou zweren dat ze een tweeling waren!*
schuimbekkend	foaming at the mouth *De politicus stormde naar de microfoon en begon <u>schuimbekkend</u> zijn betoog tegen de insinuaties van zijn tegenstander.*
tekeer gaan tegen (iets of iemand) (vaste verb.)	to rage at (something or someone) *De leerling <u>ging</u> enorm <u>tekeer tegen</u> zijn docent omdat hij een onvoldoende had.*
ter bevordering van (iets) (vaste verb.)	for the promotion of (something) *<u>Ter bevordering van</u> gezonde eetgewoonten worden er gratis dieetboeken uitgedeeld.*
bekentenis (de, -sen)	confession *Na de schokkende <u>bekentenis</u> van de moordenaar werd het doodstil in de rechtzaal.*
ontlopen (ww., onr.)	to escape, to avoid *Zij <u>ontliep</u> haar straf omdat er procedurefouten waren gemaakt tijdens het proces.*
brandmerk (het, -en)	stigma *Sinds het dopingschandaal heeft de topwielrenner het <u>brandmerk</u> van een bedrieger, en daar komt hij nooit meer vanaf.*

Vragen bij tekst 1

1. Kan je achterhalen in welke stad Van Meegeren werd gearresteerd? Hoe weet je dat?
2. Waarom ging Van Meegeren vervalsen, volgens Van Meegeren zelf?
3. Van Meegeren zou twee groepen mensen hebben bedrogen. Wie?
4. Welke mening hebben de meeste kenners en biografen over Van Meegeren?
5. Wat denken 'gewone mensen' over Van Meegeren? Waarom?

6. Wie worden er bedoeld met 'ze' in: 'ik-zal-ze-eens-wat-laten-zien'?
7. Leg de titel van het boek 'Een vroege Vermeer uit 1937' uit.
8. Wat is het morele oordeel van Lopez over Van Meegeren?
9. Wat maakt een goede vervalsing volgens deze tekst?
10. Waarom was *De Emmaüsgangers* zo'n succes?
11. Leg uit waarom er over een 'deus ex machina' bekentenis gesproken wordt.
12. 'Het pact met de duivel bleef lang onopgemerkt.' Wie of wat wordt hier met de duivel bedoeld? Leg uit.

Tekst 2 Subtiele wraak op de kunstwereld

Meestervervalser Van Meegeren legde iedereen in de luren

Met plastic Vermeers zette Han van Meegeren de kunstwereld te kijk. Wetenschapsjournalist Edward Dolnick onderzocht de manier van werken en denken van de vervalser die bij zijn dood een cult- en heldenstatus had.

Dankzij een bijna gretig bekennende verdachte en goed onderzoek vooraf was de rechtbank in najaar 1947 snel klaar: Van Meegeren werd tot één jaar cel veroordeeld, een maand later overleed hij.

Toch is de zaak in de jaren daarna blijven intrigeren. Wetenschapsjournalist Edward Dolnick voegt met *De vervalser* een nieuw boek toe aan de kleine bibliotheek over het onderwerp. De auteur beschrijft nauwkeurig Van Meegerens werkwijze van het bakken van doeken om ze snel hard te laten worden tot het bereiken van craquelé en het aanbrengen van Oost-Indische inkt in de scheurtjes om vuil te suggereren. Dolnick legt ook de zwakheden bloot van het wereldje van de kenners: deskundigen hebben een vrijwel onbeperkt vertrouwen in de eigen mening, worden gedreven door eerzucht en kijken soms meer met hun oren (wat zeggen anderen?) dan met hun ogen. Ze gaan daardoor snel dingen zien, die ze willen zien.

Van Meegeren koos bewust voor het vervalsen van Vermeer. Die kunstenaar was lange tijd min of meer vergeten, tot hij in de tweede helft van de negentiende eeuw herontdekt werd en plotseling gewaardeerd werd als één van de allergrootsten ooit. Het aantal van deze meester bekende schilderijen was met 35 uiterst beperkt, de levenswandel van de Delftenaar bleef voor een belangrijk deel in nevelen gehuld. Al die speelruimte, met de grote bedragen die vervalsingen konden opbrengen, trok Van Meegeren.

Vervalsen betekende ook slim combineren: wat pareloorbellen, gejat van het ene schilderij, en wat blauwe stof van het andere maakten met een beetje geluk en vakmanschap een nieuwe 'Vermeer'. Van Meegeren ging echter nog een stap verder door een nieuwe Vermeer te creëren, de schilder van de bijbelse taferelen. Omdat er nog zoveel oningevuld was rond de meester, kwamen de kenners wel met een verhaal. De vervalser hielp ze een beetje. De opstelling op *De Emmaüsgangers* viel bijvoorbeeld te herleiden tot een werk van Caravaggio. Dat was precies de missing link waar de deskundigen op zaten te wachten: door het leggen van verband met de Italiaanse meester won de statuur van Vermeer nog verder aan gewicht.

In het diepst van zijn gedachten was Van Meegeren (1889–1947) een groot kunstenaar. In werkelijkheid kon de schilder dankzij opdrachten uit gegoede kringen en lesgeven aardig leven van zijn werk, maar moesten de critici weinig hebben van zijn zoete voorstellingen. Ze noemden de door hem afgebeelde figuren 'slap en krachteloos'.

Van Meegeren verdiende naar de huidige maatstaven zeker dertig miljoen dollar met zijn vervalsingen (het geld ging voor een belangrijk deel op aan hoeren en snoeren). Wraak en sensatiezucht waren andere drijfveren. Hij vertelde ook graag het verhaal hoe hij bij de presentatie van *De Emmaüsgangers* in het Museum Boijmans aanwezig was. Toen Van Meegeren het schilderij bekeek, zei dat hij het niet erg kon waarderen. Geschokte omstanders begonnen daarop de 'Vermeer' nog luidruchtiger te prijzen. De werkelijke maker ging er tegenin. Vermeer schilderde toch nooit dit soort bijbelse taferelen. Dit moest haast wel een vervalsing zijn. Maar alle kritiek werd door de andere museumbezoekers weerlegd.

Kunstvervalsers kunnen vaak rekenen op sympathie van het publiek. Bij hun misdaden vallen geen slachtoffers. Het enige wat sneuvelt, is de reputatie van kunstkenners. In de ogen van het publiek zitten daar nogal wat snobs en verkopers van gebakken lucht bij. Dat deze types een lesje krijgen in bescheidenheid, kan geen kwaad. Daarom had Van Meegeren een cult- en heldenstatus bij zijn dood, twee maanden na het begin van de rechtszaak aan de Prinsengracht. Bovendien was hij de man die Hermann Göring had afgezet! Mensen vergaten daarbij kennelijk dat Van Meegeren tijdens de oorlog ook fascistische sympathieën had en goede zaken deed met de allerfoutste nazi's.

Woordenschat bij tekst 2

wraak (de, g. mv.)	revenge *Hij nam wraak op zijn ex-vrouw door de kinderen bij haar weg te halen.*
(iemand) in de luren leggen (vaste verb.)	to outsmart (someone), to fool (someone) *Je hebt me met die 1 aprilgrap behoorlijk in de luren gelegd!*
te kijk zetten (ww.)	to expose, to embarrass *Ze voelde zich enorm te kijk gezet toen haar echtgenoot tijdens het chique diner dronken op tafel danste.*
dankzij	due to *Dankzij de fantastische schoonmaakster was het huis de dag na het feest weer helemaal op orde.*
gretig	eager, eagerly *De kinderen begonnen gretig de enorme stapel pannenkoeken aan te vallen.*
doek (het, **-en)**	canvas *Het Antwerpse Museum van Schone Kunsten heeft zoveel doeken van oude meesters, dat het er slechts enkele kan ophangen.*
craquelé (het, g. mv.)	craquelure *Van Meegeren bootste het craquelé na door het schilderij eerst te bakken en dan om een stok te rollen zodat er scheurtjes ontstonden.*

Oost-Indische inkt (de, g. mv.)	India ink (black ink once widely used for writing and printing and now more commonly used for drawing) *Oost-Indische inkt is watervast en verbleekt niet door de zon.*
blootleggen (ww.)	to expose, to reveal *Het politieonderzoek moet de aard van het misdrijf blootleggen.*
onbeperkt	unlimited *Voor tien euro kun je daar op dinsdagavond onbeperkt spareribs eten.*
eerzucht (de, g. mv.)	need for fame *Met eerzucht is het als met zout water: hoe meer men ervan drinkt, hoe dorstiger men wordt.*
waarderen (ww.)	to appreciate *Kom je ook op mijn feest? Je aanwezigheid zal zeer gewaardeerd worden!*
uiterst	very, extremely *We zien hier een foto van de uiterst zeldzame Iberische wolf die uitsluitend in Spanje en Portugal voorkomt.*
levenswandel (de, g. mv.)	walk of life *Die kunstenaar heeft altijd een wilde levenswandel gehad, wat tot een vroegtijdige dood leidde.*
(iets) in nevelen hullen (vaste verb.)	to shroud (something) in mystery *Wat hem bezield heeft zijn vrouw te vermoorden, zal voor altijd in nevelen gehuld blijven, nu hij verongelukt is.*
speelruimte (de, -n/s)	latitude, room for manoeuvre *Mensen worden gelukkig van hun werk als ze voldoende speelruimte en verantwoordelijkheid hebben.*
jatten (ww.)	to nick, to steal (colloquial term) *Verdomme, nou hebben die rotjochies mijn portefeuille gejat en ik had nog zo opgelet!*
vakmanschap (het, g. mv.)	craftsmanship, workmanship *'Vakmanschap is meesterschap', was jarenlang de reclameslogan van een biermerk.*
tafereel (het, -relen)	scene, picture, portrait *De Vlaamse schilder Bruegel staat bekend om zijn boerse feesttaferelen, kermissen en landschappen.*
herleiden tot (ww.)	to convert to, to relate to *Haar huidige gedrag kan waarschijnlijk wel herleid worden tot de problemen in haar jeugd.*

in het diepst van zijn gedachten	reference to the famous lines of nineteenth-century poet Willem Kloos: '*Ik ben een God in het diepst van mijn gedachten*', here: satirically intended
gegoed	wealthy *In deze <u>gegoede</u> wijk zie je veel dure auto's staan.*
kring (de, -en)	social circle, milieu *Hij behoorde maar al te graag tot de <u>kring</u> van intellectuele schrijvers en avant-garde kunstenaars.*
voorstelling (de, -en)	representation, depiction *De knap geschilderde <u>voorstelling</u> toont twee paarden in de wei met op de achtergrond een kerk.*
naar de huidige maatstaven (vaste verb.)	compared to current standards *<u>Naar de huidige maatstaven</u> lijkt het radarsysteem uit de Tweede Wereldoorlog wel erg primitief.*
hoeren en snoeren (vaste verb.)	lit.: prostitutes and women of ill virtue; here: a frivolous life of pleasure and drink *Hij heeft de erfenis volledig gespendeerd aan <u>hoeren en snoeren</u>, en nu heeft hij geen cent meer.*
drijfveer (de, -veren)	incentive *Boris heeft bij al zijn beslissingen geld als grote <u>drijfveer</u>.*
omstander (de, -s)	bystander *Toen de politie kwam, begonnen de <u>omstanders</u> zich ook met de ruzie te bemoeien.*
luidruchtig	noisy, loud *De dronken studenten waren de hele nacht nog <u>luidruchtig</u>.*
prijzen (ww., onr.)	to praise *Ik wil je graag <u>prijzen</u> om je moed en doorzettingsvermogen waardoor dit project zo goed geslaagd is.*
weerleggen (ww.)	to disprove, to refute *Ik wil die bewering graag <u>weerleggen</u> met de cijfers uit dit recente onderzoek.*
sneuvelen (ww.)	here: to break, to be damaged *Door het seksschandaal <u>sneuvelde</u> zijn reputatie en moest hij terugtreden als burgemeester.*
gebakken lucht (de, g. mv.)	pretentious talk, inflated nonsense, hot air *Die irritante kerel is één en al <u>gebakken lucht</u>: hij praat constant maar presteert niets.*
bescheidenheid (de, g. mv.)	modesty *'<u>Bescheidenheid</u> siert de mens', luidt het spreekwoord: iedereen heeft immers een hekel aan pretentie.*

afzetten (ww.)	here: to swindle *De oude dame werd afgezet door de financieel adviseur die zo aardig leek.*
kennelijk	apparently *Hij is kennelijk wel heel dol op je; wat een mooie ketting heb je gekregen, zeg.*

| Vragen bij tekst 2

1. In de inleiding staat: 'Met plastic Vermeers zette Han van Meegeren de kunstwereld te kijk.' Later in het artikel wordt 'plastic' uitgelegd. Leg uit.
2. Waarom duurde de rechtszaak tegen Van Meegeren zo kort?
3. Hoe kon het dat de kunstkenners dachten dat de vervalsingen echt waren? Noem drie verklaringen.
4. Van Meegeren maakte niet alleen Vermeers na, hij maakte ook een 'nieuwe Vermeer'.

   a. Leg uit.
   b. Waarom waren de kunstkenners zo makkelijk overtuigd?

5. Waarom vond 'het gewone volk' Van Meegeren zo'n held? Geef twee verklaringen.
6. Wordt Van Meegeren in deze tekst sympathiek voorgesteld? Waarom (niet)? Geef voorbeelden van woorden en zinnen uit de tekst die je antwoord steunen.

3. Woordenschatoefeningen

I   Welk woord hoort niet in het rijtje thuis en waarom?

   1. vervalser – volksheld – schurk – leugenaar – boef
   2. geldlust – wraak – bedrog – eerzucht – vakmanschap
   3. miskennen – misleiden – waarderen – afzetten – bedriegen
   4. vooraanstaand – vakkundig – baanbrekend – ordinair – eersterangs
   5. opvallend – frappant – pal – luidruchtig – stilzwijgend
   6. speelruimte – tafereel – doek – schilderij – voorstelling
   7. kenner – deskundige – wetenschapper – publiek – vervalser
   8. vakman – criticus – meester – kunstenaar – schilder

II Zoek de tegengestelden voor het eerste rijtje, en synoniemen voor het tweede. Verbind een woord uit de eerste kolom met een woord uit de tweede kolom.

Tegengestelden

1. betrouwbaar	a. vals
2. origineel	b. bescheiden
3. nep	c. bescheidenheid
4. gretig	d. onbetrouwbaar
5. eerzucht	e. echt

Synoniemen

1.	verbijsterend	a.	duidelijk
2.	vooraanstaand	b.	schurk
3.	boef	c.	rijk
4.	gegoed	d.	schokkend
5.	helder	e.	prominent

III Uitdrukkingen en spreekwoorden

a. 'Wie het laatst lacht, lacht het best', stelt Van Meegeren. Zoek de juiste betekenissen bij de onderstaande spreekwoorden in de linkerkolom. De spreekwoorden hebben allemaal met schilderen te maken. Maak gebruik van een woordenboek als je niet zeker bent.

Spreekwoorden

1. een rare kwast
2. niet uit de verf komen
3. door de wol geverfd
4. lak hebben aan iets
5. iets in de verf zetten
6. ergens een schilderij van ophangen
7. de gedoodverfde (winnaar)
8. een huishouden van Jan Steen
9. iemand zwart schilderen
10. oefening baart kunst

Betekenissen

a. ervaren
b. een vreemde vogel
c. een negatief beeld geven van iemand
d. zich niets aantrekken van iets
e. een levendig beeld van iets geven
f. niet goed tot uitdrukking komen
g. door veel te oefenen verbetert je prestatie
h. chaotische toestand
i. zeker, door iedereen verwacht resultaat
j. iets benadrukken, beklemtonen

b. Zoek in een woordenboek of op http://www.woorden.org/spreekwoord naar 'kunst', en kijk of je nog andere spreekwoorden kan vinden. Kies een spreekwoord dat je aanspreekt en leg de betekenis uit aan je medestudenten.

IV Vul in de volgende zinnen het ontbrekende deel van de uitdrukking in.

1. De fraudeur werd om zes uur 's ochtends van zijn . . . gelicht door de politie, die hem al enkele weken in het oog hield.
2. De jonge kunstenaar werd door recensenten de . . . in geprezen, waardoor zijn werk voor vele duizenden euro's over de toonbank gingen.
3. De docent besloot om er geen . . . om te winden en vertelde de student rechtuit dat hij plagiaat vermoedde, waarop de student vuurrood kleurde.
4. Een schurkenbende is erin geslaagd een aantal oude mensen in de . . . te leggen met valse verzekeringen, waardoor die bejaarden naar hun pensioencenten konden fluiten.
5. Het heeft een tijdje geduurd voor de architect doorhad dat de aannemer tegen de . . . op gelogen had en gedurende het hele proces minderwaardige producten had gebruikt.

6. De feiten van het onderzoek zijn in . . . gehuld, omdat er zoveel vooraanstaande personen bij betrokken zijn en niemand zich in moeilijke papieren wil steken door er uitspraken over te doen.

7. Er is een algemene perceptie dat veel consultancy firma's eigenlijk gebakken . . . verkopers zijn, en veel geld vragen voor allerlei onzinrapporten.

8. Het is soms moeilijk om deur-aan-deur verkopers te . . . af te zijn omdat ze zo geslepen zijn, waardoor het moeilijk is ze weg te sturen.

9. Je zou zweren dat dit schilderij van de . . . van Rubens is, maar na lang onderzoek blijkt het van een van zijn leerlingen te zijn.

10. De minister, wiens vrouw zijn buitenechtelijke relatie openbaar maakte, werd door de pers zwaar te . . . gezet, waarna hij zich een tijdje uit de politiek terugtrok.

V   Kies in de volgende zinnen voor het meest geschikte woord.

1. Bij zijn vervalsingen gebruikte Van Meegeren bijzondere technieken om het *brandmerk/ craquelé/Oost-Indische inkt* van de originele doeken te evenaren.

2. Tijdens de voorstelling van zijn nieuwe boek vonden *de heren professoren/de critici/ de uitgevers* het blijkbaar nodig om zijn vertelstijl in twijfel te trekken, wat behoorlijk irritant was voor alle aanwezigen, en erg pedant van ze.

3. De dronken voetbalfans waren heel *schuimbekkend/luidruchtig/verbijsterend*, en de inwoners van het kleine stadje waren blij toen ze eindelijk vertrokken.

4. Het 'gezicht' dat gekozen werd als boegbeeld van het nieuwe cosmeticamerk was eigenlijk heel *ordinair/bescheiden/gewoon*, en leek helemaal niet op zo'n typisch opgemaakt poppengezicht.

5. De directrice had de introductie van de nieuwe maatregelen *stilzwijgend/rustig/ instemmend* goedgekeurd, maar toen de mistanden aan het licht kwamen kreeg ze er flink spijt van dat ze haar twijfels niet op tafel had gelegd.

6. We kunnen wel vermoeden wat de *achtergrond/doel/drijfveer* van de moordenaar was, nu we weten dat hij de enige begunstigde was in het testament van de arme weduwe.

7. Heeft iemand ondertussen een idee van de *aard/omvang/maat* van de corruptie? Ging het om een enkele politieman of was het hele corps erbij betrokken?

8. Deze vereniging is opgericht *ter bescherming/ter verbeteringter bevordering* van de muziekparticipatie van leerlingen in deze school want er zijn niet genoeg kandidaten voor het schoolorkest.

9. Het gebouw wordt opgeknapt en vernieuwd zodat het weer leefbaar is naar huidige *maatstaven/verwachtingen/wetgeving* en het opnieuw verhuurd kan worden.

10. Ik zie het departementshoofd niet in zijn kantoor en zijn jas is weg, hij is *kennelijk/ mogelijk/redelijk* al naar huis, u belt best morgen nog een keertje terug.

VI Herhalingsoefening. In deze oefening wordt de woordenschat uit hoofdstuk 2 tot en met 4 herhaald.

a. Vul de onderstaande werkwoorden in de zinnen in. Let op de goede vorm.

bevorderen – dwingen – vertoeven – beseffen – bedotten

1. Je hoeft helemaal je examen niet te doen. Niemand. . . . je! Je moet zelf beslissen wat belangrijk voor je is.

2. De bedoeling van het rookverbod is om passief roken tegen te gaan en een gezonder consumptiegedrag te. . . .
3. In de Alpen is het heel prettig. . . . ; de lucht is er heerlijk fris, het uitzicht is prachtig en de wandelmogelijkheden zijn buitengewoon.
4. Ik kan het niet geloven dat hij me al die jaren . . . heeft. Ik heb nooit vermoed dat hij een andere vrouw en een tweede parallel leven had.
5. Al die jaren heb ik niet. . . . hoe belangrijk zijn steun voor me was. En nu hij er niet meer is, voel ik het eigenlijk pas.

b. Kies het meest geschikte substantief in deze context. Pas het adjectief aan indien nodig.

1. Zij werkt in Brussel en moet elke ochtend vroeg de trein nemen, dus haar dochter van twee gaat om half acht al naar *de kringloopwinkel/de werkster/het dagverblijf.*
2. Sommige kinderen zien Zwarte Piet nog als een *martelaar/boeman/goedheiligman,* maar voor de meesten is hij gewoon een grappige helper van de Sint.
3. Als ik een nieuwe baan heb, vind ik het fijn om veel *uitdaging/verantwoordelijkheid/ beloning* te hebben, want het moet toch interessant blijven. Anders zou ik niet van werk veranderen.
4. Bij het combineren van kinderen en een baan is het belangrijk een goed *spanning/ beleving/evenwicht* te vinden, zodat je niet het gevoel krijgt dat je niets goed doet.
5. Soms is het moeilijk om je *kleuter/kroost/juf* van twee duidelijk te maken dat 'nee' ook echt 'nee' betekent. Dat moeten alle ouders en kinderen leren.

c. Herschrijf de zinnen en parafraseer de schuingedrukte delen met een vaste verbinding uit het rijtje hieronder.

(het) zit hem in – in de lift zitten – in de gaten houden – dol zijn op – genoegen scheppen in iets

1. De verkoop van tabletcomputers *gaat sterk omhoog.* De vraag is wanneer het zal stagneren.
2. Zijn jongste dochter *is echt helemaal gek van* Bob de Bouwer: ze kent alle afleveringen uit haar hoofd.
3. Je moet *een oogje houden op* die nieuwe redacteur op de afdeling cultuur. Ik denk dat hij aan het begin van een succesvolle carrière staat!
4. Hij *vindt het bijzonder prettig* om 's ochtends in de tuin te kunnen werken en dan 's middags even te slapen op de bank.
5. Het succes van de nieuwe groep hotels *komt door* de schitterende reclamecampagne die gebruik maakte van sociale media en de spontane feedback van tevreden klanten.

4. Spreekoefeningen

Als men het over kunst heeft, is men het er meestal over eens dat er 'vroeger' echte kunst gemaakt werd. Over moderne kunst zijn de meningen echter verdeeld. Aan de ene kant vraagt men zich vaak af of het echt 'kunst' is om een bepaald object te maken dat lijkt op een kindertekening. Of men vraagt zich af of de kunstenaar het wel zelf gemaakt heeft. Als er al iets 'gemaakt' is, want soms worden alledaagse objecten opgehangen en zo tot kunst verheven. Aan de andere kant hechten sommige kunstkenners juist veel waarde aan het idee (of concept) achter het kunstobject, en maken ze een onderscheid tussen kunst en ambacht. Kortom, stof tot discussie.

1. Gesprek over kunst

De zoon van Han van Meegeren, Jacques van Meegeren (overigens ook kunstschilder), zou eens gezegd hebben: 'Mijn vader heeft nimmer een schilderij vervalst. Alleen een handtekening.'
Bespreek met een medestudent en denk aan de volgende punten:

a. Wat maakt een object of artefact tot kunst?
b. Wat is het verschil tussen kunst en een mooi object, of is er geen verschil?
c. Kunstenaars zoals Andy Warhol en Damien Hirst, maar ook Rembrandt lieten hun werk soms vervaardigen door leerlingen of helpers. Is kunst die niet vervaardigd is door de kunstenaar zelf nog steeds 'van' die kunstenaar? Waarom (niet) volgens jou?

2. Debat over kunst en integriteit

Houd een debat over kunst en integriteit. Bereid eerst goed een betoog voor: denk aan een aantal argumenten voor je standpunt en anticipeer de argumenten van het andere kamp. Je kan het Van Meegeren-verhaal gebruiken als voorbeeld. Werk in twee groepen.

a. Groep 1 vindt dat je kunst moet bekijken als vorm. Dus wie de kunstenaar is, wat diens sympathieën waren, en hoe hij of zij de kunst gemaakt heeft, is niet relevant.
b. Groep 2 vindt dat kunst niet los gezien kan worden van de kunstenaar, diens leven, methodes en sympathieën.
c. Hou het debat. Wat is het vonnis over Van Meegeren, kunstenaar of charlatan?

Woordenschat	
ambacht (het, -en)	craftmanship *In de middeleeuwen was de kunstenaar vooral een <u>ambachtsman</u>, die werkte in opdracht, en de persoon van de kunstenaar was niet belangrijk.*
vervaardigen (ww.)	to make, to manufacture *Veel van de kleren die we bij grote winkelketens kopen, zijn <u>vervaardigd</u> in fabrieken in China, waar andere arbeidsomstandigheden gelden.*
betoog (het, -en)	argument, plea *Het parlementslid hield een overtuigend <u>betoog</u> waarin zij argumenteerde voor stemrecht voor migranten die langer dan vijf jaar in het land verblijven.*

5. Internetresearch

1. Zoek op het Internet op wie de Bijbelse Emmaüsgangers waren. Vat het verhaal kort samen.
2. Sommige commentatoren zeggen dat de verschillen tussen Van Meegerens werk en Vermeer heel zichtbaar waren. Zoek op het Internet naar een afbeelding van *De Emmaüsgangers* van Van Meegeren en vergelijk het met doeken van Vermeer. Op de website van het museum Boijmans van Beuningen (http://www.boijmans.nl) vind je meer informatie en een interessant filmpje over Van Meegeren met archiefmateriaal. Zie je zelf verschillen in techniek en wijze van afbeelden tussen de echte Vermeers en Van Meegerens vervalsingen?
3. Zoek naar meer informatie over de figuur van Johannes Vermeer. Hoe komt het dat hij zo lang onbekend bleef? Hoe kwam daar verandering in? Had Vermeer een voorkeur voor een bepaald genre? Onder invloed van welke andere schilders werkte hij? Je kan bijvoorbeeld kijken op de website van het Rijksmuseum (http://www.rijksmuseum.nl).
4. De tekst bevatte een allusie op de beroemde regels van de dichter Willem Kloos: 'Ik ben een God in 't diepst van mijn gedachten' (1884). Ga op zoek naar het gedicht waaruit deze beroemde regels komen en de context waarin het verscheen. Probeer dan te begrijpen waar het over gaat. Je kan ook op zoek gaan naar andere beroemde literaire regels, waarop vaak gealludeerd wordt, zoals:

   a. 'Tussen droom en daad staan wetten in de weg en praktische bezwaren'
   b. ''t Kan verkeren'
   c. 'Het is gezien, het is niet onopgemerkt gebleven'
   d. 'Een nieuwe lente en een nieuw geluid'

   Als je de regels in een zoekmachine intypt, kom je er snel achter wie de auteurs waren en wat hun context was. Je kan kort iets over de ontdekte werken en hun schrijvers vertellen of schrijven.

6. Verder surfen en lezen

– http://www.museums-vledder.nl/valsekunst.html: dit is de website van een unicum. Het enige museum voor valse kunst ter wereld ligt in het dorpje Vledder in de Nederlandse provincie Drenthe.
– http://www.hanvanmeegeren.info: dit is een speciale website gewijd aan Van Meegeren.
– http://www.schooltv.nl: deze site voor scholieren bevat veel informatie en filmpjes over de Gouden Eeuw en nog veel meer. Zoek op 'Gouden Eeuw'.
– http://www.uitzendinggemist.nl: op deze website kun je Nederlandse televisie- en radioprogramma's bekijken en beluisteren. Zoek naar de serie documentaires over 'Het verleden van Nederland'.

Sources

Text 1: based on Marika Keblusek, 'Han van Meegeren loog en bedroog tegen de klippen op', in: *NRC Handelsblad*, 17 April 2009.
Text 2: based on Edward Dolnick, 'Subtiele wraak op bedrog van de moderne kunst', in: *Trouw*, 13 June 2009.

Chapter 6: Infobesitas

1. Vooraf

Bijna alle Nederlanders en Vlamingen hebben toegang tot Internet en zijn in het bezit van een mobiele telefoon, waarmee je steeds meer kan.

a. Vind jij het prettig en/of belangrijk om overal en altijd bereikbaar te zijn? Waarom wel/niet?
b. Voel jij je 'naakt' zonder mobiele (smart)phone?
c. Kan je je nog een tijd herinneren dat je geen mobiele telefoon of Internet had?
d. Ben je vaak langer bezig met het Internet (bijvoorbeeld sociale netwerksites) dan je eigenlijk zou willen?
e. Erger je je wel eens aan mensen die in gezelschap via hun mobiele telefoon met anderen communiceren in plaats van met de mensen in hun fysieke omgeving?

Over de teksten

In dit hoofdstuk staan twee krantenartikelen uit de Nederlandse kranten *Trouw* en *NRC Handelsblad* en één gedicht. Alle teksten behandelen de omgang met moderne communicatiemiddelen.

Woordenschat

zich ergeren aan (ww.)	to get annoyed at *Ik kan me echt blauw ergeren aan vuilnis op straat. Er staan toch overal vuilnisbakken!*

2. Teksten, woordenschat en vragen

Tekst 1 Infobesitas is nieuwe ziekte

Angst om er niet bij te horen, om iets te missen van de grote hoeveelheid informatie, maakt jongeren ziek.

Geen zwaarlijvigheid, obesitas, maar informatieovervloed, infobesitas. Het is de nieuwe ziekte. Ook dé nieuwe trend, vooral onder jongeren. Met als klacht: vermoeidheid, slaaptekort, concentratieproblemen. Met als verrassende diagnose: de angst om iets te missen en er niet bij te horen.

Met de komst van de nieuwe media wordt er op de jongeren een tsunami van informatie afgevuurd. Jongeren zoeken deze informatieovervloed zelf heel actief op, getuige het aantal accounts op Hyves (9,5 miljoen accounts eind vorig jaar), Facebook en andere netwerksites, de tijd die ze doorbrengen op Internet en sociale netwerken, de hoeveelheid sms'jes die ze sturen, soms 75 per dag, de manier waarop ze naar nieuws zoeken op Internet en hoe Internet is ingebed in hun dagelijks leven.

Daarbij komt de revolutie van draadloos mobiel Internet (WIFI) op hun smartphone, waardoor deze WIFI-jongeren niet alleen altijd, maar ook overal continu in de verleiding komen. Het onvolgroeide puberbrein is gevoelig voor stimuli en feedback. De mediaconsumptie krijgt net als bij gamen verslavende kenmerken. Het continu bereikbaar zijn en continu alles willen volgen, in volledige privacy, buiten het blikveld van docenten en ouders en toezicht van volwassenen, heeft een keerzijde. Het kan doorslaan naar informatiestress. De klachten zijn vermoeidheid, slaaptekort en het probleem dat jongeren continu hun aandacht moeten verdelen, wat ze uit hun concentratie haalt.

Yvonne van Sark van een bureau voor jongerencommunicatie, heeft er een naam voor: infobesitas. De term komt van de 23-jarige Rosa-Maria Koolhoven. Zij zit in een trendteam dat op zoek gaat naar jongerentrends. Het bureau zette infobesitas met stip op één als dé jongerentrend van 2010. Koolhoven stelde bij zichzelf vast dat ze een aardige informatiejunk aan het worden is. Via blogs, twitter en Facebook wil ze constant op de hoogte blijven van wat er gebeurt. Koolhoven pikte de term op van een Amerikaanse blogger. 'Is het verveling, vroeg ze zich af. Nee, ze heeft genoeg te doen. Is het oprechte interesse? Nee, ook niet. Het is haar angst om dingen mis te lopen, maar ook vooral een dwangmatige verslaving. Ze vond het een probleem worden.'

Van Sark denkt dat deze angst te maken heeft met *peer pressure*: bang om iets te missen wat zich afspeelt onder jouw vrienden. Infobesitas heeft volgens haar invloed op hoe je je voelt. 'Er verschijnen onderzoeken die vaststellen dat iemand zijn adem inhoudt als hij zijn mail binnenhaalt. Het heeft dus invloed op je ademhaling, je geestelijk en lichamelijk welbevinden.' Mediagebruik en mobiel Internet krijgen nog te weinig aandacht in de opvoeding. 'Voor ouders is het nieuw en onbekend. Bijna één op de vier kinderen krijgt van ouders tussen hun zesde en achtste jaar hun eerste mobieltje. Hippe ouders sturen soms een sms'je naar boven met de mededeling dat het eten klaar is. Maar ze klagen ook dat er minder tijd overblijft om met elkaar te praten. En dat hun kinderen snel zijn afgeleid, dwangmatig worden en moeite hebben om zich te concentreren en het huiswerk af te krijgen.'

Woordenschat bij tekst 1

horen bij (iets of iemand) (ww.)	to belong to (something or someone) *Kinderen willen vaak merkkleding om erbij te horen.*
zwaarlijvigheid (de, g. mv.)	obesity *Zwaarlijvigheid onder jongeren wordt helaas een steeds groter probleem.*
overvloed (de, g. mv.)	abundance *Op het Internet vind je een overvloed aan informatie.*
klacht (de, -en)	here: complaint, symptom, physical problem *Roos ging naar de dokter wegens knieklachten.*
getuige	as demonstrated by, in the light of *De website is een groot succes getuige het grote aantal mensen dat de site iedere dag bezoekt.*
inbedden (ww.)	to embed *In veel studieprogramma's is een stage ingebed in het curriculum, zodat studenten ook praktijkervaring opdoen.*
in de verleiding komen (vaste verb.)	to be tempted *Toen hij op Amazon rondkeek, kwam hij in de verleiding om dat dure boek te kopen.*
onvolgroeid	immature *Jongeren onder de 18 hebben onvolgroeide hersenen: de hersenen zijn nog niet klaar met groeien.*
puberbrein (het, -en)	brain of an adolescent *Alcohol veroorzaakt onherstelbare schade aan het puberbrein.*
verslavend	addictive *Sigaretten en heroïne zijn erg verslavend.*
blikveld (het, -en)	field of view *Uit onderzoek blijkt dat het blikveld van een vrouw groter is dan dat van een man.*
keerzijde (de, -n/s)	lit.: reverse, flipside; here: part of the expression *de keerzijde van de medaille*: disadvantage *Via mobiel Internet staan we 24 uur per dag in contact met elkaar, maar de keerzijde is dat we slecht communiceren met de mensen om ons heen.*
doorslaan naar (ww., onr.)	to tip the scales to *Bij sommige voetballers slaat het enthousiasme nog wel eens door naar agressie.*

bureau (het, -s)	here: office, government agency *Volgens het Centraal* <u>Bureau</u> *voor de Statistiek is bijna driekwart van de jongeren tussen de 12 en 18 jaar lid van een vereniging.*
met stip	noticeably, fast rising *Als je kijkt naar de frequentie van alle meisjesnamen in Nederland, staat 'Sophie'* <u>met stip</u> *op nummer één.*
aardig	here: large, significant *Dat nieuwe huis heeft hem een* <u>aardige</u> *som geld gekost.*
op de hoogte (vaste verb.)	up-to-date *Die website houdt je* <u>op de hoogte</u> *van het laatste nieuws.*
oppikken (ww.)	here: to grasp, to get *Toen dat meisje naar de basisschool ging,* <u>pikte</u> *ze al heel snel veel woorden* <u>op</u>*.*
oprecht	sincere, honest, genuine *Er is een verschil tussen een gemaakte en een* <u>oprechte</u> *lach.*
mislopen (ww., onr.)	to miss, to miss out on *Doordat hij pech had met zijn auto kwam hij te laat op het verjaardagsfeestje en* <u>liep</u> *hij de taart* <u>mis</u>*.*
dwangmatig	compulsive *Mensen die lijden aan* <u>dwangmatig</u> *gedrag, denken dat ze bepaalde dingen móéten doen.*
zich afspelen (ww.)	to take place in, to be enacted in *Die film* <u>speelt zich af</u> *op het Franse platteland.*
welbevinden (het, g. mv.)	wellbeing *Er zijn veel wetenschappelijke studies naar het* <u>welbevinden</u> *van kinderen na een echtscheiding.*
afleiden (ww.)	to distract *De gemiddelde internetter is snel* <u>afgeleid</u>*. Uit onderzoek blijkt dat die zich slechts negen seconden kan concentreren.*

Vragen bij tekst 1

1. In de tekst wordt ook een andere benaming voor 'infobesitas' gegeven. Welke naam is dat?
2. Jongeren zoeken de informatieoverdosis zelf op. Behalve uit 'de manier waarop Internet ingebed is in hun dagelijkse leven' blijkt dat uit nog vier andere dingen. Welke?
3. Is infobesitas een bedreiging voor school- en studieprestaties? Waarom (niet)?
4. Waarom zijn juist jonge mensen gevoelig voor infobesitas?
5. Wat zijn de symptomen van infobesitas?

6. Er wordt bewust gekozen om het fenomeen de naam van een ziekte te geven.

   a. In het hoofdstuk *Ik probeer mijn pen* heeft Renate Dorrestein het over de verzonnen ziekte 'bestselleritis', een variant op ziektes als bronchitis. Verzin een andere naam voor 'infobesitas'.
   b. Hoe werkt de ziektemetafoor 'infobesitas'? Vind je hem effectief? Leg uit.

7. Zijn onderstaande beweringen waar of niet waar?

   a. Het constante checken of er nieuwe mails zijn, twitterberichten of posts op sociale websites komt volgens Koolhoven deels voort uit verveling.
   b. Jongeren kunnen zich makkelijk op verschillende dingen tegelijk concentreren.
   c. Infobesitas kan je fysieke gezondheid schaden.
   d. De mediaconsumptie is groot maar het lijkt niet op een verslaving.

Tekst 2 Multitasken, multistressen

Het staat dynamisch: de hele dag mailen, sms'en, mobiel bellen, Skypen, msn'en. Maar wat levert het op? Uit onderzoek blijkt: weinig.

Eindelijk weekend. Een vijftig uur durende werkweek is <u>achter de rug</u>. Elke dag zo'n zestig mailtjes beantwoord en er zelf dertig gestuurd; PowerPointpresentaties gemaakt; stukken gelezen; gepraat met collega's die in- en uitlopen; dat <u>ellendige</u> hoofdstuk voor het <u>jaarverslag</u> eindelijk afgemaakt; intussen eindeloos de mobiel aan het oor gehad; gemiddeld drie vergaderingen per dag <u>afgelopen</u>; en in de trein, heen en terug, de laptop met internet-dongle op <u>schoot</u> gehad. – Wij Zijn Ambitieus En Werken Hard.

En toch, er <u>knaagt</u> iets. Waarom eindigt elke werkdag toch steeds met een <u>dof</u> en somber gevoel? Thuis, <u>uitgeblust</u> op de bank. Krant? Boek? Een goed gesprek? Pfff – even niet. Rust. O nee, toch nog even de laatste e-mails wegwerken en een paar sms'jes beantwoorden. Het heet multitasken. Het klinkt dynamisch. Maar productief is het niet. En eindelijk is dat bewezen.

Wetenschappers van de Universiteit van Stanford waren verrast door de uitkomst van hun onderzoek. Ze hadden verwacht op z'n minst wel enkele voordelen van multitasken te vinden. Maar nee. Door al die nieuwe informatiestromen die – permanent en <u>dwars door elkaar</u> – <u>op</u> ons <u>afkomen</u>, zijn we sneller afgeleid en minder productief. Meldingen van steeds maar nieuwe e-mail en telkens <u>opduikende</u> chatschermpjes blijken <u>funest</u> voor onze concentratie. We krijgen minder gedaan, en als we dan eindelijk eens een grote <u>klus klaren</u>, is het geleverde werk van mindere kwaliteit.

Honderd <u>proefpersonen</u> namen deel aan het onderzoek van Stanford. De helft van de groep bestond uit hardcore multitaskers, de andere helft uit mensen die niet voortdurend langs allerlei wegen communiceerden. De eerste groep vond dat ze prima <u>in staat waren</u> in hoog tempo informatie te <u>verwerken</u> en dat ze beter zouden scoren dan de andere groep met proefpersonen die op een werkdag maar één of twee informatiestromen te verwerken kreeg.

Na enkele proeven bleek dat de zware multitaskers <u>er</u> volledig <u>naast zaten</u>. Door al dat gemultitask hadden ze concentratieproblemen en waren ze slecht in staat hun aandacht te verdelen over de verschillende bronnen van informatie. Sterker nog: hoe beter een proefpersoon dacht in multitasken te zijn, <u>des te</u> slechter hij presteerde. Het is de paradox van multitasken: mensen die het weinig doen, zijn er het beste in. Daarom is het vreemd dat bedrijven van werknemers verlangen dat zij constant bereikbaar zijn via Skype en e-mail. Dat is schadelijk voor hun productiviteit, en dus voor die van het hele bedrijf. Toch lijkt multitasken niet meer uit het kantoorleven weg te denken.

Schrijver Jim Stolze <u>bevestigt</u> in zijn boek *Hoe overleef ik mijn inbox?* dat multitasken <u>schadelijk</u> kan zijn. Hij haalt een onderzoek aan waaruit blijkt dat werknemers die voortdurend switchen tussen e-mailen, telefoneren en web-lezen dezelfde symptomen van burn-out <u>vertonen</u> als luchtverkeersleiders op een drukke luchthaven. Een bedrijf waarin werknemers van elkaar verlangen dat zij <u>voortdurend</u> en direct reageren op meerdere informatiestromen tegelijk loopt het risico velen van hen te verliezen door <u>overspannenheid</u>. Daarom is het goed af en toe op die <u>ouderwetse</u> manier te werken. In een stille ruimte. Zonder tientallen elektronische meldingen. Geconcentreerd. En als de grote klussen dan afgerond zijn, kan je <u>naar hartenlust</u> multitasken. Of ontspannen.

Woordenschat bij tekst 2

achter de rug (vaste verb.)	here: behind you (in time) *Economen zeggen dat het ergste van de economische recessie <u>achter de rug</u> is, maar dat zeiden ze vorig jaar ook.*
ellendig	miserable *Hij vindt Parijs een <u>ellendige</u> stad: volgens hem stinkt het er en spreekt er niemand Engels.*
jaarverslag (het, -en)	annual report *Op de website jaarverslag.com vind je veel <u>jaarverslagen</u> van Nederlandse en buitenlandse bedrijven.*
aflopen (ww., onr.)	here: to go around (places) *Ik heb alle tuincentra <u>afgelopen</u> op zoek naar die speciale roos waarover ik had gelezen.*
schoot (de, schoten)	lap *Het kind zat bij haar moeder op <u>schoot</u> een flesje te drinken.*
knagen (ww.)	to gnaw, to eat away at *Sinds hij dat geld van zijn moeder heeft gestolen, <u>knaagt</u> zijn geweten. Hij ligt er 's nachts wakker van.*
dof	dull, listless *Mensen die depressief zijn voelen zich vaak <u>dof</u> en leeg.*
uitgeblust	exhausted *Aan het eind van de week ben ik meestal compleet <u>uitgeblust</u>; ik plof dan op de bank en kom daar niet meer af!*

dwars door elkaar
(vaste verb.)

not linear, messy, crossing each other
De kinderen stonden nooit netjes in de rij en liepen altijd
dwars door elkaar de klas in en uit.

afkomen op (ww., onr.)

to face, to confront, to beset
Sommige mensen die veel leningen aangaan, zien vaak niet
de enorme kosten die op hen afkomen.

opduiken (ww., onr.)

to show up, to appear
Kijk eens wie daar opduikt! Ik had niet verwacht dat
Harrie zou komen!

funest

disastrous
Stress is funest voor de gezondheid.

klus (de, -sen)

job, task
Paul verdient zijn geld door klusjes voor oude mensen op te
knappen.

klaren (ww.)

to complete, to accomplish (a task)
Doordat er veel mensen zijn ontslagen, moet dezelfde
hoeveelheid werk nu met minder mensen worden geklaard.

proefpersoon
(de, -personen)

guinea pig, experimental subject
Als proefpersoon kun je gemakkelijk geld verdienen, maar je
loopt wel risico omdat er nieuwe medicijnen op je worden getest.

in staat zijn (vaste verb.)

to be able to
Oma is niet meer in staat om voor zichzelf te zorgen. Ze
kan beter in een bejaardentehuis gaan wonen.

verwerken (ww.)

to process
De dood van een ouder is voor veel mensen moeilijk te
verwerken.

ernaast zitten (vaste verb.)

to be wrong
Toen hij zei dat de economische crisis maar korte tijd zou
duren, zat hij er goed naast.

des te

all the, so much the (always followed by a comparative)
Dit geldt des te meer voor vrouwen, die proportioneel meer
werk en geld verloren hebben door de crisis, dan mannen.

bevestigen (ww.)

to confirm
De minister-president bevestigde dat hij over een maand zal
aftreden.

schadelijk

harmful
Roken is schadelijk voor de gezondheid.

vertonen (ww.)

to show
Hij vertoont alle symptomen van griep: vermoeidheid, koorts
en een zware verkoudheid.

voortdurend	constantly
	Nederlanders lopen <u>voortdurend</u> te zaniken over het weer,
	terwijl het eigenlijk helemaal zo slecht niet is.
overspannenheid	nervous exhaustion
(de, -heden)	*Volgens Wikipedia ontstaat <u>overspannenheid</u> als iemand*
	lange tijd gestrest is en niet meer tot rust kan komen.
ouderwets	old-fashioned
	Veel ouders geven hun kinderen tegenwoordig weer
	<u>ouderwetse</u> namen, zoals Fien, Guusje en Gijs.
naar hartenlust	to your heart's content
(vaste verb.)	*In die prachtige omgeving kun je <u>naar hartenlust</u> wandelen.*

Vragen bij tekst 2

1. De eerste alinea is in een speciale stijl geschreven.

   a. Beschrijf deze stijl, ook in grammaticale zin.
   b. De alinea eindigt met de zin: 'Wij Zijn Ambitieus En Werken Hard.' Waarom spelt de schrijver hier elk woord met een hoofdletter?

2. Waarom waren de wetenschappers van de Universiteit van Stanford verrast?
3. Volgens de tekst heeft multitasken veel nadelige effecten.

   a. Welke nadelige effecten heeft multitasken?
   b. Wat zijn de gevolgen hiervan in bedrijven?

4. De auteur van de tekst maakt een onderscheid tussen onproductief mediagebruik en 'zinvol' tijdsgebruik. Kan je daar voorbeelden van geven uit de tekst?
5. Het onderzoek waaraan de tekst refereert geeft aan dat nieuwe media niet altijd productief gebruikt worden. Kan je zelf manieren bedenken om er wel productief en efficiënt mee om te gaan?

Tekst 3 Infobesitas

ik <u>schrok</u>, ik slurp
<u>kakelende</u> krantenkoppen
ik <u>vermaal</u> en <u>vreet</u>
een <u>melig</u> <u>maaltje</u> mail,
5   een <u>grateloze</u> filet van feeds

ik <u>kluif</u> en <u>knabbel</u>
door stoffige stukken
en tussendoor
<u>krabbel</u>, telefoon, sms

10   gekakel bij de koffieautomaat
      geprakte praatjes
      een gerecht van geruchten

      nog meer zouteloos gezanik
      in reutelende rapporten
15   ik resumeer, en meer

      even snoepen, echt maar even
      de tube you, die raakt nooit leeg

      onderweg
      ratelt de radio
20   reportages, meningen,
      files en weer

      ik zak in de bank
      zap van Sacha naar Matthijs
      van talkshow naar TED

25   tot ik
      met een oortje naar het oog
      – Gute Nacht Freunde –
      wegdoezel onder een
      deken van dolende woorden

Woordenschat bij tekst 3

schrokken (ww.)

to gorge
De jongen had zo'n haast dat hij zijn eten snel naar binnen schrokte.

kakelen (ww.)

to chatter, to blab
De kinderen zaten vrolijk in de kantine te kakelen over de laatste aflevering van die tienersoap.

vermalen (ww.)

1. to grind
De boeren brengen het koren naar de molen om het tot meel te laten vermalen. Daarna kan de bakker er een brood van bakken.

2. to chew (food)
Mensen vermalen het voedsel dat ze eten met hun tanden en kiezen.

vreten (ww., onr.)

to eat, to scoff
Mijn schoonvader zit altijd als een boer te vreten. Ik begrijp niet waarom niemand er wat van zegt, ik erger me dood!

melig	bland *Bah! Die peer is oud en melig, en ik had me zo op een sappig en zoet stuk fruit verheugd.*
maal (het, malen)	meal *In dat hotel aan de Italiaanse kust kun je van een heerlijk maal met verse zeevruchten genieten.*
grateloos	1. without (fish) bones (the word is normally: *graatloos*) *Deze zalmfilet is niet grateloos, zoals de verkoper beloofd had.* 2. for free (trendy word, mainly used on the Internet, derived from 'gratis') *Linux is helemaal grateloos te downloaden van het Internet.*
kluiven (ww., onr.)	to gnaw (when eating) *Kluiven betekent eigenlijk: de eetbare delen van iets afhalen, zoals een hond kluift aan een bot.*
knabbelen (ww.)	to nibble *Het konijn knabbelde aan een worteltje terwijl de eigenares op een chocoladereep zat te knabbelen.*
krabbel (de, -s)	1. autograph *'Wilt u onder het contract even uw krabbel zetten?'* 2. 'wall post' on Hyves (the Dutch equivalent of Facebook) *Het is altijd leuk om te zien hoeveel krabbels je hebt gekregen als je even niet op Hyves bent geweest.*
prakken (ww.)	to mash *Nederlanders prakken soms hun aardappelen met jus, een gewoonte die buitenlanders vaak ongemanierd vinden.*
gerecht (het, -en)	1. dish *We hebben in dat dure restaurant drie gerechten gegeten: een voorgerecht, hoofdgerecht en nagerecht.* 2. court of law *De verdachte moest voor het gerecht komen waar de rechter zou beslissen of hij schuldig was of niet.*
gerucht (het, -en)	rumour *Het gerucht doet de ronde dat Koning Albert II van België een affaire zou gehad hebben met een getrouwde vrouw.*
gezanik (het, g. mv.)	nagging, moaning *Ik heb genoeg van al dat typisch Nederlandse gezanik over het weer.*
reutelen (ww.)	to rattle, to rasp *Nederlanders reutelen voortdurend over het weer.* *De doodzieke man lag in zijn bed te reutelen.*

ratelen (ww.)	to clatter *Toen de wekker <u>ratelde</u>, stond hij op.* *Zij praat graag: ze <u>ratelt</u> de hele dag tegen alles en iedereen.*
wegdoezelen (ww.)	to fall into a light sleep *Het is geen probleem als je even <u>wegdoezelt</u> in de bus of de* *trein. Deze nieuwe app wekt je als je op je bestemming aankomt.*
dolen (ww.)	to wander, to roam *Midden in de nacht <u>doolde</u> de slaapwandelaar door het huis.*

Vragen bij tekst 3

1. Waarom lijkt dit gedicht over eten en drinken te gaan?
2. De dichter zorgt ervoor dat veel woorden met dezelfde letter beginnen (schrok/slurp, kakelende krantenkop). Wat is het effect van deze alliteratie? Waarom past dat zo goed bij het onderwerp?
3. In regel 12 worden twee betekenissen van het woord 'gerecht' gebruikt. Leg dit uit.

3. Woordenschatoefeningen

I   Welk woord hoort niet in het rijtje thuis en waarom?

1. schadelijk – funest – somber – ellendig – melig
2. proefpersoon – keerzijde – onderzoek – resultaat – uitkomst – hypothese
3. achter de rug – voorbij – gedaan – afgelopen – voortdurend
4. oppikken – leren – afleiden – verwerven
5. gerecht – gericht – gedicht – gerucht – gedachte
6. klacht – mening – opinie – visie – opvatting – overtuiging
7. bureau – organisatie – instelling – kantoor – attitude

II Vervang het *schuingedrukte* woord door een synoniem. De woorden in de corresponderende lijnen (1 tot en met 7) uit de eerste oefening kunnen als inspiratie dienen. Soms moet je andere elementen in de zin aanpassen. Als er meer mogelijkheden zijn, discussieer dan met een partner over eventuele betekenisverschillen.

1. Roken is *heel slecht* voor de gezondheid, je kan er ziek van worden
2. Recente *studies* hebben aangetoond dat obesitas gelinkt kan worden aan depressie.
3. Nadat de examens zijn *afgelopen*, kunnen we eens fijn met vakantie.
4. Als je nieuwe woordenschat wil *leren*, zowel in een eerste als tweede of vreemde taal, is het belangrijk veel te lezen.
5. Er gaat een *verhaal* de ronde over de nieuwe dominee, namelijk dat hij uit zijn vorige post ontslagen zou zijn.
6. Het is de *mening* van velen dat de regering strenger moet optreden tegen uitkeringsfraude.
7. Haar partner werkt voor een *ngo* die zich toelegt op bewustwording onder jongeren van aids en andere seksueel overdraagbare aandoeningen.

III Vul een van de ontbrekende woord(en) in onderstaande zinnen in. Soms moet je een woord aanpassen.

zwaarlijvig/somber/dwangmatig/verslavend/ellendig/dof/dwars/schadelijk/funest/
ouderwets/uitgeblust

Kinderen met overgewicht, ... (1) kinderen dus, zijn vaak ... (2) omdat ze meer kans lopen uitgesloten te worden op school. Dat kan erg ... (3) zijn voor hun geestelijke gezondheid en is ... (4) voor hun zelfvertrouwen.

Mensen die ... (5) gedrag vertonen, zoals voortdurend de handen wassen of altijd alle deuren sluiten, houden van controle en zullen niet goed functioneren in een chaotische omgeving, waar ze zich vermoedelijk ... (6) zouden voelen door het gebrek aan structuur.

Werknemers die niets willen weten van nieuwe media worden door hun jongere collega's beschouwd als ... (7), of ... (8) omdat ze geen zin meer hebben om nieuwe dingen te leren.

in de verleiding/achter de rug/op z'n minst/een overvloed aan/op de hoogte/naar
hartenlust/met stip/door elkaar

Nu de verkiezingen ... (9) zijn, hebben journalisten weer wat meer tijd om zich ... (10) te verdiepen in het leven van celebrities en ons te overspoelen met ... (11) informatie over wie nu wel of niet ... (12) bovenaan de A-lijst staat. In die drang ons ... (13) te houden van al die nutteloze informatie, gebeurt het dat ze ... (14) komen om geruchten te verspreiden waar in werkelijkheid weinig van klopt.

IV In het gedicht 'Infobesitas' komen veel werkwoorden voor die als adjectief gebruikt zijn. Dat kan op twee manieren zoals in het voorbeeld hieronder.

Voorbeeld
spelen   spelend: de spelende kinderen
            gespeeld: het gespeelde spel

Werkwoorden kunnen ook tot substantief omgevormd worden zoals in het voorbeeld hieronder.

Voorbeeld
spelen   het spel

1. Bestudeer het gedicht en maak twee lijstjes: een van de werkwoorden die als adjectief gebruikt zijn en een van de substantieven die van een werkwoord afgeleid zijn.
2. Maak het onderstaande schema compleet met de woorden uit de twee lijstjes. Het gaat om acht woorden.

infinitief	participium perfectum	participium presens	substantief
spelen	gespeeld	spelend	(het) spel

3. Maak zelf vijf zinnen met alliteraties. Gebruik de werkwoorden uit het gedicht, maak adjectieven van deze werkwoorden en verzin er nog twee (of meer!) elementen bij zoals een object of een werkwoord. Gebruik een woordenboek ter inspiratie.

Voorbeeld
spelen   *De sputterende spelende sporters sparen voor een speciale spiegel.*

V Herhalingsoefening. In deze oefening wordt de woordenschat uit hoofdstuk 3 tot en met 5 herhaald.

a. Kies het correcte woord in de context.

1. Volgende week zullen de kinderen op school een musical *zich verkleden/opvoeren/ knutselen*. Ze kijken er enorm naar uit.
2. Het is onvoorstelbaar. Hij heeft me al die tijd *miskend/belazerd/verwaarloosd* met zijn mooie praatjes over trouwen en naar Toscane verhuizen.
3. Mijn jongste zoon *verheerlijkt/prijst/waardeert* de levenswandel van die R&B zangers totaal, terwijl ik het allemaal heel vrouwonvriendelijk vind. Hoe ga je daarmee om?
4. De politie heeft de praktijken van het drugskartel *misleid/weerlegd/blootgelegd* na een maandenlang onderzoek.
5. De buurt rond het station is jarenlang *vervallen/verwaarloosd/teleurgesteld* door de stad, waardoor de meeste winkels vertrokken zijn.

b. Kies een gepast woord uit het rijtje en vul dat in de zinnen in.

martelaar – vervalser – bedrog – omvang – levenswandel

Van die (1) . . . circuleerden meer dan honderd schilderijen en bovendien had hij een extravagante (2) . . . : hij ging duur gekleed, woonde in een prachtige villa en ging elke avond uitgebreid dineren op kosten van een ander. Dat was verdacht. Toch heeft het jaren geduurd voor de (3) . . . van zijn (4) . . . bekend werd. Toen hij dan eindelijk gearresteerd werd, gedroeg hij zich als een (5). . . . Wat een idioot!

c. Vul het ontbrekende woord van de vaste verbinding in.

tilt – maling – nek – laan – hand

1. Die clowns zitten echt vol grappen. Ze nemen je steeds in de . . . !
2. Sinds onze hond hun kleuter gebeten heeft, kijken onze buren ons met de . . . aan. Het is alsof ze ons niet meer willen kennen.
3. Toen de minister over de zoveelste staking hoorde, sloeg hij helemaal op. . . . Het personeel wil een hoger salaris, maar eigenlijk moeten zij een paar miljard besparen!
4. Dat schilderij is heel duidelijk van de . . . van James Ensor. Dat zie je aan de groteske figuren en de maskers.
5. De hoofdredacteur politiek is vanmorgen de . . . uitgestuurd door het management van de krant, nadat bleek dat hij lid was van een extreemrechtse partij.

4. Spreekoefeningen

Hoewel de bovenstaande teksten wijzen op mogelijk negatieve gevolgen van overmatig computergebruik, zijn de voordelen en mogelijkheden uiteraard <u>legio</u>. Dagelijks komen er nieuwe applicaties op de markt die ons leven nog gemakkelijker moeten maken. Het is bijna ondenkbaar geworden om door het leven te gaan zonder meerdere elektronische toestellen op zak.

1. Pitch een uitvinding

Houd een zogenaamde pitch van 1,5 minuut. Een pitch is een superkorte spreekbeurt waarin je een idee of een project aan anderen presenteert. Kies één van onderstaande ideeën of verzin er zelf een. Bereid je spreektijd goed voor, denk aan een pakkend begin en vooral een duidelijk slot. Besteed aandacht aan de positieve effecten van je plan, en de uitvoerbaarheid.

Na afloop van de pitch mogen je medestudenten vragen stellen. Stem op het einde van de oefening voor de beste pitch en het beste idee.

Je hebt een idee ontwikkeld voor een:

- apparaat waarmee mobiele telefoons van anderen op afstand uit kunnen worden gezet;
- applicatie voor mobiele telefoons die via gps (global positioning system) vaststelt of de bezitter zich dagelijks wel voldoende in de buitenlucht bevindt;
- programma waarmee je computer acht uur lang onmogelijk op het Internet kan;
- . . . (zelf verzinnen).

2. Houd een presentatie over veiligheid op het Internet

Je werkt voor een voorlichtingsdienst van de overheid en je gaat een korte presentatie houden voor ouders op een middelbare school, over de veiligheid van tieners op het Internet. Dit kan je ook in paren doen. Bouw een heldere structuur op en denk aan een aantrekkelijke introductie en goede argumenten. Sta ook stil bij een gepaste stijl en het register dat je zal hanteren. De presentaties duren niet langer dan 10 minuten en je maakt gebruik van een PowerPointpresentatie.

3. Brainstorm over efficient werken

Je brainstormt met collega's op een kantoor over hoe je efficiënter met je tijd kan omgaan en productiever kan zijn met behulp van (of ondanks) allerlei internetapplicaties, inclusief sociale media. Stel een top-tien op van de bruikbaarste tips en presenteer die <u>beknopt</u> en aantrekkelijk op een poster.

Woordenschat

legio	legion, multitude *De redenen om meer middelen te geven aan scholen zijn <u>legio</u>; als we gaan besparen op het onderwijs komt de toekomst in gevaar.*
beknopt	concise *Zou je me een <u>beknopte</u> samenvatting kunnen geven van wat er op die vergadering gezegd is? Dat zou handig zijn.*

5. Internetresearch

1. Een tip die je wel eens hoort om veiliger te zijn op Internet is om mensen te 'ont-vrienden'. Dit bleek veel te gebeuren, want in 2009 werd het woord 'ontvrienden' uit-geroepen tot 'woord van het jaar'. Wie organiseert 'het woord van het jaar' en welke woorden wonnen de afgelopen jaren?

2. Het gedicht Infobesitas bevat verwijzingen naar Nederlandse beroemdheden en radioprogramma's.

    a. In regel 23 van het gedicht komen de namen Sacha en Matthijs voor. Hiermee worden de Nederlandse televisiepersoonlijkheden Sacha de Boer en Matthijs van Nieuwkerk bedoeld. Zoek op het Internet op naar welke programma's de dichter hoogstwaarschijnlijk kijkt. Let op het tijdstip van uitzending.

    b. In regel 27 verwijst het Duitse 'Gute Nacht Freunde' naar een tune van een heel bekend radioprogramma. Welk?

3. In Nederland bestaat 'Mijn Kind Online'. Zoek op het Internet waar deze vereniging zich mee bezighoudt en wie er achter dit 'expertisecentrum' schuilgaat. Bestaat er ook in Vlaanderen een dergelijk initiatief?

4. Hyves is een typisch Nederlands fenomeen. Zoek uit wat het precies is, hoe omvangrijk het is, wanneer het is ontstaan, wie het opgericht heeft en wie het het meest gebruiken. Zoek ook een antwoord op de vraag: Verliest Hyves leden aan Facebook?

6. Verder surfen en lezen

- http://www.nownederland.nl/facts/: op deze website vind je meer feiten en cijfers over internetgebruik en -groei in Nederland.
- http://www.netwerk.tv/search/nw/infobesitas/: op de site van het Nederlandse televisie-programma *Netwerk*, een actualiteitenprogramma, kan je een documentaire bekijken over infobesitas, en ook verder lezen wat andere mensen ervan vinden.
- http://www.woordvanvandaag.nl: naast het 'woord van het jaar' heb je ook websites met een 'woord van de dag', zoals deze website. Zij richt zich vooral op sprekers van het Engels die Nederlands aan het leren zijn. Je kan je email opgeven en elke dag een woord in je inbox ontvangen.

Sources

Text 1: based on René van Trigt, 'Infobesitas is nieuwe ziekte', in: *Trouw*, 22 February 2010.

Text 2: based on Ernst Jan Pfauth, 'Multitasken, multistressen', in: *NRC Handelsblad*, 24 October 2009.

Text 3: Jan Barsekok, 'Infobesitas', in: Erno Mijland, *Alles kan altijd beter*, 25 January 2008, online, http://www.ernomijland.com/labels/gedicht.html.

Chapter 7: Shit, ik vloek

1. Vooraf

Vloeken doen we (bijna) allemaal. Of we het leuk vinden of niet: een vloek is eruit voordat je het in de gaten hebt. Vloekwoorden zijn bovendien interessant studiemateriaal omdat ze cultureel bepaald zijn: ieder volk vloekt op zijn eigen manier.

a. Wat is vloeken eigenlijk? Is het gebruik van de woorden God en Jezus in sommige gevallen ook een vloek?
b. Wat zijn typische vloeken in je moedertaal? Ken je Nederlandse vloeken?
c. Wordt er (te) veel gevloekt op de televisie en de radio?
d. Wordt er tegenwoordig meer gevloekt dan vroeger? Wordt er anders gevloekt?
e. Zijn er verschillen tussen de generaties?
f. Wanneer kun je, volgens jou, wel vloeken en wanneer absoluut niet?

▨ Over de teksten

De twee teksten uit dit hoofdstuk gaan over het vloekgedrag van Nederlanders en Vlamingen en over de eventuele merites van het vloeken. De eerste tekst komt van *Kennislink*, een website met populair-wetenschappelijk nieuws en achtergronden. De tweede tekst is een column uit *NRC Handelsblad*.

Woordenschat

vloeken (ww.)   to curse, to swear
Ik mag niet vloeken van mijn moeder, want ze vindt het vulgair.

2. Teksten, woordenschat en vragen

Tekst 1 Nog meer vloeken

Uit de Vloekmonitor van dit jaar blijkt dat grof taalgebruik op de Nederlandse televisie nog steeds toeneemt. Het gaat dan vooral om scheld- en schuttingwoorden. Een studie uit 1997 liet ook al een verschuiving zien van religieuze naar seksueel getinte krachttermen.

Op televisie worden we steeds vaker geconfronteerd met grof taalgebruik. Dat blijkt uit het rapport van de Vloekmonitor van dit jaar. De Vloekmonitor bestaat sinds 2003 en is destijds in het leven geroepen door de Bond tegen het vloeken. Jaarlijks worden alle Nederlandse televisiezenders een paar weken verspreid over het jaar gescand op grove taal. De uitkomsten van het onderzoek, uitgevoerd door TNS NIPO, zijn niet bepaald positief. Vooral het aantal scheld- en schuttingwoorden op de Nederlandse televisie is drastisch toegenomen.

Grof taalgebruik

De Vloekmonitor houdt grove taal bij op televisie. Maar wat verstaat men precies onder grof taalgebruik? In de Vloekmonitor zijn opgenomen: vloeken, bastaardvloeken, verwensingen, scheldwoorden en schuttingwoorden. Vloeken zijn krachttermen waarbij God of Jezus wordt aangeroepen en bastaardvloeken zijn verbasteringen van vloeken, zoals potverdorie of jeetje mina. Door een verwensing naar iemands hoofd te slingeren wenst men iemand anders iets onaangenaams toe, zoals een ziekte: krijg de pleuris. Bij scheldwoorden gaat het om beledigende woorden waarmee je iemand negatief benadert, zoals sukkel of lul. Schutting- woorden ten slotte zijn platte, obscene woorden zoals kut, fuck en shit.

Taboewoorden

In een in 1997 verschenen boek over vloeken vinden we een ietwat andere indeling. De auteur is Piet van Sterkenburg, ex-hoofdredacteur van het *Groene Boekje* en de *Van Dale*. Hij maakt een onderscheid tussen vloeken, vloekverzachters (een mooi woord voor bastaard- vloeken) en verwensingen. Woorden als shit en kut noemt hij geen schuttingwoorden maar 'obscene vloeken'. Daarnaast zijn er 'religieuze vloeken'. Beide soorten vloeken liggen al- lebei in een andere taboesfeer. Wanneer mensen vloeken gebruiken ze taboewoorden. Dat kunnen dan woorden zijn uit de godsdienstige sfeer of seksueel getinte woorden. Een ander onderwerp waar al in de middeleeuwen een groot taboe op lag was ziekte. Namen van ziektes worden nog steeds veel gebruikt in verwensingen.

Ten opzichte van vorig jaar is het aantal grove uitingen met 250 uitingen per week toegenomen. Gemiddeld komt de monitor uit op 1,6 uitingen van grove taal per week; vorig jaar waren dat er nog 1,5 en in de jaren daarvoor 1,3 en 1,2. Er is dus een duidelijke stijging van grof taalgebruik waar te nemen. Al vier jaar op rij voert de televisieomroep BNN de lijst aan met het grootste aantal uitingen grove taal. Het gemiddeld aantal vloeken is hier met 1,7 zelfs groter dan bij televisiezender Veronica (0,9).

Oorsprong van de vloek

Vloeken gaat terug op de gerechtelijke eed. Daarom heeft het alles te maken met het werk- woord zweren. Je zweert iets onder ede, je legt een eed af om iets te bevestigen of te beloven.

In vroeger tijden <u>riep</u> men vaak een god of een heilige <u>aan</u> als <u>getuige</u>. Door het veelvuldig gebruik van deze eedformules <u>kwamen</u> ze ook <u>in</u> taalsituaties buiten de rechtbank <u>terecht</u>. In de dagelijkse <u>omgangstaal</u> werd vloeken min of meer het tegenovergestelde van bidden: wanneer een <u>smeekbede</u> niet <u>verhoord</u> werd, voelde men zich <u>in de steek gelaten</u> door God. De gewoonte om God aan te roepen uit boosheid om het eigen lot was dan ook al bij de middeleeuwers aanwezig.

▧ Meer seks

De uitkomsten van de vragenlijst die Van Sterkenburg in 1994 rondstuurde laten een duidelijke <u>verschuiving</u> zien tussen generaties. Onder de 55-plussers <u>overheersen</u> de religieuze vloeken terwijl de jongere generaties meer en meer gebruik maken van de seksuele woordenschat. De oorlogskinderen, zoals Van Sterkenburg opmerkt, hebben nog een religieus taboe te verwerken. Voor de jongeren hebben religieuze vloeken veel minder emotionele waarde. Zij verkiezen daarom liever obscene woorden om te kunnen vloeken. Woorden als fuck, shit en kut scoren het hoogst onder de jongeren. Invloed vanuit het Engels speelt hier waarschijnlijk ook een rol. Dezelfde conclusie vinden we in de Vloekmonitor van dit jaar. De grove woorden die we op televisie horen zijn steeds minder religieus van aard. Wel neemt het aantal obscene vloeken, of schuttingwoorden, toe. Van de grove uitingen op tv is 39% een scheldwoord, 32% een schuttingwoord, 19% een vloek, 6% een bastaardvloek en 3% een verwensing.

Woordenschat bij tekst 1	
grof	rude *Het is heel <u>grof</u> als je iemand 'blinde tyfushond' noemt.*
scheldwoord (het, -en)	term of abuse, swear word *Als mensen schelden, gebruiken ze <u>scheldwoorden</u>.*
schuttingwoord (het, -en)	obscenity, four-letter word *Een <u>schuttingwoord</u> is een krachtterm waarbij je obscene woorden gebruikt zoals kut of fuck.*
krachtterm (de, -en)	profanity *'Godverdomme' is een veelgehoorde <u>krachtterm</u>.*
uitkomst (de, -en)	result *Een van de <u>uitkomsten</u> van het onderzoek was dat Nederlanders steeds meer in het Engels vloeken.*
verbastering (de, -en)	lit.: bastardisation; here: deformation (linguistics). These are changes in the form of a word in spelling and/or pronunciation, for example to make them more acceptable *'Potverdorie' is een <u>verbastering</u> van 'godverdorie' en 'jeetje mina' van 'Jezus'.*
slingeren (ww.)	here: to sling, to hurl *Hij <u>slingerde</u> het lege bierblikje uit het raam.*

pleuris (de, -sen)

pleurisy, an illness often used as a swear word
De pleuris is een ziekte die Nederlanders veel gebruiken als ze vloeken.

sukkel (de, -s)

bonehead
Hij is een ongelooflijke sukkel: hij heeft een prachtige vrouw en twee schatten van kinderen, maar toch heeft hij een affaire met een andere vrouw.

lul (de, -len)

lit.: cock; here: prick, dick
Kun je niet uitkijken, lul?! Ik kom van rechts!

kut (de, -ten)

lit.: cunt; here: fuck, shit
Kut! Nou heb ik mijn pen weer laten vallen.

godsdienstig

religious
Ook al is hij een godsdienstig mens, hij gaat slechts twee keer per jaar naar de kerk.

uiting (de, -en)

expression, utterance
De supporters gaven uiting aan hun teleurstelling door het stadion voor het einde van de wedstrijd te verlaten.

waarnemen (ww., onr.)

to observe, to perceive
Met een goede telescoop kun je vanaf de aarde de kraters op de maan waarnemen.

aanvoeren (ww.)

here: to lead
Het klassement van de Wereldvoetbalbond FIFA wordt aangevoerd door Spanje.

gerechtelijk

judicial
Op het moment vindt er een gerechtelijk onderzoek plaats naar een winkelier die twee klanten met een pistool heeft doodgeschoten.

eed (de, eden)

oath
Een gerechtelijke eed eindigt met de woorden 'zo waarlijk helpe mij God almachtig.'

**te maken hebben
met (iets of iemand)**
(vaste verb.)

to have to do with (something or someone)
Hij wint nooit een tenniswedstrijd. Dat heeft te maken met te weinig training.

zweren (ww., onr.)

to swear, to vow
Een gerechtelijke eed begint met de woorden 'Ik zweer dat . . .'.

een eed afleggen
(vaste verb.)

to take an oath
Tijdens zijn inauguratie in 2009 heeft Barack Obama de eed afgelegd met zijn hand op dezelfde Bijbel als Abraham Lincoln.

aanroepen (ww., onr.)	here: to invoke *Tijdens zijn gebed <u>riep</u> de priester Maria <u>aan</u> om de doodzieke vrouw te genezen.*
getuige (de, -n)	witness *Gisteren was mijn buurman er <u>getuige</u> van dat de winkelier twee klanten met een pistool doodschoot.*
terechtkomen in (ww., onr.)	to end up in, to land in *Hij is van de brug gevallen en in het water <u>terechtgekomen</u>.*
omgangstaal (de, -talen)	colloquial language, spoken language *In de <u>omgangstaal</u> zeg je 'alles goed?' in plaats van 'hoe maakt u het?'*
smeekbede (de, -n/-s)	plea, supplication (also used in a non-religious context) *De ouders van de winkelier die twee klanten doodschoot, hebben een <u>smeekbede</u> geschreven aan de rechter.*
verhoren (ww.)	here: to answer, to grant *Helaas heeft de rechter de smeekbede van de ouders niet <u>verhoord</u>.*
(iets of iemand) in de steek laten (vaste verb.)	to abandon (something or someone) *Tien maanden nadat hij een affaire met zijn secretaresse was begonnen, heeft hij zijn vrouw <u>in de steek gelaten</u>.*
verschuiving (de, -en)	shift, change *Na het debat tussen de partijleiders vond er een grote <u>verschuiving</u> plaats in de publieke opinie.*
overheersen (ww.)	to dominate, to predominate *De tijd dat de Verenigde Staten de wereld <u>overheersten</u> is voorbij.*

| Vragen bij tekst 1

1. Welke twee ontwikkelingen worden er in de tekst geconstateerd?
2. Wat is de Vloekmonitor?
3. De 'Bond tegen het vloeken' maakt onderscheid tussen vloeken, bastaardvloeken, verwensingen, scheldwoorden en schuttingwoorden. Beschrijf de verschillen en overeenkomsten en geef voorbeelden van elke categorie.
4. Welk onderscheid maakt Piet van Sterkenburg en waarin verschilt dat van de verdeling die wordt gebruikt door de 'Bond tegen het vloeken'?
5. Beschrijf de oorsprong van de vloek.
6. Wat is volgens de tekst het verschil in vloekgedrag tussen de generaties, en hoe zou je dat verschil kunnen verklaren?

Tekst 2 Vloeken is hard nodig

Schelden als wapen tegen de <u>zedenprekers</u>

Volgens de Bond tegen het vloeken *wordt op televisie steeds meer gevloekt. Dat is maar goed ook: zo haal je mensen uit hun lethargie en* <u>zet</u> *je ze* <u>aan tot</u> *nadenken. De animatie-serie* South Park *geeft het goede voorbeeld.*

Eric Cartman is acht en veruit de grootste <u>vuilspuiter</u> van het dorpje South Park in de bergen van Colorado. En dat wil wat zeggen, want South Park zit vol met <u>doorgewinterde</u> schelders. Eric vloekt zo hard, dat dankzij hem de tv-serie *South Park* eerste is geworden in een wedstrijd waarvan de makers niet wisten dat ze eraan meededen.

De wedstrijd is georganiseerd door een onderzoeksbureau dat jaarlijks een paar weken krachttermen op tv <u>turft</u> in opdracht van de Bond tegen het vloeken. Elk jaar luidt de conclusie dat het gescheld is toegenomen. Daarbij geldt de naam van Jezus Christus ook als scheldwoord. De Bond tegen het vloeken is namelijk een christelijke organisatie die het vloeken probeert te bestrijden. Dus de onderwijzer van South Park Elementary die 'Jezus op schaatsen!' <u>brult</u>, heeft ook <u>zijn steentje bijgedragen</u>. In de animatieserie werd 51 keer gevloekt in de drie weken dat het onderzoek liep.

Mij viel een andere toename op. Mij viel op dat dit jaar weer meer media aandacht hebben besteed aan deze Vloekmonitor. Het eerste jaar dat het onderzoek naar buiten kwam, 2001, stond het alleen in het *Algemeen Dagblad*. In de jaren daarna kwam er steeds een krant bij. Dit jaar stonden de uitkomsten in vrijwel alle dagbladen.

Dat vond ik pas een <u>verontrustende</u> trend. Dat betekent dat de <u>hoeders</u> van de religieuze moraal in de 21ste eeuw aan invloed winnen. Terwijl het er eind vorige eeuw toch even op leek dat we de zedenprekers <u>voorgoed</u> de baas waren geworden. Af en toe stapten ze naar de rechter als ze zich <u>gekwetst</u> of beledigd voelden. Maar daar verloren ze doorgaans hun zaak. Bovendien was de Bond tegen het vloeken aan het eind van de twintigste eeuw een organisatie van posterplakkers met de boodschap 'Word geen <u>papegaai</u>'. Onbetekenend, en ongevaarlijk. Tien jaar later zitten hun geloofsgenoten achter het stuur in het kabinet en beginnen ze ijverig de maatschappelijke bewegingsruimte <u>in</u> te <u>perken</u>. Niet alleen voor gelovigen, ook voor mensen die <u>zich</u> niets <u>aantrekken van</u> <u>om het even welke</u> god en hun denken niet <u>bij voorbaat</u> laten begrenzen door religieuze leefregels. In de jaren tachtig hield de eminente en gereformeerde historicus A.Th. van Deursen een lucide lezing waarin hij twee soorten <u>kwetsers</u> onderscheidde, wier gedrag hij samenvatte met het begrip hedonisme: de VPRO- en de Veronica-hedonisten. De eerste groep beledigde doelbewust, uit <u>opstandigheid</u> tegen de moraal. De tweede groep beledigde onbewust, uit <u>lompheid</u>.

De VPRO-hedonisten waren het eerst op tv. Die kwamen uit de betere milieus, waren hoger opgeleid en kregen eerder toegang tot de media. Daar zetten ze een blote mevrouw voor de camera, lieten een koningin spruitjes <u>schillen</u> en <u>vloekten wat af</u>. De Veronica-hedonisten <u>denderden</u> later over dat <u>gebaande pad</u> heen. Hun belangrijkste wapens zijn de <u>boer</u>, de <u>scheet</u> en de <u>brutale</u> bek. Zij zijn volkomen oninteressant.

In de andere categorie zitten mensen die wel interessant zijn. Niet omdat ze vloeken, maar omdat ze een reden hebben om te vloeken. In *South Park* wordt elke vorm van hypocrisie en domheid <u>aangepakt</u>. En soms moet daarbij gevloekt worden.

De makers van *South Park* kennen geen genade voor mensen die tot <u>keurige</u> standpunten komen, alleen maar omdat die standpunten keurig zijn. Het gaat erom dat niemand standpunten moet <u>huldigen</u> enkel en alleen omdat ze zich hebben laten zeggen dat die de juiste zijn. Er is een aflevering waarin de sympathieke schoolkok Chef, een grote neger met de stem van Isaac Hayes, meent dat de vlag van South Park racistisch is. Hoezo, vraagt de burgemeester, nadat haar medewerkers de vlag hebben uitgerold en wij vijf witte poppetjes zien dansen om een <u>galg</u> waaraan een zwart poppetje hangt. Verdomme, brult de chef, zie je dat dan niet? En wij lachen omdat wij het meteen met hem zien, <u>afgericht</u> als we zijn door jaren van antiracistische opvoeding.

Na een heleboel misverstanden en bloedige gevechten tussen voor- en tegenstanders van de vlag, mogen de kinderen van Cartmans klas beslissen. Tot <u>verbijstering</u> van hun <u>steun en toeverlaat</u> Chef, vinden de meeste kinderen de vlag niet racistisch, omdat hun niet eens was opgevallen dat de poppetjes verschillend gekleurd waren. Chef schaamt zich en de vlag wordt aangepast: poppetjes van alle rassen dansen nu om de galg. En zo is het goed.

Of het nu gaat om <u>preutsheid</u> (terwijl een jongetje bijna doodbloedt, staat de stad op zijn kop doordat een ander jongetje hulp probeerde te halen zonder kleren aan), <u>hebzucht</u> (als Jezus in een bokswedstrijd tegenover Satan staat, zetten de bewoners van South Park al hun geld op de duivel: 'Heeft dan niemand vertrouwen in mij?', zegt Jezus) of welke andere vorm van geaccepteerd <u>wangedrag</u> dan ook, *South Park* zet het in een ander daglicht dan je vooraf had gedacht.

Daar is kunst voor bedoeld. En als het moet, dan zijn 51 vloeken in drie weken tijd een kleine prijs om daarvoor te betalen.

Woordenschat bij tekst 2

zedenpreker (de, -s)	moralist *Een <u>zedenpreker</u> weet altijd alles beter dan een ander. Bovendien vertelt hij iedereen wat ze moeten denken en wat ze moeten doen.*
aanzetten tot (ww.)	to encourage to, to motivate to *De Boekenweek van dit jaar heeft de Nederlandse lezers <u>aangezet tot</u> het kopen van meer boeken dan in het jaar daarvoor.*
vuilspuiter (de, -s)	someone who often uses obscene language, slanderer *Die politicus is een echte <u>vuilspuiter</u> en hij wordt dan ook door al zijn collega's gehaat.*
doorgewinterd	experienced, seasoned *Hij is een <u>doorgewinterde</u> docent die zijn leerlingen goed kan enthousiasmeren.*
turven (ww.)	to tally, to use groups of five tally marks for counting *<u>Turven</u> is een vorm van tellen waarbij je telkens een streepje zet. Ieder vijfde streepje plaats je diagonaal door vier andere streepjes.*

brullen (ww.)

to roar
Boos <u>brulde</u> hij door de bibliotheek dat iedereen onmiddellijk stil moest zijn.

een steen(tje) bijdragen
(vaste verb.)

to do one's part, to offer a helping hand (also financially)
Als iedereen <u>een steentje bijdraagt</u>, kunnen we met z'n allen een mooi cadeau kopen voor haar vijftigste verjaardag.

verontrustend

alarming
Het is een <u>verontrustende</u> ontwikkeling dat steeds meer jonge kinderen lijden aan obesitas.

hoeder (de, -s)

keeper, patron, protector
Sommige mensen noemen de kerk de <u>hoeder</u> van de moraal.

voorgoed

permanently
Hij heeft besloten om <u>voorgoed</u> uit Nederland weg te gaan.

gekwetst

hurt
Zij voelde zich erg <u>gekwetst</u> toen een vreemde man haar op straat een trut noemde.

papegaai (de, -en)

parrot
De piraat heeft een <u>papegaai</u> op zijn schouder.

inperken (ww.)

to restrict, to limit, to curtail
Het is een goede vraag of de invloed van de monarchie in Nederland moet worden <u>ingeperkt</u> of niet.

zich niets aantrekken van (iets of iemand)
(vaste verb.)

not to care about (something or someone), to be unconcerned about (something or someone)
Zij is een vrije vogel: zij <u>trekt zich niets aan van</u> de mening van andere mensen.

om het even wie/wat/ welk(e) (vaste verb.)

who/what/whichever, no matter who/what/which
De tijdige ontdekking van <u>om het even</u> welke ziekte is belangrijk voor de genezing.

bij voorbaat (vaste verb.)

in advance
<u>Bij voorbaat</u> hartelijk dank voor uw hulp.

kwetser (de, -s)

someone who hurts people verbally (infrequently used)
Een paar jaar geleden stond er in de krant dat iemand de Nederlandse koningin had beledigd. De <u>kwetser</u> gebruikte de woorden: 'Ik haat jullie koningin. De koningin van Nederland is een hoer.'

opstandigheid (de, -heden)

rebellion
<u>Opstandigheid</u> is een belangrijk kenmerk van de puberteit.

lompheid (de, -heden)	clumsiness, coarseness *Lompheid wordt traditioneel gezien als een kenmerk van de Nederlanders. Veel buitenlanders denken dat ze slechte manieren hebben en heel direct zijn.*
schillen (ww.)	to peel *Iedere middag staat ze in de keuken om aardappels te schillen.*
(heel) wat afvloeken (vaste verb.)	to curse a lot (*wat* and *af* in combination with a verb means doing it a lot: *hij werkt wat af, hij praat wat af*, etc.) *Toen zij ontdekte dat haar man een affaire had met een andere vrouw, vloekte ze wat af.*
denderen (ww.)	to rumble *De vrachtwagen denderde door de straat.*
het gebaande pad (paden) (vaste verb.)	derived from the expression *het gebaande pad volgen*: to choose the easy way, not being original or refreshing *De meeste mensen zijn niet origineel maar volgen de gebaande paden.*
boer (de, -en)	here: belch, burp *De jongen liet een harde boer.*
scheet (de, -scheten)	fart *Daarna liet hij een stinkende scheet.*
brutaal	cheeky, impertinent *Toen de docent hem vroeg waarom hij zijn huiswerk niet had gemaakt, antwoordde hij brutaal: 'Waarom zou ik?'*
aanpakken (ww.)	here: to attack (verbally), to be tough on *De journalist pakte in zijn column de lompheid van zijn collega-journalisten hard aan.*
keurig	here: polite, in keeping with propriety, *comme il faut* *Tijdens het bezoek van Sinterklaas heeft hij zich keurig gedragen.*
huldigen (ww.)	here: to have (an opinion, a vision) *Hij huldigt het standpunt dat vloeken goed is voor de mentale gezondheid.*
galg (de, -en)	gallows *Vroeger werden criminelen vaak aan de galg opgehangen.*
africhten (ww.)	to tame *Jonge honden moet je goed africhten, anders worden ze vals.*

verbijstering (de, -en)	bewilderment, stupefaction *Tot mijn grote <u>verbijstering</u> stond ze op, liet een enorme scheet en wandelde weg.*
steun en toeverlaat (vaste verb.)	rock (fig.), person or thing whom one can trust and rely upon *Sommige mensen vinden hun <u>steun en toeverlaat</u> op het Internet.*
preutsheid (de, g. mv.)	prudishness *De moderne man heeft last van <u>preutsheid</u>. Terwijl vrouwen op het stand steeds kleinere bikini's dragen, wordt de zwembroek van de man steeds groter!*
hebzucht (de, g. mv.)	greed, avarice *<u>Hebzucht</u> is het verlangen om veel van iets te bezitten, zoals macht of geld.*
wangedrag (het, g. mv.)	misconduct *Ik heb genoeg van zijn <u>wangedrag</u>: hij moet ophouden met al dat vloeken en schelden!*

Vragen bij tekst 2

1. Aan het begin van de tekst is er sprake van een wedstrijd waarvan de deelnemers niet weten dat ze eraan meedoen. Wat wordt hiermee bedoeld en waarom noemt de auteur het een wedstrijd?
2. Hoe beschrijft de auteur de Bond tegen het vloeken? Hoe betrouwbaar is zijn beschrijving?
3. Blokker schrijft over een opvallende en verontrustende ontwikkeling.

    a. Welke ontwikkeling vindt Blokker een opvallend en verontrustend verschijnsel?
    b. Voor welke maatschappelijke trend in de 21ste eeuw is die ontwikkeling een teken?
    c. Vergelijk die 21ste-eeuwse ontwikkeling met de 20ste eeuw, en geef aan welke voorbeelden Blokker gebruikt.

4. Beschrijf het onderscheid dat A.Th. van Deursen maakte tussen twee verschillende soorten mensen die beledigen. Beschrijf ook Blokkers opinie over deze twee groepen.
5. Welke drie vormen van wangedrag die *South Park* aan de kaak stelt (dat wil zeggen: kritiseert) geeft Bas Blokker als voorbeeld?
6. In de laatste alinea staat: 'Daar is kunst voor bedoeld.' Waar is kunst voor bedoeld?
7. De tekst is een column waarin Blokker zijn persoonlijke commentaar geeft op een maatschappelijke ontwikkeling. Er zijn geen tussenkopjes. Verdeel de tekst in vier of vijf secties die thematisch een geheel vormen, en verzin voor elk van deze passages een passend tussenkopje.

3. Woordenschatoefeningen

I   Welke woorden horen (niet) bij elkaar?

a.   Welke twee woorden passen bij het woord uit de linkerrij en waarom?

1.   toenemen   aanvoeren – stijgen – vermeerderen
2.   dalen   afnemen – afleggen – verminderen
3.   drastisch   enorm – sterk – nauwelijks
4.   meedoen aan   terechtkomen in – deelnemen aan – participeren in
5.   verontrustend   zorgwekkend – geruststellend – alarmerend
6.   verschuiving   verandering – wijziging – verwensing
7.   in de steek laten   verhoren – zich niets aantrekken van – negeren
8.   schelden   kwetsen – beledigen – schillen
9.   vuilspuiter   kwaadspreker – zekenpreker – kwetser
10. meteen   later – onmiddellijk – direct

b.   Hieronder staan vijftien woorden. Verdeel ze in drie groepen van vijf woorden die inhoudelijk bij elkaar horen.

krachtterm	vloek	gelovige
geloofsgenoot	lompheid	preutsheid
gebed	hebzucht	schuttingwoord
scheldwoord	heilige	wangedrag
racisme	verwensing	godsdienst

c.   Welke woorden zijn tegengestelden van elkaar? Verbind een woord uit de eerste kolom met een woord uit de tweede kolom.

1.   ietwat   a.   voorlopig
2.   grof   b.   na afloop
3.   brutaal   c.   uitbreiden
4.   doorgewinterd   d.   onervaren
5.   bij voorbaat   e.   keurig
6.   inperken   f.   gelukkig
7.   voorgoed   g.   veel
8.   gekwetst   h.   respectvol

II   Zoek in deze oefening naar gerelateerde woorden. Je hebt misschien een woordenboek nodig.

a.   Vorm bij het schuingedrukte werkwoord een substantief.

1.   De laatste jaren zijn de prijzen voor voedsel *gedaald*. Die . . . is goed nieuws voor de consument.
2.   Maar als het aan de producenten lag, dan zouden de prijzen juist *stijgen*. Een . . . betekent namelijk meer inkomsten voor de boeren.
3.   Het aantal vloeken op de televisie is de laatste jaren niet *afgenomen*. De uitkomsten van het onderzoek laten geen . . . zien.

4. Wat de Vloekmonitor echter wel bewijst, is dat het aantal vloeken drastisch is *toegenomen*. Die . . . is vooral goed waar te nemen in de programma's van de omroepen BNN en Veronica.

5. Sommige mensen *uiten* zich vaak met vloeken en scheldwoorden. Zulke . . . vind ik beledigend en onacceptabel.

6. De onderzoekers achter de Vloekmonitor *delen* grof taalgebruik anders *in* dan professor Van Sterkenburg. De . . . van de Vloekmonitor verschilt van die van Van Sterkenburg.

b. Reageer en gebruik in je reactie het substantief van het schuingedrukte woord.

1. Vind jij ook dat de vrijheid van meningsuiting betekent dat je iedereen zomaar kunt *beledigen*, of denk jij dat we aan zelfbeperking moeten doen?

2. Ik vind het *verbijsterend* dat Nederlanders zoveel Engelse scheldwoorden gebruiken. En jij?

3. Denk jij dat de Russische president zich dit keer goed zal *gedragen*?

4. Ik verzamel geld voor het goede doel. Wil jij ook iets *bijdragen*?

5. *Vloek* jij ook heel wat af als je met een hamer op je duim slaat?

6. Jij bent zo'n doorgewinterde linkse activist, jij denkt zeker dat het politieke zwaartepunt bij de volgende verkiezingen *verschuift* van rechts naar links!

III Vul het ontbrekende woord of de ontbrekende woordcombinatie in onderstaande zinnen in. Je hoeft in iedere zin maar één woord of woordcombinatie te gebruiken. Let op dat je de juiste vorm en woordvolgorde gebruikt.

inperken – huldigen – een steentje bijdragen – africhten – afleggen – waarnemen – slingeren – aanpakken – verwerken – turven

1. De getuige bij een rechtszaak moet een belofte of een eed . . . waarin hij of zij verklaart 'de gehele waarheid en niets dan de waarheid' te zeggen.

2. Volgens de Bond tegen het vloeken moet het vloeken zoveel mogelijk. . . .

3. De Bond . . . het vloekprobleem . . . met een jaarlijkse Vloekmonitor.

4. Dan . . . een onderzoeksbureau het aantal keer dat op de televisie wordt gescholden.

5. De eigenaar van het circus heeft zijn paarden zelf. . . . Een van zijn paarden kan nu zelfs tellen!

6. Bacteriën zijn niet met het blote oog . . . , daarvoor zijn ze veel te klein.

7. De journalist . . . de ene verwensing na de andere naar het hoofd van de politicus die hij al geruime tijd in zijn column uitmaakte voor vuilspuiter.

8. Dat vond de politicus moeilijk te. . . . Hij was nog nooit op zo'n manier door de pers aangevallen.

9. De journalist was van mening dat de monarchie moet worden afgeschaft, terwijl de politicus de mening . . . dat het Huis van Oranje een belangrijke functie vervult.

10. Als iedereen . . . en een klein bedrag doneert, kunnen we de weeskinderen op Sulawesi veel beter helpen.

IV In de twee teksten staat een aantal werkwoorden met vaste preposities.

a. Noteer bij elk van deze werkwoorden de juiste prepositie. Kies uit de volgende mogelijkheden: *aan, in, met, tot, uit, van.*

1. zich niets aantrekken . . .
2. terechtkomen . . .
3. meedoen . . .
4. te maken hebben . . .
5. blijken . . .
6. aanzetten . . .

b. Vervang de *schuingedrukte* woorden door de bovenstaande combinaties van werkwoorden met vaste preposities.

1. Dat hij zo vaak schuttingwoorden gebruikt, *komt door* zijn slechte opvoeding.
2. Veel ouders *besteden geen aandacht aan* goede voeding. Zij geven hun kinderen om het even welk ongezond voedingsmiddel en zij luisteren niet naar de adviezen van medici.
3. Het is goed om kinderen te beschermen tegen websites met een inhoud die haat *stimuleert.*
4. Het Surinaamse woord 'doekoe' *is onderdeel geworden van* de Nederlandse jongerentaal. Het wordt gebruikt in plaats van 'geld'.
5. De Vloekmonitor *maakt duidelijk* dat er op de televisie steeds meer wordt gescholden.
6. Toen de onderzoekers hem opbelden met de vraag of hij wilde *participeren in* het vloekonderzoek, gooide hij resoluut de hoorn neer. Nee, dat wilde hij zeker niet!

V Herhalingsoefening. Deze oefening herhaalt de woordenschat uit hoofdstuk 4 tot en met 6.

a. Kies telkens het juiste werkwoord uit de drie alternatieven.

1. *verheerlijken/verwaarlozen/vergooien*

   Als thuisblijfmoeder is het belangrijk om jezelf niet te. . . . Ga eens naar de kapper en trek mooie kleren aan.

2. *zich wijden aan/zich ergeren aan/zich afspelen*

   Zij . . . de mensen die voortdurend krachttermen, schuttingwoorden en andere slechte taal gebruiken. Daarom is zij donateur geworden van de Bond tegen het vloeken: ze betaalt iedere maand 10 euro om het werk van de Bond te steunen.

3. *zich ontvouwen/zich afzetten tegen/zich schamen voor*

   Hij vloekte altijd heel wat af. Op die manier . . . de zedenprekers. Dat deed hij heel bewust.

4. *opnemen/inruilen/ontlopen*

   Het cadeau dat hij voor zijn verjaardag gekregen had, vond hij niet zo leuk. Hoewel hij geen kassabon had, ging hij toch naar de winkel om te proberen of hij het kon. . . .

5.   *miskennen/misleiden/mislopen*

Hoewel hij als kunstenaar veel talent had, werd hij toch ... door de heren kunstkenners. De kunstwereld accepteerde hem niet.

b.   Vul het juiste substantief in onderstaande zinnen in.

bescheidenheid – verantwoordelijkheid – leugenaar – drijfveer – klacht

1.   Een directeur heeft veel ... en daarom krijgt hij een hoger salaris dan zijn secretaresse.
2.   Het verdienen van veel geld is zijn belangrijkste ... bij het plannen van zijn carrière.
3.   Een veelgehoorde ... van de Bond tegen het vloeken is dat er op de televisie te veel wordt gescholden.
4.   Toen de oppositieleider hoorde dat de minister-president hem een ... had genoemd, vloekte hij heel wat af.
5.   Is het werkelijk een teken van ... als je zegt dat je ergens niet goed in bent, terwijl je weet dat dat eigenlijk een leugen is?

c.   Vul de ontbrekende woorden in de vaste verbindingen in. Kies uit de vijf onderstaande alternatieven.

rug – hand – geheel – bevordering – hartenlust

1.   Hij kon zijn ogen niet geloven dat hij een brief had gekregen van de ... van de koningin zelf!
2.   Over het ... genomen gebruikt zij weinig scheldwoorden.
3.   Er is een Bond tegen het vloeken, maar is er ook een Bond ter ... van het vloeken?
4.   Antwerpen is een fantastische stad met leuke winkelstraten en veel verschillende soorten winkels. Je kunt er naar ... shoppen.
5.   Tijdens het debat in de Tweede Kamer zeiden sommige parlementariërs dat de economische crisis inmiddels afgelopen was, en andere dat de crisis nog niet achter de ... was.

4. Spreekoefeningen

Discussies over vloeken en de vrijheid van meningsuiting liggen niet ver uit elkaar. Er zijn bijvoorbeeld bepaalde gemeentes in Nederland met een overwegend christelijke bevolking waar het verboden is om te vloeken. Dat is problematisch omdat het in conflict is met artikel 7 van de Nederlandse grondwet. Daarin wordt de vrijheid van meningsuiting gegarandeerd.

1. Discussie over vloeken

Organiseer een discussie over vloeken. Gebruik daarvoor een of meer van de onderstaande stellingen. Wijs een of twee discussieleiders aan, een groep die het met de stelling eens is en een groep die ertegen is. Neem voldoende tijd om de discussie voor te bereiden.

–   Vloeken is goed voor de mentale gezondheid en moet daarom worden aangemoedigd.
–   Het beledigen van andere mensen is een grondrecht: het vormt een onlosmakelijk onderdeel van een samenleving die de vrijheid van meningsuiting hoog in het vaandel heeft.

– Het is een teken van verarming van de Nederlandse taal dat er steeds meer in het Engels wordt gevloekt.

2. Plannen maken voor een film

Werk samen in kleine groepjes. Jullie zijn er ofwel van overtuigd dat de vrijheid van meningsuiting een grondrecht is waarop uitzonderingen niet mogelijk zijn (dat is censuur), ofwel dat er beperkingen aan moeten worden gesteld, bijvoorbeeld door het beledigen van bepaalde groepen in de samenleving te verbieden. Hoe ver kun je gaan met het beledigen van andere mensen? Jullie willen je boodschap duidelijk maken in een speelfilm van anderhalf uur. Stel vast welke doelgroep jullie willen bereiken, en werk een plan uit voor de film: Wat is het verhaal? Wie zijn de belangrijkste karakters? Op welke manier wordt het verhaal door camerawerk en montagetechniek in beeld gebracht? Hoe ondersteunen jullie keuzes de boodschap die jullie willen uitdragen? Maak een poster die je kunt gebruiken als visuele ondersteuning bij je presentatie.

Als jullie klaar zijn, presenteert ieder groepje zijn plannen aan de hele klas. Maak goed gebruik van je poster. Na afloop van de presentaties stemmen jullie voor de beste film. Wie heeft de beste film bedacht? Welke film zou je het liefste willen zien? Je mag natuurlijk niet op jezelf stemmen!

5. Internetresearch

1. De Bond tegen het vloeken wordt genoemd in de eerste en tweede tekst. Welke activiteiten ontplooit de Bond om het vloeken tegen te gaan? Welke tips geeft de Bond om te voorkomen dat je vloekt en hoe je moet reageren als je iemand hoort vloeken? Klopt het beeld van de Bond dat Bas Blokker schetst in zijn column over de merites van het vloeken?
2. In de eerste tekst wordt prof. Piet van Sterkenburg genoemd als ex-hoofdredacteur van het *Groene Boekje* en de (dikke) *Van Dale*. Wat zijn deze twee publicaties en hoe belangrijk zijn ze?
3. In de tweede tekst wordt de indeling genoemd die de historicus A.Th. van Deursen maakte tussen twee soorten kwetsers: de VPRO- en de Veronica-hedonisten. De VPRO en Veronica zijn Nederlandse radio- en televisieomroepen. Dat geldt ook voor BNN, die in de eerste tekst wordt genoemd. Doe onderzoek naar de geschiedenis en karakteristieken van deze omroepen.

6. Verder surfen en lezen

– http://www.bondtegenvloeken.nl: dit is de website van de organisatie die wordt besproken in de twee teksten.
– http://www.hetnieuwevloeken.nl: de samenstellers van deze site willen een rijk overzicht van scheldwoorden opstellen om het gebruik van scheldwoorden die heel grof zijn in te perken. Om die reden willen ze ook oudere, vaak zachtere, verwensingen weer tot leven brengen. Er is zelfs een scheldwoorden-app!

–   P.G.J. van Sterkenburg, *Vloeken. Een cultuurbepaalde reactie op woede, irritatie en frustratie*, Den Haag: SDU en Antwerpen: Standaard, 1997: het boek dat in de eerste tekst wordt genoemd.

Sources

Text 1: based on Mathilde Jansen, 'Nog meer vloeken', in: *Kennislink*, 11 May 2007, online, http://www.kennislink.nl/publicaties/nog-meer-vloeken.
Text 2: based on Bas Blokker, 'Schelden is hard nodig: Schelden als wapen tegen de zedenprekers', in: *NRC Handelsblad*, 18 July 2008.

Chapter 8: Multiculturalisme

1. Vooraf

Geen enkel land heeft een monocultuur. Met de grotere mobiliteit van mensen en goederen wordt het multiculturele aspect van (westerse) samenlevingen steeds groter, zeker in de grote steden. De reacties hierop zijn gemengd, met soms hevige discussies tot gevolg.

a. Wat betekent volgens jou een multiculturele samenleving?
b. Denk je dat 'vreemde' culturen de cultuur van het gastland bedreigen, zoals wel eens beweerd wordt?
c. Kan een individu volgens jou ook multicultureel zijn? Ben je zelf multicultureel?
d. De discussie draait vaak rond 'integratie'. Wat betekent dat volgens jou?
e. Denk je dat er een probleem is met de integratie van bepaalde groepen in de maatschappij? Zo ja, welke groepen? Kan je daar ook een verklaring voor geven?

Over de teksten

De twee teksten in dit hoofdstuk gaan over multiculturalisme in de samenleving. Dat is een onderwerp dat sinds begin jaren negentig veel krantenpagina's en praatprogramma's in Nederland en Vlaanderen gevuld heeft. Beide teksten komen uit Vlaanderen.

De eerste tekst is van de hand van Geert Bourgeois, die een vooraanstaand lid is van de Nieuw-Vlaamse Alliantie (NVA), een politieke partij die streeft naar meer autonomie voor Vlaanderen. Deze tekst verscheen als nieuwsbericht op de website van de NVA.

De tweede tekst is een blogpost over hetzelfde onderwerp van de Leuvense hoogleraar Johan Leman. Leman was jarenlang directeur van het Belgische Centrum voor Gelijke Kansen en Racismebestrijding.

2. Teksten, woordenschat en vragen

Tekst 1 Alvast in onze naam

Geert Bourgeois

Verschillende Europese staatsleiders hebben het multiculturalisme in Europa een <u>mislukking</u> genoemd en ze <u>verwoorden</u> onze mening, wanneer zij <u>vaststellen</u> dat het staatsmulticulturalisme gefaald heeft.

Voor een goed begrip willen wij er vooraf op wijzen, dat de feitelijke aanwezigheid van verschillende culturen in onze samenleving geen multiculturalisme is, maar multiculturaliteit. Die culturele pluraliteit is niet terug te draaien en kan een verrijking zijn.

Multiculturalisme staat voor de beleidslijn die in tal van Europese landen en ook bij ons is gevolgd. Het is een aanpak die er vrede mee neemt – of aanmoedigt – dat die verschillende culturen gewoon naast elkaar bestaan, als gesegregeerde gemeenschappen, in plaats van te versmelten in een enkele gemeenschap. Een dergelijke samenleving willen wij niet.

Ook Vlaanderen heeft na de Tweede Wereldoorlog buitenlandse arbeidskrachten naar hier gehaald, aanvankelijk uit West-Europa (Italië, Spanje, Griekenland), vanaf de jaren 1960 ook en steeds meer uit niet-West-Europese landen, meer bepaald Turkije en Marokko. Men noemde ze 'gastarbeiders' en dacht dat ze na verloop van tijd met hun gezin naar hun land zouden terugkeren. Maar ze bleven en kregen kinderen en kleinkinderen die hier opgroeiden. En wij – autochtonen en allochtonen – wij leefden naast en langs elkaar, in plaats van met en bij elkaar. Het beleid nam weinig of geen initiatieven om dat 'leven naast elkaar' om te zetten in 'leven met elkaar', in 'samen-leven'.

Hebben migranten dan niet het recht hun eigen cultuur te behouden? Men hoort wel eens de manke vergelijking tussen een (Vlaamse) toerist die in een exotisch land aanspraak maakt op zijn biefstuk-friet, en een vreemdeling die zich permanent in ons land vestigt. Natuurlijk zou het de toerist sieren als hij zich op reis meer openstelt voor een andere (eet)cultuur. Natuurlijk mag de migrant zijn variant van onze biefstuk-friet eten. Maar eigenlijk gaat het om iets anders.

Migranten hoeven hun cultuur, identiteit en verleden niet achter te laten aan de grens. Mensen die hier hun toekomst willen uitbouwen, moeten wél actief deelnemen aan onze samenleving en hun competenties optimaal gebruiken om ze mee vorm te geven.

Participeren aan onze samenleving kan niet zonder de publieke cultuur te delen waarop ze rust. Onder publieke cultuur verstaan wij het geheel van (geschreven en ongeschreven) normen en waarden die onze samenleving ordenen en onze omgang met elkaar leiden. Onze publieke cultuur is geen statisch gegeven. De diverse private culturen hebben er invloed op en kunnen haar verrijken. Maar aan de grondslagen ervan kan niet worden getornd. Die grondslagen zijn: democratie, rechtsstatelijkheid, vrije meningsuiting, vrijheid van godsdienst, scheiding van kerk en staat, gelijkheid van man en vrouw, gelijke rechten ongeacht ras, geslacht, seksuele geaardheid, enzovoort. Deze verworvenheden kunnen wij niet prijsgeven en moeten wij krachtig verdedigen. Het zijn die verworvenheden die migranten gelijke kansen geven, die garant staan voor gelijke rechten en gelijke plichten voor iedereen.

Deelname aan de publieke cultuur begint met communicatie. Uit de bereidheid en de wil te communiceren, volgt de noodzaak en de plicht de omgangstaal van het land te leren. Autochtonen en allochtonen kunnen alleen maar met elkaar leven, wanneer ze dezelfde taal spreken. Onze omgangstaal is Nederlands. Wie in Vlaanderen woont en geen Nederlands kent, blijft een vreemde en ontneemt zichzelf kansen. Taalkennis is bovendien de sleutel die de poort opent naar onderwijs en arbeidsmarkt, naar verenigingen en sportclubs, naar participatie aan samenleving en democratie.

Deelname van migranten aan onze publieke cultuur verplicht de ontvangende samenleving open te staan voor nieuwkomers. Invloeden van private culturen op de publieke cultuur confronteren haar met nieuwe uitdagingen. Dat kan spanningen en conflicten veroorzaken, en het vraagt inspanningen van zowel de migrant als van de ontvangende samenleving om die uitdagingen het hoofd te bieden.

Daarom voert de Vlaamse overheid een krachtig inburgeringsbeleid. Ze biedt nieuwkomers een gratis vormings- en begeleidingstraject aan en verplicht ze om dat te doorlopen. Het bestaat uit basiskennis van het Nederlands en maatschappelijke oriëntatie. Daarmee zijn we op de goede weg. Het inburgeringstraject is echter maar een eerste stap naar inschakeling in onze samenleving. Inburgering gebeurt immers niet alleen in het leslokaal, maar ook – vooral – daarbuiten. Als 'ontvangende samenleving' zijn we het aan nieuwkomers verplicht om ook na het inburgerinstraject actief mee te werken aan hun integratie. Dat is ons antwoord op de mislukte aanpak van het multiculturalisme.

Woordenschat bij tekst 1

mislukking (de, -en)	failure *Het nieuwe schoolgebouw is een totale mislukking; er is geen ingang voor gehandicapten en de lokalen zijn te klein en te warm.*
verwoorden (ww.)	to put into words *De politicus deed zijn best om zijn standpunt helder te verwoorden, maar het leek of men hem niet wilde begrijpen.*
vaststellen (ww.)	to conclude, to ascertain *Na een grondig onderzoek van de gevolgde procedures, heeft de commissie vastgesteld dat de hele afdeling gefaald heeft.*
terugdraaien (ww.)	to turn back, to reverse *Je kan de beslissing van de jury niet meer terugdraaien. Je zal het moeten accepteren.*
verrijking (de, -en)	enrichment *Er wordt vaak beweerd dat het leren van een vreemde taal een verrijking zou zijn, waardoor je minder stereotypisch naar andere mensen leert kijken.*
beleidslijn (de, -en)	policy point *Een voorrangsbeleid om meer vrouwen te stimuleren om verantwoordelijke functies op te nemen, is terug te vinden in de beleidslijn van veel regeringen.*
aanpak (de, -ken)	approach *De tolerante aanpak van de Nederlandse politie bij voetbalwedstrijden heeft geleid tot minder agressie onder supporters.*
vrede nemen met (iets) (vaste verb.)	to accept (something), to have (made) peace with (something) *Het heeft even geduurd voor de ouders van David er vrede mee namen dat hij homo was, maar toch hebben ze hem en zijn vriend uitgenodigd voor Kerst.*

aanmoedigen (ww.)	to encourage *De marathonlopers werden van de zijkant <u>aangemoedigd</u> door familie en vrienden.*
arbeidskracht (de, -en)	employee, worker *In sommige geïndustrialiseerde landen is er een tekort aan <u>arbeidskrachten</u> in de landbouwsector.*
aanvankelijk	initially *Ik stond <u>aanvankelijk</u> niet negatief tegenover de invoering van een hoofddoekjesverbod op scholen, maar nu ik de racistische commentaren hoor, begin ik toch van gedachten te veranderen.*
na verloop van tijd (vaste verb.)	over time *Nu lijkt het allemaal verschrikkelijk maar <u>na verloop van tijd</u> zal je zien dat het allemaal niet zo erg is.*
autochtoon (de, -tonen)	original inhabitant of a country *Letterlijk betekent '<u>autochtoon</u>' dat iemand een bloedband heeft met een land, dus dat zijn moeder en vader in dat land geboren zijn.*
allochtoon (de, -tonen)	official term for an immigrant or a direct descendant of an immigrant; in everyday language often used for someone with a different ethnicity *In de populaire media noemt men iemand met een niet-Europese afkomst al snel een <u>allochtoon</u>, ongeacht hoe lang zijn of haar familie al in Nederland woont.*
mank	lame, cripple *Na een zwaar ongeluk toen zij achttien was, is ze altijd <u>mank</u> gebleven aan haar rechterbeen.*
aanspraak maken op (**iets**) (vaste verb.)	to lay claim to (something), to have a right to (something) *Als alleenstaande moeder kan je <u>aanspraak maken op</u> een uitkering van de staat en ook financiële hulp bij kinderopvang en huisvesting.*
zich vestigen (ww.)	to settle *Na de oorlogen in de Balkan in de jaren negentig <u>vestigden</u> veel gevluchte Bosniërs, Kroaten en Kosovaren <u>zich</u> over heel Europa.*
het siert (**iemand**) (ww.)	to be commendable, to be to (someone's) credit *<u>Het siert</u> hem dat hij niet van zijn vrouw gescheiden is, zelfs na die lange periodes dat zij in een gesticht verbleef en nauwelijks aanspreekbaar was.*
rusten op (ww.)	to rest on, to be based on *De ontspannen sfeer in ons kantoor <u>rust op</u> de consensus dat we elkaar kunnen vertrouwen en dat iedereen zijn werk doet.*

ordenen (ww.)	to order, to put something in order *Terwijl we stonden te praten, was hij de hele tijd zijn* *papieren aan het ordenen. Hij keek me niet een keer aan,* *wat ik heel vervelend vond.*
omgang (**de**, g. mv.)	interaction *In bepaalde religieuze kringen is het ongepast dat* *ongetrouwde vrouwen omgang hebben met mannen.*
grondslag (**de**, -en)	foundation *Veel ouders vinden het belangrijk dat hun kinderen* *minstens de grondslagen van muziektheorie kennen, zodat* *ze een instrument kunnen leren spelen en daar levenslang* *plezier aan beleven.*
tornen aan (ww.)	to meddle with *Haar bejaarde vader woont nog steeds zelfstandig. Daar* *zou ik niet aan tornen, want dan raakt hij helemaal in* *de war.*
rechtsstatelijkheid (**de**, g. mv.)	constitutionality *De scheiding der machten is een belangrijk element* *van de rechtsstatelijkheid, omdat de regels door* *verschillende organen worden gemaakt en* *uitgevoerd.*
ongeacht	irrespective of *Iedereen kan gebruik maken van de nationale* *gezondheidszorg, ongeacht zijn of haar nationaliteit, religie* *of seksuele geaardheid.*
geaardheid (**de**, -heden)	nature, orientation *De seksuele geaardheid wordt bepaald door het geslacht* *van de personen waartoe het individu zich aangetrokken* *voelt.*
verworvenheid (**de**, **-heden**)	accquisition, achievements *Corrupte staatshoofden vinden het vaak erg moeilijk hun* *bijzondere verworvenheden prijs te geven in de naam van* *democratie en openheid.*
prijsgeven (ww., onr.)	to give up *De dictator had altijd beweerd dat hij zijn land en status* *nooit zou prijsgeven, maar na een maandenlange revolutie* *gaf hij het op.*
garant staan voor (**iets**) (vaste verb.)	to guarantee (something) *De producenten van die wasmachines staan garant voor een* *efficiënte en kosteloze service voor de eerste vijf jaar na* *aankoop.*

plicht (de, -en)	duty
	In België is het de plicht van elke burger om de stoep voor zijn of haar huis schoon te houden. Je ziet daarom mensen sneeuw ruimen en zout strooien in de winter.
bereidheid (de, -heden)	readiness
	Om iets aan de onveilige situatie op straat te doen, heb je niet alleen meer politie nodig, maar ook de bereidheid van de lokale burgers om te zorgen voor meer sociale controle.
inspanning (de, -en)	effort
	Het kostte haar een enorme inspanning om haar boodschappen naar de vierde verdieping te dragen. Ze liep rood aan en het zweet parelde op haar voorhoofd.
het hoofd bieden aan (iets) (vaste verb.)	to face up to (something)
	Als je je eigen zaak hebt, dan zal je het hoofd moeten bieden aan moeilijke omstandigheden, want de verantwoordelijkheid ligt bij jou en niemand anders.
inburgeringsbeleid (het, g. mv.)	citizenship or integration policy
	Nederland voert al enkele jaren een actief inburgeringsbeleid, waarbij niet-Europese nieuwkomers verplicht worden om een inburgeringscursus te volgen.
vorming (de, -en)	training
	Tegenwoordig is het normaal om vorming te krijgen op de werkplek. Het is meestal ook onderdeel van de jaarlijkse evaluatie van werknemers.
begeleidingstraject (het, -en)	assisted trajectory
	Het proces van inburgering is vaak een begeleidingstraject, waarbij nieuwkomers hulp krijgen bij het zoeken naar trainingen en geschikt werk.
inschakeling (de, g. mv.)	engagement
	Na grote drama's zoals bomaanslagen, orkanen of aardbevingen, zie je tegenwoordig ook de inschakeling van psychologen om de slachtoffers bij te staan.

Vragen bij tekst 1

1. Hoe definieert Bourgeois het verschil tussen multiculturaliteit en multiculturalisme?
2. In de derde alinea staat er: 'Een dergelijke samenleving willen wij niet.'

    a. Aan welke samenleving refereert dit?
    b. Wie zijn 'wij' in deze zin?
    c. Hoe geeft Bourgeois zijn argument meer gewicht?

3. In de vierde alinea:

   a. Naar wie verwijzen 'ze' en later 'wij'?
   b. Waarom denk je dat de auteur kiest voor 'wij' en niet 'we'?
   c. Kun je dat relateren aan de rest van het argument in deze alinea?

4. Waarom noemt Bourgeois de vergelijking in de vijfde alinea 'mank'?
5. Wat denk je dat Bourgeois verstaat onder 'behoud van cultuur'?
6. De auteur heeft het over een 'publieke cultuur'.

   a. Wat betekent dit hier?
   b. Geeft hij een flexibele of een statische definitie van dit begrip? Leg uit.
   c. Wat wordt geïmpliceerd met 'deze normen [. . .] moeten wij krachtig verdedigen'?

7. Kun je Bourgeois' argument vóór het leren van het Nederlands uitleggen?
8. Niet alleen multiculturalisme maar ook multiculturaliteit wordt in deze tekst enigszins negatief beschreven. Kun je daar voorbeelden van geven? (Kijk bijvoorbeeld naar de alinea die begint met 'Deelname van migranten aan onze publieke cultuur. . . .')

Tekst 2 'Multiculturele samenleving is mislukt.' Welke? Mag het even preciezer?

Het <u>kan</u> dus <u>niet op</u>, met onze Europese beleidsmensen: de multiculturele samenleving is mislukt . . . en de indirecte boodschap is dan natuurlijk: let op, lieve kiezers, met mij wordt het nu anders en véél beter.

Wie al van langer dan gisteren met het thema bezig is, weet niet wat hij moet doen: <u>bulderend</u> in lach schieten? Of kwaad worden? Voel je vrij . . .

Waarom in lach schieten? Omdat er eigenlijk al zo ongeveer 30 jaar een <u>ellenlange</u> lijst van gepubliceerde onderzoeks<u>gegevens</u> en kritische essays bestaat, waarbij precies die drie grote landen, het Verenigd Koninkrijk, Duitsland en Frankrijk als elkaars grote <u>tegengestelden</u> beschreven staan in de <u>benadering</u> en <u>invulling</u> van het multiculturalisme. Franse wetenschappers en beleidsmensen <u>beweerden bij hoog en bij laag</u> dat het republikeinse assimilatiemodel zoals dat in Frankrijk doorgedrukt werd, stukken beter was dan het Britse multiculturalisme dat als zijn tegengestelde voorgesteld werd (zie Olivier Todt) en dat – zo zeiden de Fransen – minderheidsgroepen zou marginaliseren. In Frankrijk was het woordje 'minorité' een schandalig woordgebruik dat moest <u>vermeden</u> worden als het om immigranten ging. In het Verenigd Koninkrijk stond het woordje 'minority' voor <u>de max</u> van <u>ontvoogding</u>. Goed, en Duitsland dan? Wel, hou je vast, Duitsland werd dan weer door zowel Frankrijk als het Verenigd Koninkrijk gezamenlijk bekeken als 'het' voorbeeld van een <u>uitsluitings</u>model. (Je kan <u>er</u> auteurs <u>op naslaan</u> als Stephen Castles, Bauböck, en tientallen anderen.)

Ik heb zeer zware twijfels of de dames en heren beleidsmensen zich ooit een halve dag de moeite gegeven hebben om ook maar één wetenschappelijk artikel daarover te lezen, jawel, een krantenartikel misschien. En hun beleid zelf, ondertussen? Links en rechts wat 'geven' om <u>de kerk</u> (of de moskee, als je verkiest) <u>in het midden</u> te <u>houden</u> en iedereen te vriend te hebben.

En nu dus, hun grote statements: 'de multiculturele samenleving is mislukt'. Onze vraag: Welke? De Britse? De Franse? De Duitse? Of de Zweedse? Of de Canadese? Of zijn die nu plots één en dezelfde geworden? Misschien is het tijd dat sommigen zich beginnen te realiseren dat er niet zoiets bestaat als 'de' multiculturele samenleving, maar een veelheid aan dergelijke samenlevingen . . . En meestal is het probleem aan de basis, als er een probleem is (en ik denk wel dat dit enigermate het geval is), van sociaaleconomische aard, enkele keren ook van culturele aard, akkoord. En het is de mix van beide waar het debat eigenlijk over zou moeten gaan . . . in het besef dat er geen prototype van multiculturele samenleving bestaat.

Woordenschat bij tekst 2

het kan niet op (vaste verb.)	there is no end to it, there are – seemingly – no limits (often used ironically) *Tijdens de dotcomjaren kon het niet op; elke dag kwamen er nieuwe internetbedrijfjes op de markt, die hoopten van de nieuwe online markt te profiteren.*
bulderen (ww.)	to thunder *Toen ik het café binnenkwam, hoorde ik een bulderend gelach aan een tafel in de hoek: Bert had blijkbaar net een grappige mop verteld.*
ellenlang	very long, endless *Ik heb echt geen tijd om dat ellenlange rapport nog te lezen voor de vergadering. Kan je de hoofdpunten even voor me opsommen?*
gegeven (het, -s)	data *De politie beschikt over gegevens die naar een bepaalde moordenaar leiden, maar het schijnt dat die een alibi heeft.*
tegengestelde (het, -n)	opposite *Ik denk dat Machteld echt een hekel aan me heeft. Het lijkt wel of ze altijd het tegengestelde denkt van mij.*
benadering (de, -en)	approach *Die organisatie heeft een christelijke benadering van de drugsproblematiek. Ze helpen vooral het individu en werken minder aan beleid.*
invulling (de, -en)	interpretation *Vrijheid is een interessante term, maar er wordt door verschillende mensen een heel andere invulling aan gegeven.*
(iets) bij hoog en bij laag beweren (vaste verb.)	to claim (something) adamantly *De bisschop heeft altijd bij hoog en bij laag beweerd niets van de pedofilieschandalen te weten.*
vermijden (ww.)	to avoid *Je moet altijd proberen te vermijden dat je klanten ontevreden zijn, want tegenwoordig is een reputatie heel snel kapot.*

max (**de**, g. mv.)	the best thing ever (used in colloquial Flemish) *Als puber vind je het waarschijnlijk de max als je leraars een paar dagen staken, maar voor ouders kan het heel vervelend zijn.*
ontvoogding (**de**, -en)	emancipation *De Vlamingen hebben lang gevochten voor hun ontvoogding van de Franstaligen.*
uitsluiting (**de**, -en)	exclusion *Op scholen maakt men er tegenwoordig veel werk van om uitsluiting van minderheden tegen te gaan.*
er (**iets**) **op naslaan** (vaste verb.)	to look up (in something, usually in a text) *Ik weet niet goed hoe ik dat woord moet spellen, dus daar moet ik het woordenboek op naslaan.*
de kerk in het midden houden (vaste verb.)	to mediate, not meddle too much, and keep all sides happy *Bij discussies over abortus probeerde onze leraar ethiek altijd de kerk in het midden te houden. Hij wist dat de emoties daarover hoog kunnen oplopen.*
enigermate	somewhat *De spanningen rondom de aanleg van de nieuwe hogesnelheidslijn zijn enigermate verminderd, maar dat wil niet zeggen dat iedereen er nu blij mee is.*
akkoord	agreed *Uiteraard zijn veel burgers niet gelukkig met de eurocrisis, akkoord, maar dat wil niet zeggen dat ze allemaal de euro willen afschaffen.*

| Vragen bij tekst 2

1. Wat is volgens Leman de reden voor de uitspraken van de 'Europese beleidsmensen'?
2. Waarom staat de auteur kritisch tegenover deze uitspraken?
3. Wat zijn de verschillen tussen de multiculturele samenlevingen in het Verenigd Koninkrijk, Frankrijk en Duitsland?
4. Leman positioneert zich duidelijk als 'de kenner' in dit artikel. Kun je daar voorbeelden van geven?
5. Hoe definieert Leman de aard van 'het probleem'?
6. De stijl van deze tekst is typisch voor een blog. Het bevat een aantal spreektaalachtige elementen (woordkeuze, uitdrukkingen, syntaxis, interpunctie). Kun je hier enkele voorbeelden van geven?

3. Woordenschatoefeningen

I   Welk woord past niet in het rijtje en waarom? Bespreek met je medestudenten. Er is niet per se één goed antwoord.

1. mislukking – omgang – aanpak – benadering – invulling
2. inburgeringsbeleid – uitsluiting – begeleidingstraject – inschakeling – arbeidsparticipatie
3. inspanning – onwil – uitdaging – enthousiasme – bereidheid
4. wet – rechtsstatelijkheid – plicht – beleid – illegaliteit
5. allochtoon – autochtoon – immigrant – vluchteling – arbeidskracht
6. vaststellen – ordenen – rommelen – vestigen – rusten op
7. aanleren – verrijking – sieren – afleren – verwerven
8. inspanning – mislukking – segregatie – schandaal – uitsluiting
9. rusten op – naslaan op – koppelen – vermijden – relateren
10. geheel – krachtig – max – enigermate – bij hoog en laag

II   Welke van de volgende werkwoorden zijn scheidbaar en welke niet? Maak een zin van minstens 8 woorden met de scheidbare werkwoorden. Experimenteer met langere en complexere zinnen in verschillende werkwoordstijden.

1. vaststellen
2. opgroeien
3. vermijden
4. afleren
5. prijsgeven
6. naslaan op
7. niet opkunnen
8. versmelten
9. aanmoedigen
10. terugdraaien

III   Vul één van de volgende woorden in de zinnen in.

enzovoort – ongeacht – bij hoog en bij laag – meer bepaald – aanvankelijk – dergelijk – zowel – enigermate – na verloop van tijd – uitbundig

1. Ik weet eigenlijk echt niet meer wat ik van de hele situatie moet denken; . . . was ik ervan overtuigd dat de man onschuldig was, maar nu ik het verhaal van zijn vrouw hoor, begin ik daar toch anders over te denken.
2. . . . een paar fouten, is het een uitstekende tekst. Neem gewoon nog even de tijd om alles grondig door te lezen voor je hem aan de redactie stuurt.
3. Iedereen die zich . . . interesseert voor de schilderkunst van de Gouden Eeuw, zal ongetwijfeld op de hoogte zijn van de tentoonstelling die het Rijksmuseum in het najaar rond stillevens uit die periode organiseert.
4. Myriam en Harold hebben hun huwelijksverjaardag . . . gevierd; er was een grote tent, een varken aan het spit, meer dan honderd mensen en een heuse band!

5. Klanten die winkelen op het Internet hebben vaak problemen met het beheren van hun on-line gegevens, . . . het leverings- en het facturatieadres van hun bestellingen.
6. De minister verhief zijn stem en vloekte openlijk in het parlement; . . . gedrag wordt van hem niet geapprecieerd door de meeste van zijn partij- en kabinetsgenoten.
7. Eind jaren negentig was er veel te doen rond de rol van bekende kledingmerken in lageloonlanden, wat . . . een beetje vergeten is, en veel van hen hebben ook hun best gedaan de arbeidsomstandigheden te verbeteren.
8. Recente ongeschoolde migranten worden vaak tewerkgesteld in de horeca, de tuinbouw, de schoonmaak, . . . ; kortom, de minst begeerde banen voor de autochtonen.
9. Je ziet vaak dat migrantenmeisjes van . . . Marokkaanse als Turkse komaf kiezen voor banen in de zorgsector of het onderwijs.
10. Mijn buurvrouw beweert . . . dat zij alles kan horen wat er in onze flat gebeurt, maar hoe komt het dan dat wij haar nooit horen?

IV Parafraseer de schuingedrukte zinsdelen, gebruik makend van een van de uitdrukkingen uit het lijstje. Denk aan het gebruik van 'er' wanneer er preposities in het spel zijn.

het hoofd bieden aan – aanspraak kunnen maken op – vrede nemen met – garant staan voor – de kerk in het midden houden

Dennis, de vriend van Caroline is gaan lopen met haar beste vriendin, Maartje. Het is vreselijk, maar ze kan er niets aan doen en *zal het moeten accepteren*. Hoewel de kinderen bij haar zullen blijven wonen, *heeft hij er wel recht op* hen te zien en met hen op vakantie te gaan. Gezien haar situatie, *zal ze moeten leren omgaan met* een beperking van haar financiële middelen en mogelijke emotionele uitbarstingen van de kinderen. Het is een moeilijke situatie voor alle betrokken partijen en het is het beste als vrienden en familie *geen partij kiezen* en ervoor proberen te zorgen dat er rust en stabiliteit is voor de kinderen. Ik denk dat het belangrijk is dat wij als grootouders *ervoor zorgen* dat er altijd een veilige en rustige plek is voor de kinderen, en uiteraard ook voor Caroline, zodat ze toch altijd ergens thuis kunnen komen.

V Vul de juiste vaste prepositie in de volgende zinnen in. Kies uit het lijstje. Sommige preposities kunnen meer dan een keer gebruikt worden.

aan – naar – uit – met – op – over – voor

1. Het systeem van geestelijke gezondheidszorg in Nederland werkt goed. Daar moet je niet . . . tornen, want dan wordt het een puinhoop.
2. Het is belangrijk dat migranten en andere sociaal uitgesloten groepen kunnen deelnemen. . . . alle aspecten van de maatschappij, zodat ze uit hun isolement komen.
3. Met het versoepelen van de drugswetgeving is de poort geopend . . . een transparante aanpak van een aantal gerelateerde juridische en gezondheidsproblemen.
4. De opleiding bestaat . . . een combinatie van workshops, stages en hoorcolleges.
5. Ze is de hele zomer bezig geweest . . . het voorbereiden van die nieuwe cursus en nu blijkt die niet door te gaan. Wat een tegenvaller!
6. Als je niet meer goed weet hoe je een woord moet spellen, kan je er het Groene Boekje . . . naslaan.

7. Als student kan je aanspraak maken . . . een studiebeurs en woonsubsidie; je moet daarvoor langs de studentenadministratie, die kan je helpen.
8. Gisteren las ik nog iets in de krant . . . een alternatieve methode om motten tegen te gaan. Wist je dat je je kleren in de diepvries kon steken om larven te doden?
9. Mag ik u er wel . . . wijzen dat uw brief alleen in aanmerking wordt genomen als hij ons bereikt voor 30 juli?
10. Het Nederlandse koningshuis staat. . . . stabiliteit en niet te veel poeha; dat is tenminste wat ze willen uitstralen.

VI Herhalingsoefening. In deze oefening wordt de woordenschat uit hoofdstuk 5 tot en met 7 herhaald.

a. Vul de volgende werkwoorden in de zinnen in. Let op de juiste vorm.

verhoren – verwerken – vervallen – vervaardigen – vertonen

1. Mijn paspoort . . . een paar weken voordat ik naar Marokko zou vertrekken, dus ik mocht het land niet uit.
2. In de Verenigde Staten worden nog steeds vrij veel auto's . . . , maar in Europa wordt dat steeds minder.
3. De politie heeft de schurk urenlang intensief . . . , maar hij sprak geen woord.
4. Toen haar echtgenoot hoorde dat ze een ongeluk had gehad, . . . hij geen enkel teken van emotie of zelfs verbazing. De politie vond dat verdacht.
5. De meeste mensen krijgen dagelijks een gigantische hoeveelheid informatie te . . . , en op die manier geraken ze op een bepaald moment uitgeblust.

b. Welke woorden zijn (ongeveer) synoniemen van elkaar?

1.	werkwijze	a.	belofte
2.	eed	b.	krachtterm
3.	gebakken lucht	c.	methode
4.	schuttingwoord	d.	handtekening
5.	krabbel	e.	nonsens

c. Parafraseer de schuingedrukte woorden in de zinnen. Maak gebruik van een van de volgende vaste verbindingen.

tegen de klippen op – iets in nevelen hullen – een steentje bijdragen – iemand in de steek laten – iemand te slim af zijn

1. Op een of andere manier *is hij altijd net iets sneller en beter dan wij*. Ik weet niet hoe hij dat doet.
2. Ze danst, ze zingt en acteert *alsof haar leven ervan afhangt*. Ze wil zo graag tot de dramaschool toegelaten worden. Het is haar droom.
3. *Over* haar verleden *is ze altijd vaag geweest*. Ik ken eigenlijk niemand die haar kende voor ze naar Haarlem verhuisde.
4. Na die verschrikkelijke aardbeving in Turkije wilden veel mensen *iets doen om te helpen*. Zo was het mogelijk om binnen een week meer dan 100.000 euro te verzamelen voor noodhulp.
5. Romeo hield veel van Julia en had altijd beweerd dat hij haar nooit *zou verlaten*, dus toen ze dacht dat hij zelfmoord had gepleegd, voelde ze zich belazerd.

4. Spreekoefeningen

De integratie van etnische minderheden <u>loopt</u> niet altijd <u>van een leien dakje</u>. De discussie laait vooral in verkiezingstijd sterk op. De moeilijkheid zit hem vaak in het gebruik van termen zoals 'integratie', 'allochtoon', 'migrant' of 'discriminatie', omdat die niet voor iedereen hetzelfde betekenen.

1. Wat is discriminatie?

Discriminatie wordt vaak genoemd als reden voor een gebrekkige sociale mobiliteit van bepaalde groepen zoals vrouwen, homo's en migranten. Bespreek in groepjes van drie of vier personen waaruit discriminatie bestaat en hoe het bestreden kan worden. Denk hierbij aan initiatieven zoals quota en positieve discriminatie op universiteiten of de werkplek. Bespreek wat volgens jou de voor- en nadelen zijn van deze en andere initiatieven.

Maak vervolgens als groep een audio-opname of een filmpje van niet langer dan 5 minuten waarin je je standpunten uiteenzet. Deze opname kan dan later aan andere studenten vertoond worden en aanleiding geven tot een bredere discussie. Denk goed na over hoe je je publiek kan boeien en kan aanzetten tot reactie.

2. Verbod op hoofddoekjes

Je bent een ouder van kinderen die op een middelbare school in een grote stad zitten, en de school wil een hoofddoekenverbod invoeren. Er is een ouderavond waarop deze maatregel bediscussieerd zal worden. Ouders die hun standpunt uiteen willen zetten, worden uitgenodigd op het podium en mogen spreken voor maximaal 5 minuten. Bedenk zelf een positie – je mag een extreme positie kiezen om discussie op gang te brengen – en bereid je argumenten goed voor. Presenteer vervolgens je standpunt *live* in de klas en maak er een audio- of video-opname van. Dit kan dan het begin zijn van een diepere of bredere discussie in de groep. Achteraf kan je in paren de opname herbeluisteren om te analyseren of de argumenten goed opgebouwd waren, of je het helder presenteerde en of je taal verbeterd kan worden.

Woordenschat

van een leien dakje lopen (vaste verb.)	to run smoothly *De Olympische Spelen in Londen <u>liepen van een leien dakje</u>, in tegenstelling tot de chaos die vele cynische Londenaars hadden verwacht.*

---

5. Internetresearch

1. Ga op zoek naar een overzicht van de geschiedenis van de migratie in Nederland en Vlaanderen. Je kan bijvoorbeeld kijken op de site van Vijf Eeuwen Migratie (http://www.vijfeeuwenmigratie.nl). Zijn er belangrijke verschillen tussen Nederland en Vlaanderen, in de groepen, de motivaties van de immigranten, en de aantallen die ernaartoe gingen? Heeft dit iets te maken met het koloniale verleden van Nederland en Vlaanderen?

2. Het debat rond migratie draait vaak rond wat er verwacht kan worden van 'integratie'. Ga op zoek naar verschillende modellen van integratie, van assimilatie tot multiculturalisme. Kun je definities en voorbeelden geven van die verschillende modellen? Wat vind je zelf de meest ideale situatie? Ben je zelf een migrant of kom je uit een familie van 'migranten'? Welk model bestaat er waar jij woont?

3. Ga op zoek naar de aard van het multiculturele debat in Nederland en Vlaanderen. Een goed vertrekpunt is de website van de afdeling Nederlands van de universiteit van Berkeley, Californië (http://mcnl.berkeley.edu). Wie zijn belangrijke spelers in dit debat? Welke politici, mediafiguren of academici spelen een belangrijke rol en wat vertellen ze?

4. De politicus Geert Bourgeois en zijn partij, de NVA, wonnen in de jaren 2000 aan populariteit en kregen belangrijke posities in zowel de Vlaamse als de Belgische federale regering. Kijk eens op de website van de NVA en zoek uit wat hun belangrijkste partijstandpunten zijn. Vervolgens kan je die vergelijken met de extreemrechtse partij Vlaams Belang.

5. In België speelt Brussel een interessante rol, omdat het niet alleen de hoofdstad is van België en Vlaanderen, maar ook nog eens van de Europese Unie. Het is daarom een echte multiculturele en meertalige stad. Ga op zoek naar informatie over welke taalgroepen er in Brussel wonen en hoe de stad omgaat met die meertaligheid. Je vindt academische studies op de site van Brusselse Studies (http://www.brusselsstudies.be) en algemene achtergrondinformatie in een studiepakket op de website van Virtual Dutch (http://www.dutch.ac.uk).

6. Verder surfen en lezen

- http://retro.nrc.nl/W2/Lab/Multicultureel/scheffer.html: in januari 2000, nog voor de aanslagen van 11 september en de moord op Pim Fortuyn en Theo van Gogh in Nederland, publiceerde hoogleraar Paul Scheffer (Universiteit van Amsterdam) zijn kritiek op de multiculturele samenleving in Nederland in *NRC Handelsblad* onder de titel 'Het multiculturele drama'. Deze tekst is iconisch geworden. Op YouTube vind je ook interviews met Scheffer over zijn recentere werk.
- http://www.kennislink.nl: deze website biedt populairwetenschappelijke artikelen. Zoek op 'migratie' of 'integratie' naar recente publicaties over het lot van migranten in Nederland.
- http://www.wetenschap24.nl/programmas.html: op deze site kan je naar programma's kijken waarin wetenschappers vertellen over hun onderzoek. Zoek naar het programma *Blauwdruk*. De eerste aflevering gaat over immigratie en integratie.

Sources

Text 1: based on Geert Bourgeois, 'Alvast in onze naam', in: *Nieuw-Vlaamse Alliantie*, 11 February 2011, online, http://www.n-va.be/nieuws/opinie/alvast-onze-naam.

Text 2: based on Johan Leman, 'Multiculturele samenleving is mislukt. Welke? Mag het even preciezer?', in: *Foyer*, 11 February 2011, online, http://www.foyer.be/spip.php?page=article&id_article=9208&lang=nl&id_rubrique=6.

Chapter 9: Twee soorten Nederlands

Talen veranderen voortdurend. Ook het Nederlands. Omdat het Nederlands in verschillende landen en door uiteenlopende bevolkingsgroepen wordt gesproken, spelen nationale, sociale en culturele invloeden een rol. Dat is vergelijkbaar met de verschillende ontwikkelingen van het Engels in de VS, Groot Brittannië of India. Zo ontstaan er nieuwe – nationaal, regionaal, etnisch of sociaal getinte – varianten van een taal.

a. Ken je voorbeelden van regionale taalvariatie in je eigen taal?
b. Kan je voorbeelden geven van sociale variatie in je eigen taal? Bijvoorbeeld: waarin verschilt de taal van de koningin of de premier van dat van een arbeider?
c. Ken je voorbeelden van etnische variatie in je eigen taal? Bijvoorbeeld bij groepen die oorspronkelijk afkomstig zijn uit niet-westerse landen?
d. Vind je dat het onderwijs rekening moet houden met nieuwe taalvarianten?
e. Vind je dat de openbare omroep (radio en televisie) taalvariatie in de samenleving moet reflecteren, of eerder dat er altijd standaardtaal moet worden gesproken?

Over de tekst

Dit hoofdstuk bestaat uit één tekst. Hij is afkomstig uit het boek *Waar gaat het Nederlands naartoe?* In dit boek geven taalkundigen hun visie op de trends in het Nederlands. Het fragment in dit hoofdstuk gaat over de verschillende ontwikkelingen op het gebied van spreektaal in Nederland en in Vlaanderen.

2. Tekst, woordenschat en vragen

Tekst Verkavelingsvlaams en Poldernederlands

Onlangs werd <u>geprofeteerd</u> dat het Nederlands over 25 jaar een dode taal zal zijn. Deze bewering scheen bedoeld te zijn om een discussie op gang te brengen, maar zo'n <u>stelling</u> zou toch enige relatie met de werkelijkheid moeten hebben, maar dat heeft hij niet. Hoe blijkt dat iets levend is? Onder meer doordat het beweegt of verandert. Een plant die leeft, wordt groter, verandert en krijgt nieuwe <u>loten</u>.

Welnu: aan de stam van het Nederlands ontstaan nieuwe loten en niet zulke kleine ook. De loten die ik onder de aandacht wil brengen zijn ontwikkelingen van de Algemene Omgangstaal in Nederland en Vlaanderen. Die loten heten het Poldernederlands en het Verkavelingsvlaams. Beide variëteiten worden gesproken door brede lagen, maar vooral ook hogere lagen van de bevolking. Het zijn vormen van een Algemene Omgangstaal die ontstaan zijn doordat de taalgebruikers de genormeerde Omgangstaal, het ABN, naar hun hand gezet hebben en hebben aangepast aan hun behoeften en wensen.

De benaming Verkavelingsvlaams is uit 1989 en werd bedacht door Geert van Istendael. Het is een taal die het midden houdt tussen Algemeen Nederlands (eventueel het ABN) en de dialecten. Hij bevat meer elementen uit die dialecten dan uit het Algemene Nederlands, maar hij mist de grammaticale correctheid van het dialect; het is populair gezegd een mengelmoes. De meeste verschijnselen zijn uit het Brabantse dialectgebied afkomstig, maar ze verbreiden zich over heel Vlaanderen. Het Verkavelingsvlaams is zelf geen dialect want het is niet aan een plaats of streek gebonden. Het is dynamischer dan een dialect doordat er voortdurend nieuwe elementen in worden opgenomen, behalve Brabantse ook vaak gallicismen. Het Verkavelingsvlaams is ook bepaald niet uniform.

Verkavelingsvlaams is de spreektaal in Vlaamse soaps. Vroeger waren die alleen bij de commerciële omroepen te zien, maar vanwege het grote succes daar is ook de publieke omroep VRT ermee begonnen, en met succes. In alle series op de Vlaamse televisie wordt Verkavelingsvlaams gesproken, in welk milieu ze ook spelen, politiebureau, ziekenhuis of wielercafé. Ook in talkshows is het normaal. Maar het wordt ook gesproken door vooraanstaande allochtone Belgen omdat ze die blijkbaar als de normale omgangstaal hebben leren kennen. Dat ook vele parlementariërs en ministers van allerlei signatuur zo spreken, zeker als ze zich tot het volk wenden, hoeft dan niet meer te verbazen.

Muismat van de VRT. © VRT

Er zijn veel <u>tegenstanders</u> van het Verkavelingsvlaams. Bij de VRT, die – buiten de soap-series dan – <u>voorstander</u> is van een Nederlands met een sterk Hollandse <u>inslag</u>, zijn zelfs muismatten in gebruik waarop <u>ter lering</u> en verbetering enkele van de 'ergste' kenmerken van het Verkavelingsvlaams staan afgedrukt.

Openlijke tegenstand roept meestal ook openlijke verdediging op, zoals die van professor Guy Tops van de Universiteit van Antwerpen. Hij zegt: 'Standaardtaal heeft het hoogste prestige, maar tegen een gewone mens in de straat standaardtaal praten, is geen goed idee. Je komt arrogant en afstandelijk over, en je gesprekspartner voelt zich ongemakkelijk.' Tops wijst erop dat bijna iedereen in Vlaanderen <u>tussentaal</u> gebruikt. Sociaal gezien is het de belangrijkste taalvariant geworden.

Ook in Nederland is een nieuwe variëteit in opkomst, die ik Poldernederlands genoemd heb. In tegenstelling tot het Verkavelingsvlaams dat zijn basis op dialectniveau heeft, is dat Poldernederlands te <u>beschouwen</u> als een nonchalante variant van het ABN. Het is zelfs bijna helemaal gelijk aan dat ABN, op één punt na: de <u>tweeklanken</u>/diftongen ei, ui en ou worden wijder uitgesproken en klinken als aai, ou, aau. Begonnen bij ontwikkelde ambitieuze jonge vrouwen, zet het Poldernederlands nu in allerhande groepen taalgebruikers door. In crèches en op scholen hoor je al niets anders meer en het blijkt ook uit ontwik-kelingen in de lichte muziek. Nog nooit zijn er zoveel soorten Nederlandse cabaretliedjes en popsongs gemaakt als tegenwoordig en ze worden vrijwel allemaal gezongen in het Poldernederlands.

Twee verschillende identiteiten

Loten aan een plant ontstaan in de regel tegenover elkaar aan de stam; ze groeien dus uit elkaar. Dat beeld past ook op de ontwikkeling van het Verkavelingsvlaams en het Poldernederlands. Deze twee soorten Algemeen Nederlands verwijderen zich van elkaar. Dat proces speelt zich vooral af op het vlak van de <u>spraakklanken</u>, maar steeds meer worden in het Vlaamse Nederlands ook afwijkingen in de <u>zinsbouw</u> en de <u>voornaamwoorden</u> gebruikt. Tekenend is dat het voornaamwoord *je* in Vlaanderen, na een sterke opkomst enkele decennia geleden, nu aan het verdwijnen is, <u>ten gunste van</u> *gij*, dat juist op zijn retour leek.

Velen zien in het divergeren van de twee Omgangstalen met alle varianten die daarbij horen, een gevaar voor het Nederlands. De redenering is dat een kleine taal als het Neder-lands alle sprekers bij elkaar moet houden om sterk te staan. Naar mijn mening is het onmogelijk om een taalontwikkeling te sturen en sprekers ertoe te bewegen om anders te gaan spreken of te schrijven dan ze willen.

Dat er zich nu twee verschillende variëteiten van de omgangstaal aan het ontwikkelen zijn, heeft alles te maken met het verschil tussen de Vlaamse en de Nederlandse identiteit. De verschillen tussen de twee cultuurgebieden lijken zelfs groter te worden, vooral als gevolg van de toenemende behoefte aan Vlaamse kant om een eigen weg te gaan, een eigen identiteit te creëren of te hervinden, <u>afwijkend van</u> die van Nederland in elk geval. Die behoefte komt het duidelijkst tot uitdrukking in de taalwil waar het Verkavelingsvlaams het product van is.

Zo denkt de Nederlandse Taalunie er niet over en dat is niet onbelangrijk want de Taalunie is een semi-<u>overheidsinstelling</u> die de regeringen van de twee staten van advies dient, maar ook zelf beleid voert. De Taalunie beweert: 'De grens tussen Nederland en België valt niet samen met een taalgrens.' Het is maar hoe je taalgrens definieert. Als er geen taalgrens was, zou je verwachten dat de taalgebruikers in beide gebieden zich richten op één en dezelfde norm, maar dat gebeurt al nauwelijks meer.

Recent Belgisch onderzoek wijst onomstotelijk in dezelfde richting: de twee soorten Nederlands gaan steeds verder uit elkaar, ook als het om de waardering gaat. Jongere Vlamingen hebben de neiging om Nederlandse variëteiten van het Nederlands lager te waarderen dan oudere Vlamingen. Meer in het bijzonder treft dat het ABN. Steeds meer Vlamingen blijken niet meer gediend te zijn van die Noord-Nederlandse norm.

'Waar gaat het Nederlands naar toe?' luidde de vraag. Het Verkavelingsvlaams en het Poldernederlands vormen het antwoord: in twee verschillende richtingen. Vijftig jaar geleden was het de overtuiging van velen dat alle soorten Nederlands zouden uitmonden in een voor het hele taalgebied aanvaardbaar Algemeen Nederlands, van Hollandse signatuur. Nu zien we twee soorten Algemeen Nederlands die steeds verder uit elkaar gaan. Ze zijn levensvatbaar omdat ze de exponenten zijn van twee verschillende identiteiten. Dat is nog geen garantie voor het eeuwige leven. Maar zeker is dat Levend Poldernederlands en Levend Verkavelingsvlaams meer toekomst hebben dan een ABN, dat geen actuele norm meer is. De Lage Landen worden een Tweestromenland, maar dat hoeft niet slecht te zijn, leert de geschiedenis.

Woordenschat bij de tekst

profeteren (ww.)	to prophesise *Het woord profetie komt van het Grieks en volgens de Nederlandse Wikipedia betekent profeteren 'een voorspellende uitspraak over de toekomst doen'.*
stelling (de, -en)	proposition, thesis *Vandaag gaan we discussiëren over de volgende stelling: vrouwen die een hoofddoek dragen, doen dat altijd onder druk. Wie het daarmee eens is, zit in groep A, de rest zit in groep B.*
loot (de, loten)	shoot *Het is altijd mooi te zien hoe er nieuwe loten verschijnen aan een oude boom; fris groen tegen een stevige stam.*
Algemene Omgangstaal (de, -talen)	general speech, colloquial speech *Tegenwoordig vinden de meeste mensen het normaal dat er op de openbare omroep Algemene Omgangstaal wordt gesproken en geen voorgelezen schrijftaal.*
Verkavelingsvlaams, het (g. mv.)	widespread form of spoken colloquial Flemish Dutch (sometimes used pejoratively); other words are *tussentaal*, *Soapvlaams* and *Schoon Vlaams*.
(iets) naar (hun) hand zetten (vaste verb.)	to submit (something) to (their) wishes *De directrice is er goed in de sponsors naar haar hand te zetten, zodat zij altijd haar zin krijgt.*

het midden houden tussen (iets en iets anders) (vaste verb.)	to stand midway between (something and something else) *Die nieuwe BBC-serie over de moord op de vakbondsleider houdt het midden tussen een documentaire en een speelfilm.*
mengelmoes (de, g. mv.)	mishmash *Het is een raar boek; het is een beetje een mengelmoes van biografie, roman, en thriller.*
verschijnsel (het, -s/-en)	phenomenon *Het is een bekend verschijnsel dat slachtoffers van huiselijk geweld vaak teruggaan naar hun gewelddadige partners.*
gallicisme (het, -n)	Gallicism, a word borrowed literally from French, not generally considered part of the standard language *Het gesproken Belgische Nederlands staat erom bekend dat het veel gallicismen heeft; zo is mevrouw 'madame', tot ziens 'salut' en hoe gaat het 'ça va'.*
wielercafé (het, -s)	pub frequented by (amateur) cyclists *Wielercafés komen veel voor in Vlaanderen en in Nederland, waar wielrennen een populaire sport is; denk maar aan Eddy Merckx en Joop Zoetemelk.*
van allerlei signatuur (vaste verb.)	of all sorts of convictions and denominations *In dat café tref je mensen aan van allerlei signatuur; zo is het niet ongebruikelijk dat een arts met een postbode zit te praten.*
zich wenden tot (ww.)	to turn to, to address *Voor meer informatie over deze cursus dient u zich te wenden tot het secretariaat.*
tegenstander (de, -s)	adversary, opponent *Een premier die grote veranderingen wil doorvoeren, moet erop voorbereid zijn dat hij of zij felle tegenstanders zal hebben.*
voorstander (de, -s)	advocate *De president is een grote voorstander van gratis gezondheidszorg voor iedereen, maar door de hoge kosten is het moeilijk om zijn kabinet te overtuigen.*
inslag (de, g. mv.)	disposition, character *Tijdens het interbellum kreeg de Vlaamse Beweging een meer fascistische inslag die leidde tot collaboratie in de Tweede Wereldoorlog.*
ter lering (vaste verb.)	in order to learn and instruct; here: used ironically *De oude uitdrukking 'ter leering ende vermaeck' hoor je wel eens in de plaats van het meer hedendaagse 'het nuttige met het aangename verenigen'.*

tussentaal (de, -talen)	lit.: interlanguage, term derived from second language acquisition to denote the in-between language one speaks when learning another; here: *Verkavelingsvlaams*, i.e. a language in between local dialects and the standard language
beschouwen als (ww.)	to regard as *Wie studenten <u>als</u> lui <u>beschouwt</u>, heeft het mis; vandaag de dag combineren de meeste studenten hun studie met een baan.*
tweeklank (de, -en)	diphthong, i.e. a sound that consists of two consecutive sounds *In het Nederlands zijn 'ou' en 'ei' typische voorbeelden van <u>tweeklanken</u>, maar tegenwoordig klinken de 'ee' en de 'oo' ook steeds meer als een tweeklank.*
spraakklank (de, -en)	speech sound *Wanneer je een nieuwe taal leert, is het belangrijk je eerst vertrouwd te maken met de <u>spraakklanken</u>, dat wil zeggen de klinkers, de medeklinkers en de tweeklanken van die taal.*
zinsbouw (de, g. mv.)	syntax, i.e. the way a sentence is composed *Studenten Nederlands hebben vaak moeite met de <u>zinsbouw</u>, vooral met de plaats van de werkwoorden in de zin.*
voornaamwoord (het, -en)	pronoun *'Hij', 'hem' en 'zijn' zijn Nederlandse <u>voornaamwoorden</u> die verwijzen naar de mannelijke derde persoon enkelvoud.*
ten gunste van (iets of iemand) (vaste verb.)	in favour of (something or someone) *De minister wil olie- en gassubsidies afschaffen <u>ten gunste van</u> nieuwe, 'groene', energieregelingen.*
afwijkend van	deviating from *De uiteindelijke tekst is <u>afwijkend van</u> de originele versie omdat de familie van de schrijver niet wilde dat er persoonlijke informatie in stond.*
overheidsinstelling (de, -en)	state institution, government institution *Onder <u>overheidsinstellingen</u> vallen de ministeries, maar ook onderzoekscentra, psychiatrische instellingen, gevangenissen, gerechtshoven, het leger, enzovoort.*
onomstotelijk	indisputable *Wereldwijd onderzoek heeft <u>onomstotelijk</u> aangetoond dat er een verband is tussen lange werkuren en hartproblemen.*
niet gediend zijn van (vaste verb.)	to not want something, to have no wish for *Als organisatie <u>zijn</u> wij <u>niet gediend van</u> uw kritiek. We zouden het erg op prijs stellen als u ons met rust liet.*

luiden (ww.)	to sound *De roep om meer democratie luidde elke dag harder, tot het* *moment dat burgers de straat op gingen om te demonstreren.*
overtuiging (de, -en)	conviction, belief *Na lang nadenken kwam de inspecteur tot de overtuiging* *dat de echtgenoot onmogelijk betrokken kon zijn geweest bij* *de moord op zijn vrouw.*
uitmonden in (ww.)	to lead to, to result in *Een meningsverschil over hun dochters deelname aan de vredige* *demonstratie voor meer tolerantie mondde uit in een ruzie.*
levensvatbaar	viable *Het idee om een groots festival te organiseren, bleek bij* *nader inzien niet levensvatbaar; er was ten eerste geen geld* *en ten tweede had niemand er ervaring mee.*
Tweestromenland (**het**, g. mv.)	land between two rivers (*de stroom*). This term is also used to refer to Mesopotamia, regarded as the cradle of civilisation.

Vragen bij de tekst

1. De auteur, Jan Stroop, gebruikt een plant-metafoor. Leg uit hoe die metafoor werkt, en waarom hij die gebruikt.
2. Stroop schrijft over de Algemene Omgangstaal.

    a. Wat verstaat Stroop onder de Algemene Omgangstaal?
    b. Hoe verschilt die van de het Algemeen Nederlands of het ABN?

3. Wat vertelt de tekst over de linguïstische kenmerken en de gebruikskenmerken van het Verkavelingsvlaams?
4. Stroop beschrijft de nieuwe taalvarianten in Vlaanderen.

    a. Welke verwijzingen maakt hij naar sociale klasse en taalgebruik in zijn beschrijving?
    b. Waarom is dat relevant, denk je? (Het antwoord staat niet in de tekst.)

5. Wat is de houding van de Vlaamse openbare omroep, de VRT, tegenover het Verkavelingsvlaams?
6. Hoe ziet de VRT haar eigen rol?
7. Kan je het Vlaams op de muismat 'vertalen' naar Standaardnederlands?
8. Poldernederlands en Verkavelingsvlaams worden vergeleken met het ABN.

    a. Waarin verschilt het Poldernederlands van het ABN?
    b. Wijkt het Verkavelingsvlaams van het ABN af op dezelfde punten? Leg uit.

9. Waarom zien sommigen de nieuwe varianten als een gevaar voor het Nederlands?
10. Hoe verklaart Stroop de opkomst van de nieuwe taalvarianten?

11. Hoe denken taalwetenschappers als Stroop en Tops over de pogingen de nieuwe varianten 'in te dammen'?
12. De titel van de tekst waar dit een fragment van is, luidt: 'Van Delta naar Tweestromenland'. Kun je deze titel verklaren? (Het antwoord staat niet expliciet in de tekst.)

3. Woordenschatoefeningen

I In de volgende oefeningen ga je op zoek naar gerelateerde woorden. Hiervoor heb je mogelijk een woordenboek nodig.

a. Maak van de volgende adjectieven en participia een substantief en mogelijk ook een werkwoord. Voor sommige woorden moet je 'hebben' of 'nemen' toevoegen om er een werkwoord van te maken. Geef voor de substantieven ook aan of het 'de'- of 'het'-woorden zijn.

adjectief/participium	substantief	werkwoord
voorbeeld: afstandelijk	de afstand	afstand nemen
ongemakkelijk		
verschillend		
afwijkend		
levend		
aanvaardbaar		
toekomstig		
genormeerd		
wenselijk		
belangrijk		

b. Maak van de schuingedrukte werkwoorden een substantief en vul dat in de zinnen in. Soms moet je een meervoudsvorm gebruiken.

Voorbeeld
Dit koor *zingt* bijzonder mooi, maar ik vind . . . van dat andere koor verschrikkelijk.

Antwoord:
Dit koor *zingt* bijzonder mooi, maar ik vind *het gezang* van dat andere koor verschrikkelijk.

1. Vlaamse politici *beschouwen* de splitsing van België als onvermijdelijk. Die . . . wordt echter niet gedeeld door hun Franstalige collega's.
2. De terroristische groepen *bewegen* zich heel snel over Pakistan; het is moeilijk voor de veiligheidsdiensten om die . . . constant te volgen.

3. Sommige mensen *gebruiken* nog steeds een koffiemolen om koffiebonen te
   · malen, maar met de opkomst van hoge kwaliteit gemalen koffie hoort dat . . . toch
   meer en meer tot het verleden.

4. Je hoort vaak dat vreemdelingen zich 'maar moeten *aanpassen*' maar vele mensen
   vergeten daarbij dat het een hele . . . is, als je uit een ander land komt, de taal
   niet spreekt enzovoort, en dat dat veel tijd vergt.

5. In Brussel worden er veel verschillende talen *gesproken*; naast het Frans en het
   Nederlands neemt het aantal . . . van het Arabisch en Engels toe.

6. Als jongeren afstuderen van de universiteit, *verwachten* ze een interessante
   en goed betaalde baan, maar in tijden van crisis is deze . . . jammer genoeg
   dikwijls te hoog.

7. Hoe welgestelder de mensen, hoe gelukkiger en tevredener, zo *redeneerden*
   economen in het verleden, maar tegenwoordig loopt de . . . toch anders; nu
   gelooft men dat er in het geluk van de mensen andere, moeilijker te meten,
   factoren een rol spelen.

8. Bij deze nieuwe opleiding *richten* docenten zich vooral op de rol tussen onderzoek en praktische toepassingen ervan; dat is trouwens een . . . die traditionele
   instellingen ook meer en meer kiezen.

9. De opvattingen rond het huwelijk zijn de laatste honderd jaar erg *veranderd*
   en het heeft enige tijd geduurd voor traditionele instellingen zich aan deze . . .
   hebben willen aanpassen.

10. Je kan wel proberen te *verdedigen* dat jongeren onder de zestien niet naar de
    gevangenis mogen, maar als je naar de ravage kijkt die sommigen veroorzaken,
    gaat die . . . niet op.

c. Geef een antwoord op de vragen en gebruik hierin een werkwoord dat is gebaseerd
    op het schuingedrukte substantief.

Voorbeeld
Ze is met een nieuwe *studie* begonnen, wist je dat?

Mogelijk antwoord:
Ja, ik hoorde dat ze nu antropologie *studeert*, daar sprak ze al lang over.

1. Wat is die *bewering* van de premier waar iedereen het over heeft?
2. Ben jij het eens met de *stelling* dat het koningshuis overbodig geworden is?
3. Het is een raar *verschijnsel*, de combinatie van een minirok met cowboylaarzen,
   maar klopt het dat het weer 'in' is?
4. Deel jij ook de *overtuiging* dat bezuinigingen de enige oplossing voor de economische crisis zijn?
5. Denk je dat het belangrijk is voor de *ontwikkeling* van een kind, dat het thuis
   blijft met zijn ouders in de eerste levensjaren?
6. Wat is jouw *definitie* van een perfect avondje uit?
7. Gebruik je zelf *varianten* van je eigen taal, afhankelijk van waar, waarover, en
   met wie je spreekt?
8. Ik heb enorm veel *waardering* voor een vrouw als Margaret Thatcher, alleen
   al omdat ze zich als vrouw zo'n machtspositie heeft weten te verwerven.
   Jij ook?

9. De VRT maakt muismatjes ter *lering* en verbetering van de taal van hun werknemers. Geloof je dat dit werkt?
10. Het is een *kenmerk* van professioneel taalgebruik dat je bijvoorbeeld niet vloekt. Wat zijn volgens jou de *kenmerken* van persoonlijk taalgebruik?

II Vaste verbindingen

a. Zoek naar de goede combinaties voor de volgende uitdrukkingen. Ze komen allemaal in de tekst voor.

1.	bij elkaar	a.	bewegen
2.	van advies	b.	brengen
3.	beleid	c.	aanpassen
4.	een antwoord	d.	hebben
5.	toekomst	e.	zetten
6.	naar de hand	f.	brengen
7.	aan behoeften	g.	vormen
8.	onder de aandacht	h.	voeren
9.	discussie op gang	i.	houden
10.	iemand ertoe	j.	dienen

b. Maak nu een zin van minstens acht woorden met elke combinatie.

III Vaste preposities

a. Welk voorzetsel hoort bij het werkwoord of de uitdrukking?

1.	elementen opnemen	a.	met
2.	het midden houden	b.	van
3.	in tegenstelling	c.	in
4.	afkomstig zijn	d.	over
5.	zich verbreiden	e.	aan
6.	gebonden zijn	f.	tussen
7.	zich wenden	g.	uit
8.	wijzen	h.	tot
9.	het product zijn	i.	op
10.	samenvallen	j.	tot

b. Vul elk van de combinaties in de juiste vorm in onderstaande alinea's in. Kijk goed waar alle onderdelen komen en zet de werkwoorden in een gepaste tijd. Als er woorden tussen haakjes staan, moet je die in de zin invoegen.

Rachid woont in Amsterdam-Zuid en zijn ouders . . . (1) Marokko. Zijn identiteit . . . (2) een progressieve Amsterdammer en een traditionele Marokkaan. Hij . . . (3) twintig jaar Nederlands migrantenbeleid: hij spreekt vlot Berbers en Standaardnederlands en heeft een diploma op zak, . . . (4) sommige recentere migranten, die vaak helemaal geen Nederlands spreken en geen baan vinden.

Mag ik u . . . (5) de nieuwe toelatingsvoorwaarden voor onze club? Vanaf nu . . . (6) een strikte gedragscode die u dient te ondertekenen. Er zijn . . . (7) met betrekking tot drugs- en alcoholgebruik in de bar en de kleedkamers. Indien u hierover nog vragen heeft, kunt u . . . (8) de directie.

Dit jaar ... (9) (het einde van de Ramadan) het wereldkampioenschap voetbal. Een moskee in Amsterdam stelde daarom voor de finale op een groot scherm uit te zenden in hun buurthuis. Dat idee ... (10) de rest van de stad en nu zijn er op talloze pleinen grote schermen te zien.

IV Maak de zinnen compleet door er de schuingedrukte woorden en vaste verbindingen aan toe te voegen. Soms moet je de vorm veranderen.

1. *beschouwen als*

   De recente rellen in Londen worden door sommigen een uitdrukking van machteloosheid van een groep kansloze jongeren.

2. *van allerlei signatuur*

   David is een heel open type, hij kan goed opschieten met mensen; zo maakt hij dagelijks een praatje met de Turkse groenteboer, gaat daarna een kop koffie drinken met zijn vrijzinnige collega, terwijl hij zelf joods is en op het CDA stemt.

3. *op zijn retour*

   Tsja, hij wordt toch zo'n beetje gezien als een zanger; vroeger kreeg hij makkelijk de Arena vol en nu speelt hij in kleine stadstheaters en culturele centra.

4. *naar mijn mening*

   Ik denk dat terrorisme niet met traditionele wapens kan bestreden worden. De aanslepende conflicten in Afghanistan, Irak, Pakistan – noem maar op – zijn daar een bewijs van.

5. *als gevolg van*

   Het hele universitaire systeem moet hervormd worden, het nieuwe subsidiesysteem dat de regering heeft voorgesteld.

6. *tot uitdrukking komen in*

   Als kinderen opgroeien in een probleemgezin merk je daar soms niets van op school, maar het kan hun latere leven, wanneer ze volwassen zijn; dan krijgen ze vaak problemen met langdurige relaties en het opvoeden van kinderen.

7. *ten gunste van*

   De regering heeft maatregelen genomen langdurig werklozen; de bedoeling is ze op termijn terug aan het werk te krijgen, maar eerst krijgen ze de kans zich verder te ontwikkelen en stage te lopen in plaatselijke ondernemingen.

8. *de neiging hebben om*

   Kinderen al gauw te denken dat ze benadeeld zijn; alle ouders horen dagelijks meerdere malen opmerkingen als: 'dat is niet eerlijk', 'ik was eerst' of 'hij heeft meer dan ik!'

9. *uitmonden in*

   De straatprotesten zijn na enkele weken een heuse burgeroorlog; de bestuurlijke elite wil niet luisteren, dus nu zullen ze moeten voelen!

V   Herhalingsoefening. In deze oefening wordt de woordenschat uit hoofdstuk 6 tot en met 8 herhaald.

a.   Vul in de zinnen een werkwoord uit het rijtje in. Let op de vorm: sommige werkwoorden zijn separabel.

waarnemen – prijsgeven – inperken – overheersen – vaststellen

1.   De stroopwafels van Sonja zijn echt heerlijk, maar helaas heeft ze haar geheim nog aan niemand. . . .
2.   Als er weinig wolken zijn en je bent ver weg van een stad, is de sterrenhemel 's nachts goed. . . .
3.   De Britten zijn er trots op dat hun eilanden door geen enkel ander Europees volk . . . zijn.
4.   Als een patiënt klaagt over hoofdpijn is het vaak lastig voor een dokter om . . . wat er precies aan de hand is, omdat er zo veel oorzaken kunnen zijn.
5.   De negatieve gevolgen van de sluiting van de fabriek kunnen . . . worden als alle partners rond de tafel gaan zitten om oplossingen te bespreken.

b.   Welk woord past niet in het rijtje? Leg uit waarom.

1.   gerecht – getuige – eed – proefpersoon – galg
2.   verworvenheid – verbijstering – vorming – ambacht – verrijking
3.   smeekbede – klacht – gerucht – gezanik – uitkomst
4.   bereidheid – inspanning – mislukking – arbeidskracht – inschakeling
5.   lompheid – overspannenheid – pleuris – zwaarlijvigheid – klacht

c.   Welke prepositie hoort bij deze vaste verbindingen?

1.   Eerst moet je je huiswerk maken, lieverd. Daarna kan je . . . hartenlust buiten spelen met je vriendjes.
2.   Hij heeft altijd . . . hoog en laag beweerd dat hij niets afwist van die avond toen het tuinhuis is afgebrand, maar nu blijkt dat hij met zijn vrienden met lucifers had zitten spelen.
3.   Als alleenstaande moeder met een beperkt inkomen, maak je aanspraak . . . een aantal uitkeringen, zoals huursubsidie.
4.   De organisatie van het evenement was indrukwekkend: alles liep werkelijk . . . een leien dakje.
5.   Na een tijdje zal je toch vrede moeten nemen . . . het feit dat hij vertrokken is en niet meer terug zal komen.

4. Spreekoefeningen

De tekst geeft aan dat mensen vaak een duidelijke mening hebben over hedendaagse taalverschijnselen. Taalveranderingen worden vaak als <u>verloedering</u> gezien, en regionale, etnische, sociale of andere variaties op de standaardtaal worden doorgaans gestigmatiseerd. Onder het publiek lopen de emoties in deze discussies vaak hoog op, terwijl taalkundigen glimlachen en zeggen dat je er toch niets aan kan veranderen.

1. Discussie over variaties in taal

Denk na over de volgende punten, en schrijf enkele ideeën op. Denk vooral na over je eigen ervaringen bij het leren van andere talen en anekdotes over het contact met sprekers van die talen. Houd dan een informele discussie met je medestudenten en docent.

– Vind je het belangrijk dat er in de taalles een bewuste keuze wordt gemaakt voor een bepaalde taalvariant, meestal de standaardvariant, die gesproken wordt in het meest dominante gebied?
– Heb je ooit een bewuste keuze gemaakt om meer 'Hollands' of meer 'Zuiders' te klinken, of een andere variant? Heb je dat met andere talen, inclusief je eerste taal, ook ooit gedaan?
– Vind je het interessant en/of belangrijk om ook te leren over variaties in de taal, bijvoorbeeld regionaal, etnisch, sociaal, enzovoort? Waarom (niet)?

2. Debat over een nieuwe Vlaamse standaardtaal

Professor Guy Tops van de Universiteit Antwerpen stelde voor om van het Verkavelingsvlaams een eigen Vlaamse Standaardtaal te ontwikkelen. Verdeel je groep in twee en bereid een debat voor waarbij het ene kamp dat een schitterend idee vindt, en het andere pleit voor meer eenheid in het Nederlands. Je kunt vergelijkingen maken met andere talen die een eigen status hebben, zoals het Fries of het Limburgs in Nederland, of het Welsh en Gaelic in Groot-Brittannië. Denk na over de volgende dingen:

– Waar eindigt een dialect en begint een taal?
– Wat zijn de praktische gevolgen van een 'eigen taal'?
– Wat zijn de voordelen voor de sprekers van die 'eigen taal'?
– Wat zouden de gevolgen zijn voor het Nederlands?
– Wat zijn de verschillen in spreektaal in Nederland en Vlaanderen?

Woordenschat

verloedering (de, g. mv.)   deprivation, deterioration
De elite maakt zich zorgen over de <u>verloedering</u> *van de binnenstad met haar vuile straten en gekraakte woningen, maar zelf gaat de elite in de groene rand rond de stad wonen.*

---

5. Internetresearch

1. Ga op zoek naar voorbeelden van sociale, etnische of gendervariatie in het Nederlands. Gebruik bijvoorbeeld *Taalschrift* (http://www.taalschrift.nl) voor (opinie)artikelen over taal. Je kan ook kijken op de website *Kennislink* (http://www.kennislink.nl): daar vind je onder het hoofdje 'taal en spraak' veel artikels over recent onderzoek. Er zijn specifieke dossiers over straattaal en streektaal. Kies één bepaalde variant die je interessant vindt en probeer erachter te komen wie die spreekt, waarom, hoe vaak, wanneer, en uiteraard wat de kenmerken zijn.

2. Het Nederlands is ook een officiële taal in Suriname en enkele landen in het Caribisch gebied, zoals Aruba en Sint Maarten. Suriname maakt ook deel uit van de Nederlandse Taalunie. Ga op zoek naar informatie over het gebruik van het Nederlands in die landen: hoeveel mensen spreken er Nederlands? Waar wordt het gesproken? Wat zijn de regionale kenmerken?

3. De *Woordenlijst der Nederlandse Taal* (http://woordenlijst.org) is de officiële lijst van alle Nederlandse woorden in de correcte spelling. Vroeger werd Nederland gezien als de enige norm, maar tegenwoordig worden er ook woorden in opgenomen uit andere landen waar het Nederlands wordt gesproken. Kan je daar voorbeelden van vinden?

4. Het Nederlands werd vroeger ook veel gebruikt in Indonesië. Nu is het er vooral een vreemde taal. Zoek uit wat er nog overblijft van die taal daar. Is er invloed van het Nederlands op het Indonesisch bijvoorbeeld? Wie spreekt de taal nog? Heeft zij nog een functie?

5. Hoewel Nederlanders vaak worden afgeschilderd als niet geïnteresseerd in hun taal, is het aantal populaire publicaties over taal in Nederland indrukwekkend. Neem eens een kijkje op de website van *Onze Taal* (http://www.onzetaal.nl) en geef je op voor de nieuws-brief *Taalpost* (http://www.taalpost.nl). Populair is ook het jaarlijkse *Groot Dictee der Nederlandse Taal* en de televisiequiz *Tien voor Taal*, die je via YouTube kan bekijken. Je kan zelf meedoen aan het dictee op http://grootdictee.nps.nl.

6. Nederland tekende als een van de eerste landen het *Europees Handvest voor Regionale Talen of Talen van Minderheden*. Ga op zoek naar de achtergrond hiervan, en welke talen erkenning hebben gekregen in Nederland. Kies één van die talen uit en onderzoek wat de kenmerken zijn van die taal, hoeveel mensen haar spreken en in welke omstan-digheden (school, werk, administratie, thuis, kerk, enz.). Voor het Fries, kijk zeker eens op de website van de *Fryske Akademy* (http://www.fryske-akademy.nl) en probeer erachter te komen wat de Fryske Akademy doet. Begrijp je iets van het Fries?

6. Verder surfen en lezen

– http://www.janstroop.nl: op de website van de auteur van het artikel uit dit hoofdstuk vind je de volledige tekst van dit fragment, en vele andere interessante artikelen over het veranderende en veranderlijke Nederlands.

– http://nederl.blogspot.nl: dit is een elektronisch tijdschrift voor de neerlandistiek. Je vindt er bijvoorbeeld een recensie van het boek *De Manke Usurpator*, dat verscheen in augustus 2012 en dat heel wat stof heeft doen opwaaien in de Vlaamse pers. Die dis-cussie kan je bijvoorbeeld terugvinden op de webpagina's van *De Standaard* (http://www.standaard.be) of *Knack* (http://www.knack.be).

– Nieuwslezers worden typisch gezien als ideale sprekers van hun taal. Onderzoek toont aan dat in Nederland Harmen Siezen gezien wordt als de 'beste' Nederlandse standaard-taalspreker. Voor Vlaanderen is dat Martine Tanghe. Op YouTube kan je clips vinden van hun televisieoptredens, zodat je het gesproken Nederlands van beide nieuwslezers kan vergelijken.

Source

Text: based on Jan Stroop (ed.), *Waar gaat het Nederlands naartoe? Panorama van een Taal*, Amsterdam: Bert Bakker, 2003, pp. 14–24.

Chapter 10: Fan en idool

1. Vooraf

We leven in een maatschappij waarin beroemdheden een belangrijke rol spelen. Nederlandse en Vlaamse *celebrities* worden ook wel Bekende Nederlanders (BN'ers) en Bekende Vlamingen (BV's) genoemd.

a. Kun jij enkele BN'ers en BV's noemen?
b. Ben jij fan van een *celebrity*, bijvoorbeeld van een bekende zanger of zangeres, acteur, televisiepresentator, of sportman of -vrouw? Ben je vroeger wel eens fan geweest?
c. Waaraan kun je een echte fan herkennen? Denk bijvoorbeeld aan hun uiterlijk en gedrag.
d. Is het wel gezond om een fan te zijn?
e. Zijn 'fans' een typisch verschijnsel van de moderne maatschappij met haar *celebrity culture*? Of kun je historische parallellen bedenken?

▊ Over de teksten

De eerste tekst is een analyse van het verschijnsel 'fan' in het algemeen en van de Nederlandse context in het bijzonder. De tekst werd gepubliceerd in *NRC Handelsblad*. In de fragmenten van de tweede tekst vertellen twee Nederlands over hun idolen: Hafid Bouazza is een bekend schrijver en Cor Vemeulen is illustrator en vormgever. Deze fragmenten verschenen in een populairwetenschappelijk tijdschrift over psychologie.

2. Teksten, woordenschat en vragen

Tekst 1 De ware fan dweept om te leven

Het overvolle bestaan van de moderne aanbidder

Fan en idool hebben een intieme relatie. De moderne fan ontleent zijn identiteit aan de aanbedene. In de devote verering van sporthelden en artiesten klinken de echo's door van de heiligenverering uit vroeger eeuwen.

Het leven van de fan is rijk gevuld. Alles wordt beheerst door de vereerde held. De aanbeden persoon hoeft daar niets van te weten – al zou het heerlijk zijn als dat wel zo was. Stel je voor dat je idool persoonlijk laat merken met welk gedrag je zijn eeuwige sympathie kunt verwerven. Maar meestal moet je dat zelf verzinnen. En dan kun je kiezen voor kleren die de verering markeren. T-shirts met een foto, tatoeages en ook imitaties van kleding en gedrag van het idool maken duidelijk wie je bent. Daar mag geen twijfel over bestaan, want zonder die merktekenen ben je niemand.

Deze intieme relatie kan thuis verder uitgebouwd worden tot echte devotie. Dan krijgt de woning het karakter van een gewijde plaats, met altaren in huiskamer en slaapvertrek. Daar kunnen de verzamelde souvenirs als relikwieën uitgestald worden. Hoogtepunten zijn kleren of voorwerpen die in het bezit van de held zijn geweest. Het mooist is een haarlok. Maar ook vluchtig door hem aangeraakt of gesigneerd materiaal, bijvoorbeeld een kleding-stuk van jezelf, verdient het om op een voetstuk te staan. Op die manier is de geest van het idool binnen handbereik.

Zulk gedrag vertoont echo's van heiligenverering uit vroeger eeuwen. Het lichamelijke in deze devotie is de kern van de zaak. De gelovige probeert zo dicht mogelijk bij de aan-bedene te komen, met als gedroomde voltooiing de eenwording met de heilige. Dat kon zich heel letterlijk voltrekken. De lichamen van heiligen blijken nogal eens aangebeten te zijn door vereerders, die op die manier de eenwording met het object van hun toewijding dachten te kunnen realiseren. Als het niet anders kon, stelde men zich tevreden met het koesteren van stukjes haar en bot. Telkens liep het stoffelijk overschot het risico geplunderd te worden door de gelovigen, die daarmee niet alleen hun eigen heil probeerden zeker te stellen maar ook wilden profiteren van de mirakelen die zich rond zo'n relikwie zouden manifesteren. Bij Antonius van Padua, de beroemde heilige uit de dertiende eeuw, had men het gemunt op een stukje teen, een deel van een oor en vooral fragmenten van zijn tong – die moest gezien zijn uitzonderlijke begaafdheid als spreker beslist geheiligd zijn. Daarom liet de overheid hem in zijn laatste jaren vergezeld gaan van lijfwachten, die hem moesten beschermen tegen zijn aanbidders.

Moderne varianten van dergelijke pogingen tot versmelten met de aanbedene zijn te herkennen in het hardnekkige stalken, waaronder de grote sterren te lijden hebben. Daarbij kunnen de frustraties over de nooit gerealiseerde eenwording zelfs uitlopen op moord zoals in het geval van John Lennon. Evenals de heilige verstrekt het idool identiteit, en niet zo'n beetje ook. Bovendien stralen de torenhoge kwaliteiten van het idool af op de fan. Net als bij de verering van heiligen, kan hij daarvan genieten te midden van zijn medefans. De eenzame fan bestaat niet, in tegenstelling tot het idool, waarvan er uiteraard maar één kan zijn.

In Nederland lijkt het gedrag van fans een paar eigen accenten te hebben. Zo valt buitenlanders meteen op dat sporthelden hier gebruikt worden om Holland een woordje mee te laten spreken in de wereld. De aardbol wordt oranje geverfd om onze jongens en meisjes aan te sporen zich van de wereldhegemonie te verzekeren in de sporten waar we goed in zijn. En de fans dossen zich uit in de vreemdste kostuums, waarin altijd het oranje of rood-wit-blauw domineert. Dat moet tot de compensaties behoren voor de gemiste grootheid van de Gouden Eeuw en de VOC, kortom voor de tijden dat de wereld nog naar ons luisterde.

Verder wordt hiermee de lacune gevuld van een gemankeerd staatsnationalisme. Neder-landers worden nogal lacherig van de hand op het hart tijdens het hijsen van de nationale vlag en het tot vervelens toe zingen van een martiaal volkslied. In Nederland werkt het Wilhelmus niet als uiting van nationalisme, maar als uiting van saamhorigheidsgevoel. Dat leeft heel sterk. Daarom <u>hechten</u> we er<u>aan</u> dat de tekst onbegrijpelijk is en blijft. We hebben geen behoefte aan <u>tromgeroffel</u> op het <u>gebeente</u> van de voorvaderen, het moet gezellig blijven. De melodie is voldoende.

In dat patroon past alleen de verering van sporthelden, niet die van militaire helden en politieke leiders. Sporthelden moeten de fan suggereren dat hij normaal gesproken ook zulke topprestaties kan verrichten, en dat alleen wat <u>toevalligheden</u> een dergelijke carrière in de weg staan. Hoe gewoner de sporthelden doen bij de presentatie van hun uitzonderlijke talent, hoe populairder ze kunnen worden. Ook op de fiets naar huis gaan en het <u>kleineren</u> van de eigen prestaties als gewoon geluk dragen daartoe bij. In een nog niet zo ver verleden werden meervoudige wereldkampioenen schaatsen <u>uitzinnig</u> vereerd, omdat ze zo gewoon waren gebleven. Twee keer <u>gaven</u> zulke kampioenen <u>te kennen</u> dat zij na hun schaatscarrière graag postbode wilden worden. Zo horen wij het graag. En de laatste winnaars van de Elfstedentocht waren respectievelijk <u>veehouder</u> en <u>spruitjesteler</u>, oer-Hollandse beroepen die kennelijk uitnodigen tot het leveren van topprestaties als bijbaan. De Nederlandse fan wil zich in hoge mate kunnen identificeren met zijn idool.

Woordenschat bij tekst 1

dwepen met (ww.)	to be fanatical about, to idolise *Katrijn <u>dweept</u> al jaren <u>met</u> die beroemde zanger. Ze is zijn grootste fan.*
aanbidder (de, -s)	worshipper, admirer
aanbedene (de, -n)	person who is worshipped, admired *Toen Katrijn eindelijk haar idool ontmoette, zei ze niets tegen de <u>aanbedene</u>. Daarvoor was zij als <u>aanbidder</u> plotseling veel te verlegen.*
vereren (ww.)	to worship, to adore *Katholieken <u>vereren</u> de maagd Maria, maar protestanten doen dat niet.*
verwerven (ww., onr.)	to acquire *Het <u>verwerven</u> van kennis en vaardigheden is een van de belangrijkste doelen van de school en universiteit.*
merkteken (het, -s/-en)	identifying mark *Die tatoeage op haar arm is een duidelijk <u>merkteken</u> dat zij een enorme fan van de popzanger is.*
uitbouwen (ww.)	to develop, to expand *Deze winkel heeft zijn assortiment <u>uitgebouwd</u>. Eerst verkochten ze alleen schoenen. Nu verkopen ze ook schaatsen.*
gewijd	sacred *Een kerk is een <u>gewijde</u> plek.*

uitstallen (ww.)	to display, to exhibit (goods for sale) *Op de markt <u>stallen</u> de marktverkopers de spullen die ze verkopen <u>uit</u> op lange tafels.*
vluchtig	briefly, quickly, casually *Toen Katrijn haar idool ontmoette keek hij haar <u>vluchtig</u> aan. Het duurde niet lang, maar toch zou zij die blik nooit vergeten.*
voetstuk (het, -ken)	pedestal *Je kunt wel zeggen dat zij die zanger op een <u>voetstuk</u> plaatste. Alles wat hij deed was goed.*
binnen handbereik (vaste verb.)	within reach *In de sportschool houdt hij altijd een flesje water <u>binnen handbereik</u>.*
voltooiing (de, -en)	completion *Morgen wordt de <u>voltooiing</u> van het nieuwe stadhuis gevierd met een groot vuurwerk.*
eenwording (de, -en)	unification *De <u>eenwording</u> van Duitsland vond plaats in 1871. De talloze onafhankelijke Duitse landen verenigden zich toen in één grote Duitse Bond.*
zich voltrekken (ww., onr.)	to take place, to occur *De Duitse hereniging <u>voltrok zich</u> in 1990. Toen vormden Oost- en West-Duitsland opnieuw een eenheid nadat ze tijdens de Koude Oorlog van elkaar waren gescheiden.*
nogal eens	quite often *Het gebeurt <u>nogal eens</u> dat mannen en vrouwen de rollen in het huishouden op een traditionele manier verdelen.*
aanbijten (ww., onr.)	to eat into, to gnaw at *Ik heb een cavia en die vindt elektriciteitskabels erg lekker. Bijna alle kabels in mijn huis zijn <u>aangebeten</u>.*
toewijding (de, g. mv.)	devotion, dedication *Zij deed iedere dag vol <u>toewijding</u> haar huiswerk.*
stoffelijk overschot (het, -ten)	human remains, (dead) body *De identiteit van het <u>stoffelijk overschot</u> van de man die vorige week in de Maas werd gevonden, is inmiddels bekend.*
heil (het, g. mv.)	welfare, salvation *In de jaren '50 zochten veel gastarbeiders hun <u>heil</u> in Nederland.*
het gemunt hebben op (iets of iemand) (vaste verb.)	to be after (something or someone) *Ernst Stavro Blofeld <u>heeft het gemunt op</u> het leven van geheim agent 007.*

begaafdheid (de, -heden)	talent *De meeste mensen hebben een normale begaafdheid.* *Slechts een klein percentage van de bevolking is* *hoogbegaafd.*
beslist	definitely, certainly *Maak je geen zorgen, Bas, Sinterklaas komt dit jaar beslist* *bij je langs.*
vergezellen (ww.)	to escort, to accompany *Tijdens haar vliegreis naar Amerika in 1952 werd Koningin* *Juliana vergezeld door haar man Prins Bernhard.*
lijfwacht (de, -en)	bodyguard *Beiden hadden ook een persoonlijke lijfwacht, die steeds in* *hun buurt bleef.*
poging (de, -en)	attempt *Als je met je pinpas wilt betalen, heb je drie pogingen om de* *juiste pincode in te toetsen.*
versmelten (ww., onr.)	to melt together, to amalgamate, to blend *In Fusion worden verschillende muziekstijlen met elkaar* *vesmolten. Jazz en rock versmelten bijvoorbeeld tot* *jazzrock.*
hardnekkig	persistent, stubborn *Hij heeft sinds een jaar hardnekkige slaapproblemen die* *maar niet willen verdwijnen. Het lukt hem niet om in slaap* *te komen.*
te lijden hebben onder (iets) (vaste verb.)	to suffer from (something) *Hij heeft ernstig te lijden onder zijn slaapprobleem. Overdag* *kan hij zich moeilijk concentreren en als hij 's nachts* *wakker ligt, is hij erg gefrustreerd.*
uitlopen op (ww., onr.)	to result in *Zijn immense devotie voor de popzanger liep uit op een* *persoonlijke crisis en een dure therapie.*
verstrekken (ww.)	to provide *In Nederland wordt aan heroïneverslaafden soms gratis* *methadon verstrekt.*
en niet zo'n beetje ook (vaste verb.)	more than a little (expression that strengthens what has been said before) *Het stinkt in huis, en niet zo'n beetje ook. Wanneer is de* *kattenbak voor het laatst verschoond?*
afstralen op (ww.)	to reflect on *De goede eigenschappen van een heilige stralen af op zijn* *vereerders.*

een woordje meespreken
(vaste verb.)

to have influence
Tijdens de Gouden Eeuw sprak Nederland een woordje mee.

aansporen (ww.)

to motivate, to incite, to urge
*De overheid probeert de mensen aan te sporen om na te
denken over hun eetgedrag, omdat obesitas een groeiend
probleem is.*

zich verzekeren van (ww.)

to secure, to assure oneself of
*Voordat de minister-president zijn plannen bekendmaakte,
had hij zich verzekerd van de steun van de leider van de
oppositie.*

zich uitdossen (ww.)

to dress up
Met carnaval dossen de mensen zich vaak heel vreemd uit.

lacune (de, -s)

hiatus, gap
*Onze kennis van de menselijke hersenen vertoont grote
lacunes.*

gemankeerd

flawed
*Zelf vond hij dat hij een gemankeerd docent was, maar zijn
leerlingen dachten daar anders over.*

hijsen (ww., onr.)

to hoist, to lift
Op het commando van de kapitein hesen zij de zeilen.

tot vervelens toe
(vaste verb.)

ad nauseam
*Ik heb steeds dezelfde droom. Hij herhaalt zich iedere nacht
tot vervelens toe.*

saamhorigheidsgevoel
(het, -gevoelens)

sense of solidarity, sentiment of unity
*Sommige mensen denken dat het koningshuis nodig is om
het Nederlandse saamhorigheidsgevoel te stimuleren.*

hechten aan (ww.)

to find (something or someone) important
*Veel mensen hechten aan een goede balans tussen werk en
hun privé-leven.*

tromgeroffel (het, g. mv.)

drumroll
*In het circus hoor je op spannende momenten vaak
tromgeroffel.*

gebeente (het, -s/-n)

bones, skeleton
*Het gebeente is de verzameling van alle beenderen van een
mens of een dier.*

toevalligheid (de, -heden)

coincidence
*Het was geen toevalligheid dat zij die dag elkaar
ontmoetten. Een gezamenlijke vriend van beide singles had
de 'toevallige' ontmoeting zorgvuldig gepland.*

kleineren (ww.)	to belittle *Na de finale van het wereldkampioenschap voetbal* *<u>kleineerden</u> de kranten het Nederlands elftal en hun spel.*
uitzinnig	deliriously, wildly, frantically *Voor de festiviteiten had zij zich <u>uitzinnig</u> uitgedost.*
(iets) te kennen geven (vaste verb.)	to indicate (something) *De minister heeft <u>te kennen gegeven</u> dat hij ontslag neemt.*
veehouder (de, -s)	cattle farmer *De <u>veehouder</u> was altijd blij als het mooi weer was; zijn* *koeien mochten dan de hele dag naar buiten.*
spruitjesteler (de, -s)	grower of Brussels sprouts *Ook al is Jan <u>spruitjesteler</u>, zelf lust hij ze absoluut niet!*

Vragen bij tekst 1

1. In de eerste twee alinea's beschrijft de auteur de kenmerken van de moderne fan.

   a. Waarnaar verwijst 'dat' in de zin: 'Maar meestal moet je dat zelf verzinnen' (eerste alinea)?

   b. Welke twee kenmerken van de moderne fan worden in de eerste twee alinea's beschreven?

2. In de derde alinea beschrijft de auteur de heiligenverering uit de middeleeuwen.

   a. Wat is volgens de tekst de essentie van de heiligenverering uit de middeleeuwen?

   b. Op welke twee manieren probeerden de gelovigen dit ideaal te bereiken?

3. In de vierde alinea worden enkele overeenkomsten gegeven tussen de moderne heldenverering en de heiligenverering van vroeger. Welke zijn dat?

4. In de tweede helft van de tekst wordt de Nederlandse fan besproken. De tweede helft van de tekst begint met de zin: 'In Nederland lijkt het gedrag van fans een paar eigen accenten te hebben.' Dit heeft vooral betrekking op de verering van sporthelden.

   a. Welke functie hebben sporthelden in Nederland?

   b. Waarom hebben zij die functie, volgens de auteur? Noem twee redenen.

5. De auteur schrijft dat Nederlanders het belangrijk vinden dat de tekst van hun volkslied, het Wilhelmus, onbegrijpelijk is.

   a. Leg uit waarom zij dat volgens de auteur belangrijk vinden.

   b. Denk je dat deze analyse klopt?

6. Volgens de auteur genieten sporthelden in Nederland een grotere populariteit dan andere helden zoals militairen en politieke leiders.

   a. Wat is de belangrijkste factor die de kans bevordert dat een held populair wordt?

   b. Welke voorbeelden geeft de auteur hiervan?

Tekst 2 Hafid Bouazza is schrijver:

'Als ik schrijf, <u>spookt</u> Nabokov vaak door mijn hoofd'

Ik was 16 of 17 jaar toen ik voor het eerst een boek van Nabokov las. Ik vond hem meteen een genie. Hij zorgde voor een radicale <u>omslag</u> in de manier waarop ik over schrijven dacht. Nabokov kan de dagelijkse wereld zo weergeven dat deze totaal nieuw wordt. Hij observeert dingen extatisch, alsof alles een groot wonder is. In *Pnin* beschrijft hij bijvoorbeeld de <u>glinstering</u> in de ogen van een vrouw als: 'As if a spatter of sun and sea had got between your own eyelids.'

Ik zie hem als een groot voorbeeld dat veel invloed heeft gehad op mijn manier van schrijven. In Nabokovs werk is de visuele ervaring bijvoorbeeld heel belangrijk en intens. Dat is ook in mijn werk zo. Als ik schrijf, spookt hij vaak door mijn hoofd, ben ik me voortdurend bewust van zijn stijl en zijn metaforen. Om die reden besloot ik om hem minder te gaan lezen. Ik wilde me <u>losrukken</u> van zijn invloed, mijn eigen weg gaan. Pas in *Salomon*, mijn laatste boek, is me dat echt gelukt.

Over zijn leven heb ik wel wat gelezen, maar daar gaat het mij niet om. Dwepen met iemands werk vind ik prima, maar zodra je met iemands persoonlijkheid gaat dwepen, krijgt dat gevaarlijke kantjes. Voor je het weet, <u>slaat</u> zoiets <u>om</u> in het slaafs volgen van een geestelijk leider.

Met zijn persoon voel ik me in één opzicht <u>verwant</u>. Over hem wordt vaak de discussie gevoerd of hij als een Russische of als een Engelse schrijver gezien moet worden. Hij was Rus van geboorte, maar heeft in beide talen geschreven. Dezelfde discussie wordt over mij gevoerd: ben ik een Marokkaanse of een Nederlandse schrijver? Nabokov heeft in mijn ogen het <u>volmaakte</u> antwoord gegeven: 'Er is maar één manier van schrijven en dat is schrijven uit talent. De identiteit van de schrijver is zijn stijl.'

Cor Vermeulen is illustrator en vormgever:

'Elvis geeft me kracht en troost'

Het begon allemaal toen ik een jaar of 7 was. Ik kwam een <u>friettent</u> binnenlopen en op dat moment draaide de jukebox 'One night with you'. Ik was diep onder de indruk. Die stem! De volgende dag kwam ik er weer om het plaatje te draaien en al snel raakte ik er helemaal verslaafd aan. Op een dag kreeg ik het plaatje cadeau van de eigenaar. 'Wat ontzettend aardig,' dacht ik toen. Maar later snapte ik dat hij waarschijnlijk helemaal gek van me werd.

Toen ik voor het eerst een foto van Elvis zag, <u>raakte</u> ik helemaal <u>de kluts kwijt</u>. Die kleding, die <u>lok</u> zo naar voren, die lach. Ik vond hem volmaakt en dat gevoel is nooit meer overgegaan.

Sommige mensen denken dat ik heel erg mijn best doe om op Elvis te lijken. Zelf ervaar ik dat niet zo. Ik draag wat ik mooi vind. Omdat de kleding van Elvis helemaal mijn smaak is, zal wat ik koop best op zijn stijl lijken. Maar ik heb nooit zijn foto's bestudeerd om zijn kledingstijl zoveel mogelijk te kunnen imiteren.

Ik heb geen idee waarom Elvis zo belangrijk voor me is. Het is gewoon een heel sterk gevoel. Hij is een bron. Hij inspireert me, geeft me kracht en troost. Als ik <u>chagrijnig</u> ben en ik draai een plaatje van hem, dan voel ik me meteen weer goed. Een keer heb ik hem tijdens een concert van heel dichtbij gezien. Het was net alsof ik Christus zag, zo diep gaat het. Maar waarom? Misschien heeft het ermee te maken dat ik een dromer ben. Ik houd heel erg van sprookjes, van mooie, protserige droomwerelden. Ik vind Elvis niet alleen als persoon en zanger fascinerend, maar ook de hele wereld die hij om zich heen heeft gecreëerd. Met zijn witte pakken met glitters en hoge kragen, Graceland . . . Hij is *the King* van een sprookjeswereld én hij bestaat echt.

Woordenschat bij tekst 2

spoken (ww.)	to haunt *Mijn ex spookt nog steeds door mijn hoofd. Ik kan haar niet vergeten.*
omslag (de, -slagen)	(radical) change *De omslag van het weer was dramatisch. De zonneschijn van de afgelopen dagen veranderde plotseling in een stevige storm en harde regen.*
glinstering (de, -en)	sparkle *Als 's avonds de zon ondergaat, kun je de reflectie van het zonlicht op de zee zien. De glinstering van het rode licht op het water is prachtig!*
losrukken (ww.)	to tear loose, to tear away *Zij had een pen in haar hand. Maar toen rukte een vreemde jongen de pen los en rende weg.*
omslaan (ww., onr.)	to change (radically) *Gisteren is het weer plotseling omgeslagen. Het was zo mooi, maar om half acht begon het te regenen en te waaien.*
verwant	related *Hoewel zij dezelfde achternaam hebben, zijn ze niet aan elkaar verwant.*
volmaakt	perfect *Evelien kan heel goed bakken. Haar appeltaart is volmaakt.*
friettent (de, -en)	chip shop *Dirk gaat veel te vaak naar de friettent. Hij is nu moddervet.*
de kluts kwijt raken (vaste verb.)	to get confused *Toen Katrijn tegen Jan zei dat ze hem aardig vond, raakte hij helemaal de kluts kwijt. Was ze misschien verliefd op hem?*
lok (de, -ken)	lock (of hair) *Jan was verliefd op Katrijn. Hij kon haar blonde lokken niet vergeten.*

chagrijnig	miserable, sulky *Wat was hij <u>chagrijnig</u> toen hij hoorde dat hij niet voor zijn rijexamen was geslaagd!*
sprookje (het, -s)	fairy tale *Hans en Grietje en Sneeuwwitje zijn twee bekende <u>sprookjes</u>. <u>Sprookjes</u> beginnen altijd met: 'Er was eens . . .' en ze eindigen met: 'En ze leefden nog lang en gelukkig.'*
protserig	flashy, gaudy, kitschy *Katrijn vind dat haar handtasjes niet <u>protserig</u> mogen zijn, maar juist sober. Dat vindt ze chic.*
kraag (de, kragen)	collar *Stijlvolle Italiaanse overhemden met hoge <u>kragen</u> zijn erg in de mode.*

Vragen bij tekst 2

1. Op welke punten is Nabokov een voorbeeld voor Bouazza als schrijver? Noem er drie.
2. Bouazza spreekt over het fenomeen 'dwepen'.

    a. Wat is volgens hem het gevaar van dwepen?
    b. Hoe gaat hij daar zelf mee om?

3. Wat vindt Vermeulen zo fascinerend aan Elvis? Noem minstens drie punten.
4. Hoe beschrijft Vermeulen zijn verering voor *the King*?
5. Hoe zou jij het verschil tussen Bouazza en Vermeulen omschrijven?

3. Woordenschatoefeningen

I   Welk woord hoort niet in het rijtje thuis en waarom?

1. nogal eens – tamelijk vaak – regelmatig – vluchtig
2. kleineren – aanbidden – dwepen – vereren
3. afmaken – afstralen – afronden – voltooien
4. gebeente – stoffelijk overschot – skelet – botten
5. verwerven – zich verzekeren van – ontvangen – omslaan
6. uitbouwen – uitdossen – uitbreiden – ontwikkelen
7. uitlopen op – zich voltrekken – gebeuren – plaatsvinden
8. aansporen – stimuleren – losrukken – motiveren
9. omslag – wijziging – poging – verandering
10. volmaakt – hardnekkig – perfect – ideaal
11. toewijding – enthousiasme – verering – toevalligheid
12. een woordje meespreken – vertellen – te kennen geven – meedelen

II Welke woorden drukken tegengestelde begrippen uit? Verbind een woord uit de eerste kolom met een woord uit de tweede kolom.

1.	verstrekken	a.	sober
2.	volmaakt	b.	kleineren
3.	vergezellen	c.	verwerven
4.	chagrijnig	d.	nauwelijks
5.	versmelten	e.	gemankeerd
6.	beslist	f.	verlaten
7.	protserig	g.	verbergen
8.	koesteren	h.	uitkleden
9.	uitdossen	i.	vrolijk
10.	uitstallen	j.	splitsen
11.	in hoge mate	k.	figuurlijk
12.	letterlijk	l.	vermoedelijk

III Veel werkwoorden hebben een afgeleide vorm voor personen. Van *aanbidden* is bijvoorbeeld afgeleid: *aanbidder*, dat wil zeggen: de persoon die aanbidt, en *aanbedene*, dat wil zeggen: de persoon die wordt aanbeden. Wat zijn de woorden voor personen die zijn afgeleid van de volgende werkwoorden? Controleer je antwoorden eventueel in een woordenboek.

1. vereren
2. dwepen
3. geloven
4. bewonderen
5. liefhebben

IV Bestudeer de onderstaande lijst met woorden en uitdrukkingen uit de teksten.

het gemunt hebben op – omslaan – uitbouwen – hechten aan – tot vervelens toe – in de weg staan – omslag – dwepen met – binnen handbereik – te kennen geven – chagrijnig – vergezellen – hardnekkig – een woordje meespreken – de kluts kwijt zijn – uitlopen op – begaafdheid – zich voltrekken – zich uitdossen – en niet zo'n beetje ook

a. Vul de ontbrekende woorden in onderstaande zinnen in. Let op dat je de juiste vorm en woordvolgorde gebruikt.

Als fan bouw je een intieme relatie op met je idool, die wordt gemarkeerd door allerlei merktekenen zoals kleding en tatoeages. Die relatie kun je . . . (1) tot echte devotie door van je huis één groot altaar te maken voor de verering van de aanbedene. Je held is op die manier altijd . . . (2).

Toen de schoolarts John . . . (3) dat zijn . . . (4) voor wiskunde niet meer dan gemiddeld was en dat hij dus helemaal niet zo goed was in wiskunde als hij altijd had gedacht, werd John opeens heel . . . (5). Wat was hij ontevreden! John wilde beslist geen gemiddelde leerling zijn.

Op 11 september 2001 . . . (6a) negentien terroristen van Al Qaida . . . (6b) de Twin Towers. Die dag . . . (7) een grote ramp: de torens van het World Trade Centre stortten in elkaar. Deze gebeurtenis leidde tot een . . . (8) oorlog in Afganistan en in Irak. Ook Nederland deed mee aan de 'oorlog tegen het terrorisme' door soldaten naar de Afghaanse provincie Uruzgan te sturen. In 2010 was er echter een grote . . . (9) in het Nederlandse beleid: de missie in Afghanistan werd stopgezet.

Over de hele wereld zien we het weer veranderen. Het wordt warmer en we krijgen steeds meer te maken met extreme weersomstandigheden zoals hevige wind, felle neerslag en langdurige droogte. Het klimaat . . . (10).

b. Vervang in de onderstaande zinnen het schuingedrukte woord met een van de resterende synoniemen uit de woordenlijst. Let op dat je de juiste vorm en woordvolgorde gebruikt.

1. Er zijn maar weinig landen die *belangrijk zijn* in de wereldpolitiek.
2. Hij is *heel erg* intelligent.
3. Met carnaval *heeft* zij *zich verkleed* als smurfin. Haar vriendje ging als brilsmurf.
4. Zij *vindt* een eerlijke verdeling van de huishoudelijke taken *belangrijk* in een goed huwelijk.
5. De ontspannen houding van de voorzitter van de vergadering *belemmerde* een goede discussie.
6. Het Nederlands elftal had in de weken voor het WK weinig getraind. Dat gebrek aan voorbereiding *leidde tot* een grote nederlaag in de wedstrijd tegen België.
7. Het beleid van de regering *veranderde radicaal* toen de extreemrechtse oppositiepartij zijn leider kwijtraakte.
8. Daar werd in de Nederlandse kranten *voortdurend* over geklaagd.
9. De auteur van dat succesvolle boek *is een grote fan van* de naturalistische romans van Emile Zola.
10. De beroemde popzanger *werd* altijd *begeleid* door twee lijfwachten en een chauffeur.

V Vaste verbindingen en vaste preposities

1. Reconstrueer de twaalf vaste combinaties uit het onderstaande schema. Ze komen allemaal in de tekst voor. Kies uit elke kolom telkens één woord of woordcombinatie. Gebruik elk(e) woord(combinatie) slechts één keer.

de	afstralen	hebben	aan
een	dwepen	hebben	aan
het	gemunt	kwijt zijn	onder
te	hechten	meespreken	met
tot	kluts		op
zich	lijden		op
–	uitlopen		toe
–	vergezeld		van
–	verslaafd		van
–	vervelens		van
–	verzekeren		–
–	woordje		–

2. Maak nu een zin van minstens acht woorden met elke woordcombinatie.

VI Herhalingsoefening. Deze oefening herhaalt de woordenschat uit hoofdstuk 7 tot en met 9.

a. Vul het juiste werkwoord in de zinnen in. Kies uit de onderstaande vijf alternatieven.

aanpakken – vermijden – prijsgeven – tornen aan – aanmoedigen

1. Hij heeft een groot geheim dat hij niet wil . . . : hij heeft gezworen dat hij het nooit aan iemand zal vertellen.
2. Roos wil achter zijn geheim komen, maar ze weet niet hoe ze dat moet. . . . Kan ze het hem gewoon direct vragen, of moet ze iets slims verzinnen?
3. Misschien moet ze hem . . . om veel bier te drinken. Misschien vertelt hij zijn geheim als hij dronken is.
4. Maar eigenlijk wil ze niet . . . zijn integriteit.
5. Ook vindt ze het geen goed idee om te liegen: dat wil ze. . . .

b. Kies telkens het juiste substantief uit de drie alternatieven.

1. Het filmpje dat hij op YouTube zette, was een enorme *verrijking/mislukking/ vuilspuiter*. Dat fiasco was vooral te danken aan de abominabele geluidskwaliteit.
2. Het is de *aanpak/bereidheid/plicht* van iedere burger om op tijd zijn belastingen te betalen.
3. *Opstandigheid/preutsheid/lompheid* vindt hij onvergeeflijk. Het is toch niet moeilijk om beleefd te zijn en goede manieren te vertonen?
4. De grootste *overtuiging/uitdaging/inschakeling* voor haar is om de Mount Everest te beklimmen. Dat heeft ze altijd al willen doen, maar ze heeft nog veel te weinig ervaring met bergbeklimmen.
5. Een paar jaar geleden waren John en Margot *voorstander/hoeder/getuige* van het nieuwe beleid van de regering, maar nu vinden zij dat beleid niet meer zo'n goed idee.

c. Vul de prepositie in die hoort bij deze vaste verbindingen.

1. Dat zij een fan is van die populaire zanger heeft niets te maken . . . zijn uiterlijk. Het gaat om zijn stem.
2. Als ze met hem zou trouwen, heeft ze gisteren op Twitter beweert, dan zou ze hem nooit . . . de steek laten.
3. Als popster is het beter om je niets aan te trekken . . . de uitingen van je fans op het Internet want zij zeggen soms de vreemdste dingen.
4. Ook is het beter als je het hoofd kunt bieden . . . de sensationele artikelen die verschijnen in de roddelpers.
5. De journalisten die in roddelbladen schrijven, beweren vaak . . . hoog en . . . laag dat BN'ers bepaalde dingen hebben gedaan die ze in werkelijkheid niet hebben gedaan.

4. Spreekoefeningen

Beroemdheden en andere bekende personen zoals politici worden vandaag de dag vaak belaagd door de pers. Het gebeurt meer en meer dat ze bescherming zoeken voor hun privacy via de rechtbank.

1. Discussie over stellingen

Bespreek in groepjes de volgende stellingen en bedenk een aantal argumenten voor of tegen. Daarna ga je in discussie met een ander groepje.

- Veel BN'ers en BV's hebben de media nodig voor de promotie van hun werk als muzikant, acteur of televisiepersoonlijkheid. Ze moeten dan niet gaan zeuren over inmenging in privacy, dat hoort er gewoon bij.
- Iedereen heeft recht op privacy, niemand heeft er belang bij te weten of een politicus nu een affaire heeft, zwaar feest of thuis drugs gebruikt; dat soort informatie is niet van openbaar belang, zoals wel eens beweerd wordt.
- Zware fans lijden eigenlijk aan een soort psychologische ziekte en zouden behandeld moeten worden. Het is ongezond zo geobsedeerd te zijn door een persoon. Het staat evenwichtige relaties en een positief zelfbeeld in de weg.
- Stalking, zowel in het geval van beroemdheden als 'gewone' mensen, moet strenger aangepakt worden. Het wordt vaak niet ernstig genomen terwijl het levens kapotmaakt.

5. Internetresearch

1. Volkshelden zouden volgens de auteur van de eerste tekst een compensatie vormen voor de Gouden Eeuw en de VOC. Wat is de Gouden Eeuw? Wat is de VOC?
2. Volgens de auteur van de eerste tekst vinden Nederlanders de tekst van hun volkslied niet belangrijk. Het Wilhelmus is een oud lied uit de zestiende eeuw met een tekst die net zo oud is. Het bestaat uit 15 coupletten, maar tegenwoordig worden alleen nog het eerste en zesde couplet gezongen.

   - Zoek de tekst. Lees het eerste couplet. Wie was Willem van Oranje? Waarom worden Duitsland en Spanje genoemd?
   - Welke Nederlandstalige websites geven de meest betrouwbare informatie om een antwoord op deze vragen te geven? Hoe weet je dat ze betrouwbaar zijn?

3. In de eerste tekst wordt verder ook gesproken over de Elfstedentocht.

   - Zoek uit wat de Elfstedentocht is. Kijk vooral eens op de officiële website van deze nationale sportieve gebeurtenis.
   - Probeer ook de winnaars van de Elfstedentocht te identificeren die volgens de tekst veehouder en spruitjesteler waren. Welke informatie kun je over hen vinden?
   - Wat waren de beroepen van de andere winnaars van de Elfstedentocht?

4. Zoek meer informatie over Hafid Bouazza. Wat zijn zijn belangrijkste boeken? Waar gaan ze over? Is hij een belangrijk schrijver?

6. Verder surfen en lezen

- http://entoen.nu: op deze website vind je de canon van de Nederlandse geschiedenis, die wordt gebruikt als leidraad in het Nederlandse onderwijs. De canon bestaat uit vijftig onderwerpen die samen een overzicht geven van 'wat iedereen in elk geval zou moeten weten van de geschiedenis en cultuur van Nederland'.
- http://www.regiocanons.nl: na het succes van de algemene Nederlandse canon hebben ook steden en regio's in Nederland hun eigen historsiche canons ontwikkeld. Die kun je vinden op deze website.
- http://www.50jaarnederpop.nl: hier vind je de canon van de Nederlandse popmuziek. Je vindt er ook interessante links en natuurlijk muziekvoorbeelden en filmpjes!
- http://www.psychologiemagazine.nl: dit is de website van het populairwetenschappelijke tijdschrift over psychologie waarin de tweede tekst uit dit hoofdstuk oorspronkelijk verscheen.
- http://www.elfstedentocht.nl: dit is de officiële website van de Koninklijke Vereniging De Friesche Elf Steden, die de elfstedentocht organiseert.

Sources

Text 1: based on Herman Pleij, 'De ware fan dweept om te leven', in: *NRC Handelsblad*, 8 December 2007.

Text 2: based on Amber van der Meulen, 'In de ban van . . .', in: *Psychologie magazine*, 21.10 (October 2002).

Chapter 11: Taal en politiek

1. Vooraf

De Nederlandse taal wordt geregeld en beschermd door de Nederlandse Taalunie. Dat is een organisatie die gesteund wordt door zowel de Nederlandse als de Vlaamse regering, en die als doel heeft de Nederlandse taal en letterkunde te ondersteunen en te bevorderen.

a. Ken je nog andere taalregulerende instituten, bijvoorbeeld voor je eigen taal?
b. Wat is de rol van zo'n instituut?
c. Vind je het belangrijk dat er zulke organisaties bestaan?
d. Vind je zelf 'correcte' taal belangrijk? Erger je je bijvoorbeeld aan spel- of grammatica-fouten in gedrukte teksten of op het Internet?
e. Zijn er situaties waarin die correctheid niet zo belangrijk is en waar andere vormen mogelijk zijn?
f. Vind je dat taalgebruik 'verloedert' of eerder 'verandert'? Hoe moet een taalregulerend instituut daarmee omgaan?

Over de tekst

De tekst in dit hoofdstuk verscheen in het veel gelezen Vlaamse weekblad *Knack,* naar aanleiding van het dertigjarige bestaan van de Nederlandse Taalunie (1980–2010). De tekst schetst de historische achtergrond van Nederlandse taalpolitiek. De nadruk ligt op Vlaanderen.

Woordenschat

verloederen (ww.)	to become derelict, as a result of neglect *De buurt rond het Centraal Station is de laatste jaren erg* <u>*verloederd*</u>: *er is veel drugs, prostitutie en criminaliteit.*

2. Tekst, woordenschat en vragen

Tekst Dromen van culturele eenwording

Op 9 september 2010 stapt de Nederlandse Taalunie op tram 3. De uitdrukking is nog niet toege-laten tot onze officiële, mede door die Taalunie <u>bewaakte</u> *woordenschat, maar sommige Vlamingen zeggen zo dat iets of iemand 30 jaar wordt. Het tweede artikel van het Taalunie*<u>verdrag</u> *omschreef het doel ervan als 'de integratie van Nederland en de Nederlandse gemeenschap in België op het gebied van de Nederlandse taal en letteren'.*

Moedertalen

Na de Belgische Revolutie van 1830 <u>knobbelden</u> enkele jongens een grondwet <u>uit</u> die ultra-verlicht heette en meer democratie beloofde dan het <u>ten val gebrachte</u> Nederlandse bewind. Naast andere rechten werd de Belgische bevolking de vrijheid van taal gegarandeerd. In realiteit domineerde het Frans onderwijs, justitie en politiek. De Nederlandse dialecten die in het noorden van het land werden gesproken, leken, net als de Waalse in het zuiden, <u>voorbestemd</u> om in een folkloristische hoek zachtjes te <u>creperen</u>. Toch zou een groep <u>zich verzetten tegen</u> het Frans als enige officiële taal in België. Het ging om leraren, priesters, lage ambtenaren en klerken, kortom, om <u>lieden</u> die niet alleen Nederlands spraken, maar anders dan de meesten van hun <u>lotgenoten</u> konden lezen en schrijven.

De taalstrijd sloot toewijding aan het <u>prille</u> vaderland niet uit. Van de letterkundigen, filologen en andere taalminnaren die zich al snel als een Vlaamse Beweging gingen manifesteren, <u>stelde</u> bijna niemand België <u>ter discussie</u>. Omgekeerd <u>bejegende</u> het Franstalige establishment de Vlaamse cultuur niet vijandig. Het promoveerde de mix van Romaanse en Germaanse ele-menten tot een typisch kenmerk van de Belgische identiteit. Alleen geloofde dit establishment niet zo in de noodzaak van een tweede staatstaal. Wie zou <u>bij zijn volle verstand</u> het Frans, taal van verlichting en moderniteit, afwijzen voor een van ver op Nederlands lijkend '<u>patois</u>'?

Om deze vraag te <u>bezweren</u>, wilde de Vlaamse Beweging dat patois *upgraden*. Maar hoe? Na enige discussie raakte men het eens dat de Nederlandse algemene cultuurtaal moest worden geïmporteerd. Kenners vonden de taal in het noorden van België namelijk 'vervuild' door Franse invloeden en vreesden dat een Standaardvlaams geen <u>aanzien</u> zou <u>verwerven</u>. Om de Vlaming <u>kaas</u> te leren <u>eten van</u> zijn nieuwe 'moedertaal' werd <u>geen moeite gespaard</u> om het enige juiste en beschaafde Nederlands te verspreiden en te promoten. Dit offensief zou een hoogtepunt bereiken in de jaren 1950 en '60, toen <u>allerhande</u> ABN-verenigingen <u>floreerden</u> en geen krant zonder <u>taalrubriek</u> kon.

Van <u>een-</u> naar <u>tweedracht</u>

Al tegen het eind van de 19ᵉ eeuw raakte een deel van de Vlaamse Beweging vervreemd van de Belgische droom. Was dat België niet een 'onnatuurlijke' constructie? En was de opstand tegen het broedervolk in het noorden geen vergissing geweest? De Eerste Wereldoorlog en de met de Duitsers collaborerende Vlamingen <u>scherpten</u> de tegenstelling tussen de taalge-meenschappen verder <u>aan</u>.

In Vlaanderen zou de roep om (meer) autonomie nooit meer <u>verstommen</u>, ook niet toen in de jaren 1920 en '30 veel Vlaamse wensen werden vervuld. Welke richting België uit moest, daarover bestond geen eensgezindheid. Naar het Verenigd Koninkrijk van Willem I was weinig heimwee, maar intussen droomden sommige flaminganten wel van een Groot-Nederland dat de zestiende-eeuwse allure van de Zeventien Provinciën moest evenaren. Frappanter was dat ook enkele Nederlandse geleerden in dikke boeken de stamverwantschap van Vlamingen en Nederlanders wilden bewijzen.

Omdat in de Tweede Wereldoorlog een deel van de Vlaamse Beweging zich voor de tweede keer aan collaboratie brandde, zou er na 1945 van autonomie of van aansluiting van Vlaanderen bij Nederland geen sprake meer zijn. Termen als stamverwantschap en bloedbanden stonden voortaan in een kwalijke geur.

Het 'wezenlijke objectief'

Toch bleef na 1945 de blik van een Vlaamse elite noordwaarts gericht. Politici, journalisten, academici, schrijvers en uitgevers geloofden dat Vlaanderen alleen maar 'beschaafd' en 'modern' kon worden als het zich aan Nederland zou spiegelen. Om vooral niet romantisch te lijken vermomden ze hun ambitie als 'culturele integratie', een onverdacht begrip dat ze uit de discussie rond Europese eenmaking hadden opgevist.

In 1946 sloten België en Nederland een Cultureel Akkoord over samenwerking op het gebied van onderwijs, wetenschap en taal. Opdat de intenties geen dode letter zouden blijven werd een Gemengde Commissie opgericht, die in de daaropvolgende jaren de Vlaams-Nederlandse integratie ter harte nam. In 1971 plande ze de oprichting van een Academie voor de Nederlandse Taal. Die moest de samenwerking op het gebied van taal en letteren coördineren en de uitstraling van het Nederlands in binnen- en buitenland bevorderen. Eind 1976 voltooide de Gemengde Commissie de blauwdruk voor deze academie die intussen Nederlandse Taalunie was gedoopt.

Naar de letter handelt het Taalunieverdrag uitsluitend over taal en letteren. En Nederlanders lezen in de overeenkomst ook naar de geest weinig meer dan afspraken om het onderwijs in het Nederlands te stimuleren, aan leesbevordering te doen en de regels van de taal uniform te houden. Nederlanders lijken te denken: baat het niet, dan schaadt het niet. Voor Vlamingen bleef de Taalunie echter een eerste stap naar culturele eenwording.

Een ongeneeslijke Vlaamse ziekte

De Taalunie had het niet gemakkelijk. Al vroeg heette het dat de organisatie te bureaucratisch was. Bovendien werd ze zeker de jongste tijd geplaagd door schandaaltjes. 'Waanzin!' gilde de Nederlandse pers unisono toen de Taalunie in 2005 nieuwe spellingsregels uitvaardigde. De door de organisatie gesponsorde literatuurgeschiedenis, waarvan in 2006 de eerste delen verschenen, noemden sommige experts dan weer te ouderwets, en de Prijs der Nederlandse Letteren, een ander door de Taalunie gecoördineerd initiatief, bleek in 2007 plots een te lage som te bedragen. De Taalunie krijgt ook geregeld het verwijt te laks te zijn voor de 'oprukkende' verengelsing en voor de 'verloedering' van het Nederlands waarvan zeker Vlaamse opiniemakers voortdurend de meest afgrijselijke bewijzen menen te kunnen waarnemen. Criticasters hebben tot slot de Taalunies grootste ambitie – taalintegratie – mislukt verklaard. Waarom vinden Vlaanderen en Nederland het anders nodig om elkaars televisieprogramma's te ondertitelen, jammeren ze.

De onvrede heeft deels met <u>overspannen</u> verwachtingen te maken. De culturele eenwording is altijd een Vlaamse droom geweest. De Nederlandse schrijver Jeroen Brouwers zag het scherp toen hij integratie definieerde als 'een <u>vooralsnog</u> ongeneeslijk gebleken Vlaamse ziekte, waarmee de Vlaming al <u>sedert</u> de dagen van Hendrik Conscience de Nederlander probeert te <u>besmetten</u>, maar waarvoor de Nederlander goddank immuun blijkt te zijn'. Wel slaat deze ziekte ook in Vlaanderen slechts toe in een select gezelschap. Het volk heeft minder zin om zich te identificeren met Nederlanders, of liever: met 'Hollanders', want zo noemt het zijn noorderbroeders. Van zoveel <u>flagrante</u> <u>zelfgenoegzaamheid</u> kan in dat selecte gezelschap de <u>misnoegdheid</u> hoog oplopen: het Vlaamse volkje blijkt voor <u>verheffing</u> compleet <u>onvatbaar</u>!

Het <u>pleit voor</u> de Taalunie dat ze taaluniformisering niet meer met de snelweg naar de moderniteit verwart. De organisatie ontwikkelt een beleid dat aandacht heeft voor verschillen in taalgebruik en verschillen tussen taalgebruikers. Dit weerspiegelt zich bijvoorbeeld in de opname in het *Groene Boekje* van woordenschat uit Vlaanderen én Suriname, dat vele moedertaalsprekers van het Nederlands telt en sinds 2004 geassocieerd lid is van de Taalunie.

Dat de Taalunie intussen haar normerende rol minimaliseert, is dan weer een beetje <u>ongerijmd</u>. De organisatie wijst er geregeld op dat ze het zogezegd 'spontaan' standaardiserende Nederlands slechts 'beschrijft'. Als er zich in Vlaanderen en Nederland echter al iets spontaan ontwikkelt, dan wel het <u>vervloekte</u> Verkavelingsvlaams en het even <u>vermaledijde</u> Poldernederlands. Deze tussentalen – dialect noch standaardtaal – worden <u>tot nader order</u> niet 'beschreven'. Of dit wenselijk zou zijn is uiteraard een heel andere zaak, maar (*top down*) normering behoort beslist nog niet tot het verleden. Dat de zaken soms wat anders worden voorgesteld lijkt vooral een gevolg van een angst om <u>schoolmeesterachtig</u> te lijken. Taalpolitiek: het blijft een <u>hachelijke</u> onderneming.

Woordenschat bij de tekst

bewaken (ww.)	to guard, to protect *Om de kwaliteit van hun product te <u>bewaken</u>, investeren bedrijven veel geld in onderzoek en controlemechanismen.*
verdrag (het, -en)	treaty *Na de Eerste Wereldoorlog werd er in het <u>verdrag</u> van Versailles besloten dat de Duitse streek rond Eupen en Malmédy voortaan Belgisch grondgebied zou worden.*
uitknobbelen (ww.)	to figure out, to puzzle out *Je zal zelf moeten <u>uitknobbelen</u> hoe je een eigen zaak, een studie en een gezin met jonge kinderen gaat combineren.*
(iets of iemand) ten val brengen (vaste verb.)	to overthrow (something or someone), to topple (something or someone) *Tijdens de Franse revolutie werd de aristocratie definitief <u>ten val gebracht</u>.*
voorbestemmen (ww.)	to predestine *De dochter van die gevierde pianist is <u>voorbestemd</u> om ook de muziekwereld in te gaan: ze heeft een groot talent.*

creperen (ww.)	to die, to starve (often used figuratively) *Door de dominantie van internationale supermarktketens* <u>*creperen*</u> *de kleine zelfstandige ondernemers en moeten ze vaak hun deuren sluiten.*
zich verzetten tegen (ww.)	to resist, to protest against *De studenten hebben* <u>*zich*</u> *sterk* <u>*tegen*</u> *de verhoging van het collegegeld* <u>*verzet*</u>*, maar zonder succes.*
lieden (**de**, altijd mv.)	people <u>*Lieden*</u> *is altijd een meervoudsvorm en wordt ook gebruikt in samengestelde woorden, zoals het meervoud van brandweerman: brandweerlieden.*
lotgenoot (**de**, -**noten**)	partner in distress, fellow sufferer *De gestrande reizigers deelden eten en drinken met hun* <u>*lotgenoten*</u>*, in afwachting van de heropening van de luchthaven.*
pril	early, tender, fresh *Hun relatie is nog erg* <u>*pril*</u>*. Als ik jou was, zou ik nog niet over trouwen of kinderen beginnen.*
(iets) ter discussie stellen (vaste verb.)	to question (something), to put (something) up for discussion *De Europese welvaartstaat wordt meer en meer* <u>*ter discussie gesteld*</u>*, nu het werkloosheidscijfer maar blijft stijgen.*
bejegenen (ww.)	to treat, to deal with (people or animals) *Vaak is het zo dat je met minder respect* <u>*bejegend*</u> *wordt als je er onverzorgd bijloopt. Met nette kleren en een fris uiterlijk wordt je heel anders behandeld.*
bij zijn volle verstand (vaste verb.)	in his right mind, sane *Iemand* <u>*bij zijn volle verstand*</u> *zou toch nooit reageren op zo'n slecht gespelde e-mail uit Nigeria waarin je om je bankgegevens gevraagd wordt.*
patois (**het**, g. mv.)	patois <u>*Patois*</u> *is een Frans woord dat op een denigrerende manier verwijst naar talen die gesproken worden buiten het centrum van het taalgebied (Parijs).*
bezweren (ww., onr.)	to prevent, to defuse *Om de revolutie voor meer democratie te* <u>*bezweren*</u>*, beloofde de autocratische heerser meer persvrijheid en beter onderwijs voor vrouwen.*
aanzien verwerven (vaste verb.)	to gain respect or status *De jonge partijleider* <u>*verwierf*</u> *veel* <u>*aanzien*</u> *met haar nuchtere en constructieve voorstellen om werkloosheid tegen te gaan.*

geen kaas gegeten hebben van (iets) (vaste verb.)	to not know anything about (something) *Het is wel duidelijk dat de huidige regering geen kaas heeft gegeten van onderwijsvernieuwing. Het zal niet lang duren voor er massale ontslagen en stakingen komen.*
geen moeite sparen (vaste verb.)	to spare no effort *De ouders van het bruidspaar hadden geen moeite gespaard om het hun gasten naar de zin te maken. Alles was tot in de puntjes verzorgd.*
allerhande	all sorts of *In die winkel verkopen ze allerhande kazen, van Franse tot Italiaanse en Engelse.*
floreren (ww.)	to flourish *De portret- en interieurschilderkunst in Nederland floreerde in de zeventiende eeuw omdat burgers over meer geld beschikten en dat graag wilden laten zien.*
taalrubriek (de, -en)	language column *In zijn taalrubriek in de Vlaamse krant De Standaard schreef Eugène Berode in de jaren 80 en 90 over correct taalgebruik; op die manier moest de Vlaming zijn taal beter leren beheersen.*
eendracht (de, g. mv.)	consensus, solidarity, harmony *Eendracht maakt macht is het Belgische devies.*
tweedracht (de, g. mv.)	discord, disharmony *De nieuwe voorzitter slaagde er niet in de tweedracht tussen de progressieven en conservatieven in de partij op te lossen.*
aanscherpen (ww., onr.)	to sharpen, to strengthen *Het beleid rond inburgering zal nog aangescherpt moeten worden, want sommigen vinden het te vrijblijvend.*
verstommen (ww.)	to die out (of noise), to become silent *Het geroezemoes in het cafe verstomde toen de burgermeester binnenkwam. Het werd helemaal stil.*
eensgezindheid (de, g. mv.)	unanimity *In het kabinet heerste er eensgezindheid over de aangekondigde besparingen; iedereen was het ermee eens dat er bespaard moest worden.*
heimwee (de, g. mv.)	homesickness, longing for a certain space or time *Telkens als de lente in de lucht hangt, heb ik heimwee naar mijn kinderjaren op de boerderij. Dan wil ik weer net als vroeger de lammetjes en kalfjes zien en ruiken!*

flamingant (**de**, **-en**)	a Flemish nationalist *Hij is afkomstig uit een familie van <u>flaminganten</u>, dus je moet met hem maar niet spreken over je progressieve ideeën over tweetalige scholen in Vlaanderen.*
evenaren (ww.)	to equal, to match up *Het is onmogelijk de kookkunst van die televisiechef te <u>evenaren</u>. Waarom doe je niet gewoon een gebraden kip met sla en frieten?*
stamverwantschap (**de**, **-pen**)	kinship (romantic term, not literal) *Waar de zogenaamde <u>stamverwantschap</u> tussen Nederland en Vlaanderen een populair idee was in de negentiende eeuw, hoor je daar nu heel weinig over.*
aansluiting (**de**, **-en**)	liaison, connection, link *Wat betreft de integratiekwestie vindt de liberale partij <u>aansluiting</u> bij de conservatieven, omdat geen van beide wil dat er te veel overheidsgeld aan uitgegeven wordt.*
geen sprake zijn van (**iets**) (vaste verb.)	not to be question of (something); to be out of the question *In het geval van de verdachte journalist <u>was</u> er duidelijk <u>geen sprake van</u> chantage en fraude. De man was onschuldig.*
kwalijk	bad, ill, amiss *Het is een <u>kwalijk</u> feit dat zijn naam geassocieerd wordt met extreemrechtse ideeën. Dat is geen goede reclame.*
wezenlijk	actual, real *Veel mensen vragen zich af wat het <u>wezenlijke</u> doel is van de interventie van westerse landen in het Midden Oosten.*
vermommen (ww.)	to disguise as, to be dressed up as *De herorganisatie werd <u>vermomd</u> als verbetering, vernieuwing en zogenaamde 'rationalisering' van het bedrijf.*
onverdacht	unsuspicious *De nieuwe maatregel rond ziekteverlof leek <u>onverdacht</u> en werd zonder veel discussie goedgekeurd. Later begreep men pas wat de gevolgen waren voor langdurig zieken.*
een dode letter blijven (vaste verb.)	to be a paper tiger, to remain idle words *Veel wetgeving rond racisme en discriminatie <u>blijft een dode letter</u> in de praktijk, omdat racisme en discriminatie vaak moeilijk te bewijzen zijn.*
uitstraling (**de**, **-en**)	reputation, image *Ondanks de negatieve pers, heeft de president nog steeds een heel positieve <u>uitstraling</u>. Veel mensen geloven dat hij echt dingen kan veranderen.*

naar de letter (vaste verb.) — to the letter
Sommige fundamentalistische christenen leven <u>naar de letter</u> van de Bijbel, dus daar zwijgen vrouwen als hen niets gevraagd wordt.

naar de geest (vaste verb.) — to the spirit
De meeste hedendaagse christenen leven <u>naar de geest</u> van de Bijbel en beseffen dat het een product van zijn tijd is. De moraal moet daarom niet al te letterlijk genomen worden.

baat het niet, dan schaadt het niet (vaste verb.) — it may not be a benefit but it won't do any harm either
Ik laat thuis voor alle zekerheid een paar lichten aan als we een weekend weggaan, want je weet nooit met al die inbraken tegenwoordig. <u>Baat het niet dan schaadt het niet.</u>

ongeneeslijk — incurable
Zijn oom lijdt al jaren aan een <u>ongeneeslijke</u> ziekte. Volgens de dokters zou hij eigenlijk al lang dood moeten zijn.

plagen (ww.) — to tease, to pester
De katholieke kerk lijdt erg onder de pedofilieschandalen die hen maar blijven <u>plagen</u>. Maar een openbare verontschuldiging is er nog niet van gekomen.

unisono — lit.: with one voice (musical term); here: unanimously
Het bestuur heeft <u>unisono</u> beslist dat de leraar die een verhouding had met zijn zestienjarige student, onmiddellijk ontslagen moet worden.

uitvaardigen (ww.) — to issue
Het stadsbestuur van Rotterdam <u>vaardigde</u> een aantal jaar geleden een gedragscode <u>uit</u>, waarin stond dat iedereen op straat Nederlands moest spreken.

verwijt (het, -en) — reproach, blame, reprimand
Haar <u>verwijt</u> aan de gemeente is dat het veel te lang geduurd heeft voor er iets aan de overlast gedaan werd. Ondertussen was de helft van de straat verhuisd.

laks — slack, slow
Ik heb eigenlijk altijd gedacht dat ambtenaren traag, <u>laks</u> en onbehulpzaam waren, maar als je dan een keertje vlot en prompt geholpen wordt, moet je die mening toch herzien.

oprukken (ww.) — to move forward, to advance
De onverdraagzaamheid tegenover moslims <u>rukt</u> stevig <u>op</u> in Europa.

afgrijselijk — terrible
Wat de ouders van verdwenen kinderen moeten ervaren, is <u>afgrijselijk</u>. Dat wens je niemand toe.

criticaster (de, -s)

a very critical person, with a connotation of nitpicking
small-mindedness
*Moderne kunst heeft altijd veel criticasters gehad, die spotten
dat hun dochter van drie het ook kan.*

jammeren (ww.)

to lament, to wail, to complain
*Als ik eens een keertje niet naar huis kom in het weekend,
begint mijn vader gegarandeerd te jammeren dat ik niets
geef om mijn familie.*

overspannen

here: inflated, exaggerated
*In populaire media tref je een overspannen vrouwbeeld
aan. Vrouwen moeten niet alleen mooi, slank, slim en
succesvol zijn, maar ook een perfecte moeder en
echtgenote!*

vooralsnog

until now
*Ik heb dat boek al weken geleden besteld maar heb
vooralsnog geen bevestiging gekregen dat het verstuurd is.*

sedert

since
*Brood is sedert mensenheugenis een cruciaal element in het
dieet van de westerse mens.*

besmetten (ww.)

to infect, to contaminate
*Ongewassen handen zorgen ervoor dat zwakke patiënten
besmet worden met ziekenhuisbacteria. Daarom moet je
altijd je handen wassen als je iemand in het ziekenhuis
bezoekt.*

flagrant

flagrant, shockingly clear
*Op de financiële afdeling zijn er flagrante fouten gemaakt.
Het duurde maanden voor iemand erachter kwam dat er
meer dan tienduizend euro was verdwenen!*

**zelfgenoegzaamheid
(de, -heden)**

arrogance, conceitedness
*De zelfgenoegzaamheid waarmee figuren uit de financiële
wereld op de televisie kwamen uitleggen waarom ze een
bonus verdienden in een tijd van recessie, veroorzaakte veel
ergernis.*

**misnoegdheid
(de, -heden)**

dissatisfaction, disgruntled feeling
*De misnoegdheid onder het academisch personeel was groot
toen werd aangekondigd dat docenten minder salaris
zouden krijgen.*

verheffing (de, -en)

elevation, edification
*Muziek, literatuur en theater worden vaak als
volksverheffing gezien, terwijl televisie en computerspelletjes
eerder als dom vermaak worden beschouwd.*

onvatbaar	unsusceptible *Studenten zijn vaak <u>onvatbaar</u> voor pleidooien van hun ouders om een studie in functie van een beroep te kiezen.*
pleiten voor (ww.)	to defend, to plead for *Het centrum voor gelijke kansen <u>pleit</u> al jaren <u>voor</u> een vorm van positieve discrimatie bij het recruteren van mensen van allochtone afkomst.*
ongerijmd	absurd, preposterous *Hij vertelde allerlei <u>ongerijmde</u> dingen: eerst zei hij dat hij gisterenavond bij Linda was en daarna had hij het over een avond in de kroeg.*
vervloekt	cursed, damned, darned *Verdorie, als ik dat <u>vervloekte</u> essay maar op tijd af krijg, anders zit ik dik in de puree.*
vermaledijd	cursed (to hell) (archaic, used ironically) *Als ik die <u>vermaledijde</u> vogels te pakken krijg, dan draai ik ze de nek om. Moet je nu kijken hoe die hele auto ondergepoept is!*
tot nader order (vaste verb.)	until further notice *De premier zal <u>tot nader order</u> geen interviews meer geven op televisie, nadat hij een enorme flater beging in een praatprogramma dat live uitgezonden werd.*
schoolmeesterachtig	like a schoolmaster, pedantic *Ik heb altijd een bloedhekel gehad aan die <u>schoolmeesterachtige</u> schoolboeken Nederlands in Vlaanderen: 'zeg niet "patat", maar "aardappel"', alsof er maar één woord voor alles zou bestaan.*
hachelijk	perilous, dangerous, precarious *Ze zaten in een <u>hachelijke</u> situatie, maar ze verloren de moed niet en bleven positief.*

| Vragen bij de tekst

1. In de introductie werd bewust gekozen voor de uitdrukking 'op tram 3 stappen'.

    a. Wat betekent de uitdrukking?
    b. Waarom wordt deze uitdrukking hier gebruikt?

2. De bescherming voor het Nederlands kwam vanuit een bepaalde hoek.

    a. Welke mensen kwamen op voor het Nederlands in de 19de eeuw?
    b. Waarom die groep?
    c. Wie maakte zich sterk voor het Nederlands na de Tweede Wereldoorlog (1945)?
    d. Wat was hun motivatie, denk je?
    e. Verwijst de tekst ook naar de 'rest' van de bevolking? Zo ja, hoe?

3. Begrijp je het standpunt van 'het volk'? Leg uit.
4. De tekst gaat over de Nederlandse Taalunie.

   a. Wat is het doel van de Nederlandse Taalunie?
   b. Hoe kijken de Nederlanders en Vlamingen ertegenaan?
   c. Zou je de verschillen kunnen verklaren? (Dit antwoord vind je niet in de tekst. Denk er zelf over na.)

5. Hoe beschrijft de auteur de Groot-Nederlandse gedachte?
6. Wat werd er bedoeld met 'een van ver op Nederlands lijkend *"patois"*'?
7. Hoe werden de Vlamingen gestimuleerd om 'goed Nederlands' te leren spreken?
8. Waarom was de argumentatie van 'stamverwantschap en bloedbanden' volgens de tekst na de Tweede Wereldoorlog niet meer aanvaardbaar? Welke neutralere terminologie nam haar plaats in?
9. De Taalunie krijgt kritiek over zich heen.

   a. Wanneer en door wie?
   b. Hoe verklaart de auteur de kritiek?

10. Bij de beschrijving van de kritiek die de Taalunie over zich heen krijgt, worden sterk gekleurde woorden gebruikt.

    a. Kun je daar voorbeelden voor geven?
    b. Waarom denk je dat de schrijver deze woordkeuzes maakt?

11. In het citaat van Jeroen Brouwers en het commentaar van de auteur zie je veelvuldig gebruik van een ziekte-metafoor.

    a. Kan je hier voorbeelden van geven?
    b. Denk je dat de auteur het eens is met Jeroen Brouwers?

12. Herlees de volgende zin: 'Van zoveel flagrante zelfgenoegzaamheid kan in dat selecte gezelschap de misnoegdheid hoog oplopen: het Vlaamse volkje blijft voor verheffing compleet onvatbaar!'

    a. Naar wie verwijst 'dat selecte gezelschap'?
    b. Waarom wordt de verkleinvorm 'volkje' gebruikt?

13. De schrijver van het artikel, Kevin Absillis, geeft aan dat de houding van de Nederlandse Taalunie wat ambigu is wat taalvariatie betreft. Leg uit.

3. Woordenschatoefeningen

I   Welk woord hoort niet in het rijtje?

   1. filologen – taalminnaars – letterkundigen – politici
   2. stamverwantschap – modern – broederschap – romantisch
   3. standaardtaal – Verkavelingsvlaams – Poldernederlands – patois
   4. verengelsd – vervuild – beschaafd – laks
   5. vervloekt – spontaan – vermaledijd – afgrijselijk

6. Hollanders – noorderbroeders – Nederlanders – volkje
7. verstommen – gillen – vermommen – verblinden
8. floreren – hoogtepunt bereiken – allure evenaren – creperen
9. zakelijkheid – heimwee – verzuchting – toewijding
10. droom – weerspiegeling – fantasie – werkelijkheid
11. eensgezindheid – unisono – tweedracht – eenwording
12. hachelijk – ongerijmd – onvatbaar – flagrant

II Vaste combinaties

a. Werkwoorden en substantieven vormen veel vaste verbindingen, met een specifieke betekenis. Zoek op in de tekst welke werkwoorden in combinatie met de volgende substantieven gebruikt worden.

   1. tegenstellingen
   2. aanzien
   3. geen moeite
   4. een hoogtepunt
   5. een akkoord

b. Vul een van de bovenstaande combinaties in de zinnen in. Let op de plaats van de verschillende elementen in de zin en de werkwoordstijd.

   1. In de zeventiende eeuw . . . de Nederlandse economie en cultuur een absoluut. Hun handelswaren kwamen van overal, het geld vloeide en schilders en ambachtslieden creëerden prachtige werken voor de nieuwe welgestelde burgers.
   2. Het recente hoofddoekjesverbod op die middelbare school . . . tussen de leerlingen alleen maar. Waarom proberen ze niet iets te verzinnen dat ze verenigt in plaats van verdeelt?
   3. Na nachtenlang vergaderen werd eindelijk . . . ; uiteraard was het een compromis, maar alle partijen waren er min of meer tevreden mee.
   4. Het was een fantastisch feest, de gastvrouw had werkelijk . . . ; er was eten in overvloed, er speelde een bandje en er was champagne à volonté.
   5. Die Iraanse regisseur heeft heel wat . . . in het westen door zijn prachtig gefilmde en aangrijpende films waarmee hij ook een aantal prijzen heeft gewonnen.

III Uitdrukkingen
Vervang in onderstaande zinnen de schuingedrukte woorden door een uitdrukking uit het rijtje. Pas de zin waar nodig aan.

geen kaas gegeten hebben van iets – in een kwalijke geur staan – onder de neus wrijven – een dode letter blijven – achter de schermen – naar de letter – baat het niet, dan schaadt het niet – bij zijn volle verstand

   1. Ik zou hem eens heel graag *heel duidelijk willen zeggen* dat dit niets met hem te maken heeft en dat hij zich met zijn eigen zaken moet bemoeien.
   2. Het kan me eigenlijk weinig schelen of ik die baan krijg of niet; op zich vind ik het wel een interessante gelegenheid om mezelf te profileren, maar anderzijds ben ik ook best tevreden met de baan die ik nu heb; *we zien wel.*

3. Sommige mensen *geloven echt elk woord* en verhaal uit de Bijbel, de Koran of het Wetboek *en nemen die als waarheid aan*, terwijl ik eerder denk dat het met al die belangrijke teksten belangrijk is om ze in een historische context te zien en ze voorzichtig te interpreteren; de waarheid is heel relatief.

4. Het is moeilijk als je ouders bejaard worden en ze niet meer *allemaal op een rijtje hebben*; weinig mensen zijn nog bereid hun ouders in huis te nemen, maar gelukkig zijn er tegenwoordig geweldige verzorgingstehuizen.

5. Ik heb een collega en het is onvoorstelbaar hoe *weinig zij afweet van* computers en bepaalde programma's; ze kan eigenlijk nauwelijks haar e-mails organiseren. Daardoor vindt ze ook nooit iets terug en verliest ze heel veel tijd.

6. Sinds er allerlei schandalen aan het licht kwamen over priesters en misbruik, staat de katholieke kerk *in een slecht daglicht*; hun reputatie is onherroepelijk beschadigd.

7. Ik vermoed dat het het beste is als je eens rustig met een aantal mensen gaat praten; ik zou niet meteen op tafel kloppen, hogerop gaan of de pers contacteren. Dit soort problemen los je best op *zonder dat al te veel mensen ervan horen*.

8. De wetgeving rond seksuele discriminatie op de werkvloer is eigenlijk *weinig waard*, tenminste, ze is er wel, maar niemand die er wat mee doet; ik geloof ook niet dat er al ooit iemand voor veroordeeld is.

IV Uitdrukkingen met oude vormen

a. De tekst bevat een aantal vaste uitdrukkingen, waarin je nog oude verbogen vormen terugvindt, zoals genitieven, die uit het huidige Nederlands verdwenen zijn. Ze komen alleen nog in vaste uitdrukkingen voor en die moet je gewoon uit je hoofd leren. Bekijk de volgende stukjes uit de tekst en kies een van de synoniemen.

de grondwet die meer democratie beloofde dan het <u>ten val gebrachte</u> Nederlandse bewind	in vraag stellen
van de letterkundigen, filologen en anderen <u>stelde</u> bijna niemand Belgie <u>ter discussie</u>.	zich ontfermen over
de Gemengde Commissie die in de daaropvolgende jaren de integratie <u>ter harte nam</u>.	omverwerpen

b. Vul in elk van de volgende zinnen een van deze 3 uitdrukkingen in. Let goed op de plaats en de vorm. Als er woorden tussen haakjes staan, moet je die in de zin invoegen.

1. In de onderhandelingen met de vakbonden wordt de pensioensleeftijd door de werkgevers telkens weer . . . , en zo krijgen de vakbondsleiders het gevoel te dweilen met de kraan open.

2. Wat dat betreft, is het belangrijk dat er een organisatie komt die zich als doel stelt discriminatie op grond van leeftijd en de rechten van ouderen . . .

3. Krantenlezers in Europa hadden verwacht dat het, na het aftreden van Moebarak in Egypte, niet lang zou duren voordat ook Kaddhafi in Libië snel (zou) . . . maar dat duurde aanzienlijk langer.

c. Op de website van het populaire tijdschrift *Onze Taal* vind je een overzicht van dergelijke uitdrukkingen (http://www.onzetaal.nl/taaladvies/advies/staande-uitdrukkingen). Verbind onderstaande veelvoorkomende combinaties met hun betekenis.

1.	te allen tijde	a.	bestemd voor
2.	ter attentie van	b.	volgens mij
3.	uit den boze	c.	over gesproken worden
4.	ter plaatse	d.	voor (de glorie van)
5.	op staande voet	e.	met slechte bedoelingen
6.	ter sprake (komen)	f.	voor (de gebeurtenis van)
7.	ten hoogste	g.	altijd
8.	ter ere van	h.	voor (het voordeel van)
9.	ter gelegenheid van	i.	niet meer dan
10.	mijns inziens	j.	daar, op die plek
11.	ten gunste van	k.	onmiddellijk

V   Vervang in de onderstaande zinnen het schuingedrukte woord met een synoniem uit de woordenlijsten van dit hoofdstuk. Mogelijk heb je een woordenboek nodig.

1. Het is erg jammer dat die laatmiddeleeuwse kerk daar staat te *verkrotten* terwijl er toch geld en interesse is om dit soort gebouwen op te knappen en een nieuwe bestemming te geven.

2. De overwinning van de werkgevers in de pensioensleeftijddiscussie geeft alweer aan dat het vaak weinig zin heeft *in te gaan tegen* beslissingen die zogezegd ter discussie op tafel liggen, maar die eigenlijk al lang vastliggen.

3. Zijn handel in feestproducten *bloeide* tijdens het wereldkampioenschap voetbal, toen het hele land stond te springen om oranje vlaggetjes, bekertjes en balonnen.

4. Hij gooide haar allerlei *verwensingen* naar het hoofd, toen ze hem vertelde dat ze zijn auto de gracht in had gereden. Hij had haar toch gezegd op te passen met het nieuwe stuur?

5. Ik vind het een prachtig gebouw daar aan de gracht, maar je hoort ze al komen, de *muggenzifters*, met hun commentaar dat het niet in de omgeving past en dat het te 'modern' is.

6. We mailden het agentschap een week geleden over de beschikbaarheid van die vakantievilla maar hebben *tot nu toe* geen antwoord van ze ontvangen.

7. Ik vind het echt *verschrikkelijk* wat er in Syrië gebeurd is, zoveel moorden en nodeloos geweld, en dat allemaal voor de eer van een man.

8. Veel mensen vinden zijn uitspraken over het belang van de familie als hoeksteen van de samenleving een beetje *absurd*, zo vlak nadat hij zijn vrouw en kinderen heeft verlaten voor een achttienjarige.

9. De bergbeklimmer bevond zich in een erg *gevaarlijke* situatie, toen het touw doorbrak waarmee hij aan zijn partner hing.

VI Herhalingsoefening. In deze oefening wordt de woordenschat uit hoofdstuk 8 tot en met 10 herhaald.

a. Kies een werkwoord uit het rijtje en vul het in de juiste vorm in de zinnen in. Vul het aan met de vaste prepositie die erbij hoort.

beschouwen (+ prep.) – *uitmonden* (+ prep.) – *zich wenden* (+ prep.) – *zich verzekeren* (+ prep.) – *dwepen* (+ prep.)

1. Mijn oom heeft mijn geadopteerde neef altijd . . . zijn eigen kind. Hij behandelde hem nooit anders dan zijn andere kinderen.
2. Voor je het huis verlaat, moet je . . . er altijd . . . dat alle lichten uit zijn en dat alle deuren gesloten zijn.
3. Onze buurmeisjes . . . vreselijk . . . Justin Bieber maar ik vond die hele jongen maar niets! Wat zagen ze toch in hem?
4. Die ruzies tussen Els en Karin . . . altijd . . . een vrolijk gelach. Ze kunnen gewoon niet lang kwaad op elkaar blijven.
5. Als u nog vragen hebt over de te volgen procedure, . . . u . . . dan . . . de relevante dienst.

b. Parafraseer het schuingedrukte woord met een substantief uit het lijstje dat ongeveer hetzelfde betekent. Pas eventueel het artikel aan.

allochtoon – autochtoon – toewijding – lacune – saamhorigheidsgevoel – voltooiing

1. Grote nationale feesten zijn goed voor een volk. Als alle mensen in een land hetzelfde feest vieren, kan dat de *eenheid* ten goede komen.
2. Dat onderscheid tussen *Nederlanders* en *niet-Nederlanders* is eigenlijk niet meer van deze tijd, vind je niet? Wat maakt het nou uit waar je ouders geboren zijn?
3. Ik denk dat je heel erg trots mag zijn op de *afronding* van je project. Je hebt er heel hard aan gewerkt en het resultaat is prima!
4. Het is een *gat* in de wet op discriminatie dat er niets wordt gezegd over sociale klasse: je mag niet discrimineren op basis van gender, ras, godsdienst of seksualiteit, maar je mag wel iemand discrimineren omdat hij armer of rijker is dan jij.
5. De *zorg en aandacht* die Moeder Theresa voor de kinderen van Kolkata had, blijft nog steeds mensen inspireren.

c. Kies in elke zin het woord uit het rijtje dat de vaste verbinding compleet maakt.

1. Hij weet erg goed zijn familie naar zijn *hoofd/hand/nek* te zetten. Zijn familie is het altijd met hem eens.
2. De jongste zoon spreekt al een aardig *woordje/taaltje/zinnetje* mee in beslissingen over waar de familie op vakantie gaat. Vorig jaar zijn ze op zijn advies naar Andalusië gegaan.
3. Toen ik mijn bejaarde oom vorige zondag in de kerk zag, was hij helemaal de *muts/kluts/klets* kwijt. Hij wist nauwelijks wie ik was en was de hele tijd op zoek naar zijn jas.
4. Tijdens de vergadering over het mogelijk ontslag van tientallen werknemers hield ik de *toren/kerk/mening* in het midden. Ik koos geen partij tussen de vakbonden en de directie.
5. Tijdens onze les heeft de docent het altijd *gemikt/gericht/gemunt* op Abbi, heb je dat ook al gemerkt? Zij kan echt niets goed doen.

4. Spreekoefeningen

De meeste mensen zijn het erover eens dat het belangrijk is om een heldere schrijfnorm te hebben, maar toch hebben niet alle talen regulerende instituten zoals de Taalunie. Daarnaast hebben die instituten ook niet altijd dezelfde doelen: sommige zijn dogmatischer dan andere. De taalnormen zijn als gevolg niet altijd even expliciet of uniform, wat tot discussie kan leiden. Maar ook als er van staatswege duidelijke normen worden gesteld, wordt er vaak nog hevig over gedebateerd. Het blijkt dus geen makkelijke taak te zijn.

1. Formeel debat over stellingen

Houd een debat over één van de volgende stellingen. Verdeel je in twee groepen, een voor en een tegen, en duid een moderator aan. Elke groep kiest een woordvoerder, en bereid samen de standpunten voor. Denk vooral ook aan de tegenargumenten die de andere groep zal gebruiken, en pas je taalgebruik aan de formelere spreeksituatie aan.

– Op de nationale televisie en radio moet er altijd standaardtaal gesproken worden.
– Op scholen mag alleen standaardtaal gesproken worden.
– Het is belangrijk dat kinderen zich leren uitdrukken, zowel in spreken als in schrijven, en het maakt niet uit als ze fouten maken tegen de regels van de standaardtaal.
– Het is de taak van de Taalunie taalverloedering tegen te gaan, daarom moeten ze duidelijk, regulerend optreden.
– Standaardiseren van talen is onzin; iedereen moet zich uitdrukken zoals hij of zij dat wilt.

Het debat kan in verschillende rondes verlopen, waarbij elke groep afzonderlijk spreekt. Daarna kan er nog een lossere discussie volgen. De disucssie kan opgenomen worden om zo achteraf de kwaliteit van de argumenten en van het taalgebruik van de verschillende groepen te kunnen bespreken.

5. Internetresearch

1. Ga naar de website van de Nederlandse Taalunie (http://www.taalunieversum.org) en zoek naar wat de Taalunie allemaal doet. Voor wie zijn ze er? Wat doen ze allemaal om de Nederlandse taal te steunen en te stimuleren? Er staan heel wat interessante filmpjes op de site die je kunnen helpen. Bedenk of dit is wat je verwachtte. Vind je dat ze goed werk doen? Zijn er dingen die je niet terugvindt?
2. Zowel in hoofdstuk 9 als in dit hoofdstuk las je over het Poldernederlands en het Verkavelingsvlaams. Kijk eens op de website van Jan Stroop (http://www.janstroop.nl), een Nederlandse taalkundige die het Poldernederlands voor het eerst beschreef. Hij heeft een hele website over het Poldernederlands. Voor het Verkavelingsvlaams (of tussentaal) kan je beginnen bij Wikipedia. Veel voorbeelden van deze taalvariëteit en attitudes erover vind je via het blog van enkele onderzoekers van de Universiteit Antwerpen: 'de manke usurpator' (http://demankeusurpator.wordpress.com). Ga nu wat uitgebreider onderzoeken waar deze varianten voor staan, met betrekking op de volgende kenmerken:

- Wat is er anders dan in het Standaardnederlands?
- Wie spreekt het?
- Waar wordt het gesproken en in welke situaties?
- Waar komt deze vorm vandaan?
- Waarom gebruiken mensen het?

3. Zoek wat meer informatie over de aspecten van de Nederlandse en Belgische geschiedenis waarnaar in de tekst verwezen wordt, zoals bijvoorbeeld: de Belgische revolutie of de 17 Verenigde Provinciën. Handige websites zijn http://www.20eeuwennederland.nl/periodes/, http://entoen.nu en http://ww.w.geschiedenis24.nl, een televisiekanaal met op de website interessante dossiers.

6. Verder surfen en lezen

- http://taalschrift.org/discussie/001943.html: in 2008 schreef Jaap van der Horst het boek *Het einde van de standaardtaal*, dat heel wat stof deed opwaaien. Op deze site kan je een samenvatting van zijn stelling lezen en een tegenargument van een andere taalkundige, Frans Daems.
- http://boeken.vpro.nl: op de website van het programma *VPRO Boeken* van de Nederlandse omroep VPRO vind je meer informatie en ook een interview met Van der Horst.
- http://www.vanoostendorp.nl/linguist/sijs.html: hier kan je een bespreking lezen van Nicoline van der Sijs' bekende boek *Taal als mensenwerk, over het ontstaan van het ABN*.

Source

Text: based on Kevin Absillis, 'Dromen van culturele eenwording', in: *Knack*, 14 September 2010.

Chapter 12: Duel

1. Vooraf

De novelle *Duel* van Joost Zwagerman is een literaire tekst die door critici 'nagelbijtend spannend' is genoemd. In dit laatste hoofdstuk lezen we het begin van dit boek. Het verhaal speelt zich af in de Amsterdamse wereld van kunstenaars en musea.

a. Ga jij vaak naar het museum?
b. Welke Amsterdamse museums ken je?
c. Houd je meer van oude kunst of moderne? Waarom?
d. Zou je het spannend vinden om in een leeg museum te wonen? Waarom?
e. Kun je enkele bekende Nederlandse schilders noemen?
f. En bekende Nederlandse auteurs?

▨ Over de teksten

Zwagermans boek heeft twee prologen. Hierin worden enkele gebeurtenissen verteld die belangrijk zijn voor de rest van het boek. Beide prologen staan hieronder.

2. Teksten, woordenschat en vragen

Tekst 1   Proloog

Godverdomme, die hand, die vuist! Jelmer Verhooff keek naar het <u>opengereten</u> canvas en merkte dat er ergens in zijn binnenste een jongetje probeerde <u>op</u> te <u>krabbelen</u> dat om zijn mamma riep. Nou goed, geen jongetje, een <u>joch</u>. Een grote <u>vent</u>. Een grote vent van negen jaar die bij het schoolzwemmen eindelijk <u>duiken</u> had geleerd en die aan het eind van die ene zwemles tijdens de laatste tien minuten van het 'vrij zwemmen' en onder het oog van al zijn klasgenoten <u>onbevreesd</u> de hoge duikplank besteeg, bijna zes meter hoog. Hij zou de hele wereld laten zien wie hij was.

De grote vent <u>zette zich af</u> met de voorkant van zijn voeten – en vanaf het ogenblik dat die voeten van de duikplank <u>veerden</u> en hij het water op zich af zag komen, wist hij dat hij een vreselijke vergissing had begaan; als een voedselzak die vanaf grote hoogte uit een helikopter wordt gedropt, viel de grote vent <u>loodrecht</u> naar beneden. Toen hij plat op zijn buik op het water terechtkwam, <u>stond</u> zijn huid direct <u>in lichterlaaie</u>. Eenmaal onderwater (en nog steeds vlammend) zag en hoorde hij niets meer, en de grote vent wenste dat hij niet boven zou komen. Aan de rand van het zwembad stond natuurlijk de hele klas, achtentwintig leerlingen met <u>ogen op steeltjes</u>, die het niet <u>waagden</u> om te gaan lachen – dat gebeurde later die dag, in de blauw-wit<u>betegelde</u> kleedruimte en in de bus terug naar school, en dat lachen zou het hele schooljaar <u>aanhouden</u>, een tornado van <u>gejoel</u> en <u>geschater</u>.

Maar eerst waren er de handen die hij bij zijn rug en <u>middel</u> voelde. De badmeester bleek hem met kleren en al te zijn nagesprongen en <u>loodste</u> hem met vaste hand naar de rand van het bad. <u>Proesten</u>, hoesten, slikken, huilen. De grote vent moest op zijn rug blijven liggen op de koude tegels. Hij werd beklopt, <u>bepoteld</u>, de badmeester in zijn <u>doorweekte</u> shirt hield voortdurend een hand onder zijn nek.

Toen hij eindelijk mocht opstaan en <u>wankelend</u> op zijn benen stond, zag hij dat zijn schooljuf, die was <u>toegesneld</u>, wit van schrik naar zijn bovenbenen en buik staarde. 'Jongen toch, jongen toch . . .' Juf Vreugdehil droeg felblauwe plastic <u>hoesjes</u> om haar schoenen, een soort <u>badmutsjes</u> voor voeten.

Zijn buik was dieprood. Misschien, dacht hij, trok die kleur nooit meer weg. Zijn gezicht brandde het ergst.

De juf was naast hem <u>neergehurkt</u> en <u>aaide</u> hem met beide handen over zijn haar – ook dat nog. Dat gebaar was de <u>genadeklap</u>; de handen van juf Vreugdehil vormden de accolades rond zijn <u>vernedering</u>.

In de dagen nadat zijn hand, half tot vuist <u>gebald</u>, het canvas had geraakt, moest Verhooff meer dan eens aan die middag in het <u>Sportfondsenbad</u> terugdenken. Maar waren de twee situaties werkelijk te vergelijken? Wat kostte chloorwater eigenlijk? Hing er een prijskaartje aan al die kubieke meters water in het zwembad? Het water had hem <u>gepijnigd</u>, maar had hij op zijn beurt het water <u>beschadigd</u>? Kom, kom.

Over de waarde van het <u>gescheurde</u> canvas zou niemand kinderachtig doen. Die was – hij had het voor de zekerheid nagevraagd bij Olde Husink – een <u>slordige</u> dertig miljoen euro. Dat was een <u>bescheiden</u> schatting. En dan het <u>modderfiguur</u> dat hij had <u>geslagen</u>. Achtentwintig klasgenoten hielden, zo <u>kwam</u> het hem de rest van het schooljaar <u>voor</u>, niet op met lachen. Woehaa, daar had je <u>baksteentje</u> Verhooff! Als aan het licht zou komen dat hij eigenhandig *Untitled No. 18, 1962* had beschadigd, door wie zou hij dan tot aan het einde der tijden worden bespot en nagewezen? Hij moest reëel zijn: door – en ook dat was bescheiden geschat – de complete wereldbevolking.

Woordenschat bij tekst 1

openrijten (ww., onr.)	to tear open *Die avond keken ze naar een natuurfilm. Een grote leeuw stond bij het <u>opengereten</u> kadaver van een zebra.*
opkrabbelen (ww.)	to scramble to one's feet, to stand up with difficulty *Tijdens het schaatsen was hij op het ijs gevallen. Langzaam <u>krabbelde</u> hij <u>op</u>, maar dat was niet makkelijk.*

joch (het, **-ies**)	boy, lad *Hij was een <u>joch</u> van een jaar of tien, geen jongetje meer, maar toch ook nog geen man.*
vent (de, **-en**)	guy, fellow, bloke *Toen ik gisteren met een lekke band langs de kant van de weg stond, kwam er een <u>vent</u> op me af met een Amsterdams accent, die lachte maar niet hielp!*
duiken (ww., onr.)	to dive *Hij houdt van lezen. Als hij thuiskomt, <u>duikt</u> hij onmiddellijk in een boek.*
onbevreesd	without fear *Jan heeft hoogtevrees, maar Saskia stapte <u>onbevreesd</u> de lift in, op weg naar het hoogste punt van de Euromast in Rotterdam, 185 meter boven de grond.*
zich afzetten tegen (ww.)	here: to push off against *Toen het startschot klonk, <u>zetten</u> de hardlopers <u>zich af</u> tegen het startblok en begonnen te rennen.*
veren (ww.)	to bounce *De duiker stond op de duikplank en <u>veerde</u> op en neer.*
loodrecht	perpendicular; *loodrecht naar beneden*: straight down *Twee lijnen staan <u>loodrecht</u> op elkaar als ze een hoek van 90 graden maken.*
in lichterlaaie staan (vaste verb.)	to be ablaze *Toen de brandweer eindelijk arriveerde, <u>stond</u> het huis al een paar uur <u>in lichterlaaie</u>.*
met ogen op steeltjes (vaste verb.)	stupefied (lit.: with eyes on stalks) *<u>Met ogen op steeltjes</u> keken de jongens naar het brandende huis. Nog nooit hadden ze zoiets gezien.*
wagen (ww.)	to dare *Ze <u>waagden</u> het niet om dichterbij te komen. Dat vonden ze veel te eng.*
betegelen (ww.)	to tile *Hij heeft de badkamer opnieuw <u>betegeld</u>.*
aanhouden (ww.)	here: to go on, to continue *Het droge weer <u>houdt aan</u>. Dat is niet goed voor de landbouw.*
joelen (ww.)	to whoop, to roar *Toen de les op vijf december was afgelopen, renden de kinderen <u>joelend</u> naar buiten.*

schateren (ww.)	to roar with laughter *Telkens als zij kijkt naar een film met de Dikke en de* *Dunne (Laurel en Hardy) moet zij* <u>schateren</u> *van het* *lachen.*
middel (het, -s)	waist *Hij bracht haar naar de dansvloer, pakte haar bij haar* <u>middel</u> *en begon te dansen.*
loodsen (ww.)	to pilot, to steer *Langzaam* <u>loodste</u> *de loodsboot het grote schip de haven van* *Rotterdam binnen.*
proesten (ww.)	to splutter *Ze* <u>proestte</u> *van het lachen.*
bepotelen (ww.)	to touch, to paw *Die huisarts heeft zijn vrouwelijke patiënten* <u>bepoteld</u> *op een* *manier die immoreel kan worden genoemd.*
doorweekt	soaked *Hij had uren in de regen gelopen. Zijn kleren waren* *helemaal* <u>doorweekt</u>.
wankelen (ww.)	to stagger *De bokser kreeg een enorme klap. Hij* <u>wankelde</u> *en viel* *knock-out op de grond.*
toesnellen (ww.)	to rush towards *Toen hij zag dat er op de straat een briefje van 100 euro* *lag,* <u>snelde</u> *hij* <u>toe</u>.
hoes (de, -zen)	cover *Sommige mensen doen een plastic* <u>hoes</u> *over de bank* *in hun woonkamer om haar te beschermen tegen stof* *en vuil.*
badmuts (de, -en)	swimming cap *In het zwembad dragen veel zwemmers een* <u>badmuts</u>.
neerhurken (ww.)	to squat down *Ik keek naar het poesje dat op de grond zat. Ik* <u>hurkte</u> *bij* *het beestje* <u>neer</u> *en zei: 'Heb je honger?'*
aaien (ww.)	to stroke, to caress *Toen* <u>aaide</u> *ik hem over zijn kop. Poezen vinden het heerlijk* *als ze* <u>geaaid</u> *worden.*
genadeklap (de, -pen)	final blow, *coup de grâce* *Toen Ajax in de laatste minuut van de tweede helft een* *derde doelpunt scoorde, was dat de* <u>genadeklap</u>. *Feyenoord* *verloor de wedstrijd met 3-1.*

vernedering (de, -en)	humiliation *Ajax werd met 5-1 verslagen door een onbekende Duitse* *voetbalclub. Wat een <u>vernedering</u>!*
ballen (ww.)	to clench *Als Nederland en Vlaanderen samenwerken kunnen ze* *samen een grotere vuist <u>ballen</u> in Europa.*
Sportfondsenbad (het, -en)	swimming pool (run by a national organisation called Sportfondsen) *Als kleine jongen ging hij iedere zaterdag zwemmen in het* *<u>Sportfondsenbad</u>.*
pijnigen (ww.)	to hurt *Als je diep nadenkt, <u>pijnig</u> je je hersenen.*
beschadigen (ww.)	to damage *Hij vindt het heel vervelend dat zijn nieuwe auto* *<u>beschadigd</u> is.*
scheuren (ww.)	to tear *Sint Maarten is een Hongaarse heilige. Toen hij op een* *koude winteravond een man ontmoette die geen warme* *kleren had, <u>scheurde</u> hij zijn jas in twee stukken en gaf* *hem de helft.*
slordig	here: cool, tidy, considerable *De Russische miljonair betaalde een <u>slordig</u> bedrag van* *30 miljoen euro voor een onbekend schilderij van* *Picasso.*
bescheiden	modest *Hidde heeft minder geluk dan zijn vriend Jelmer:* *hij woont niet in een groot huis, maar in een <u>bescheiden</u>* *woning.*
een modderfiguur slaan (vaste verb.)	to make a fool of oneself, to cut a sorry figure *Vernedering is niet fijn. Niemand wil een <u>modderfiguur</u>* *slaan. Maar dat gebeurde toen de acteur tijdens een* *voorstelling van King Lear zijn tekst vergat.*
voorkomen (ww., onr.)	here: to seem, to appear *Het <u>komt</u> me <u>voor</u> dat zij te weinig eet. Zou ze een* *eetstoornis hebben?*
baksteen (de, -stenen)	brick *In Nederland zijn de meeste huizen gemaakt van* *<u>baksteen</u>.*

Vragen bij tekst 1

1. Waarom is het geen jongetje, maar een grote vent van negen jaar die om zijn mama roept?
2. Waarom was het gebaar van juffrouw Vreugdehil 'de genadeklap'?
3. Er worden twee verhalen verteld. Welke?
4. In welke opzichten zijn de situaties in de twee verhalen te vergelijken? En in welke opzichten niet?
5. Wat weten we over 'het canvas'?
6. Nu je de eerste proloog hebt gelezen: waar denk je dat de novelle *Duel* over gaat?

Tekst 2 Nee, dít is de proloog

Amerikanen kunnen het heel goed: een retorische vraag stellen, en die dan in ongeveer dezelfde bewoordingen bevestigend beantwoorden.

Is Muhammed Ali the best boxer of all times? I'll say, Muhammed Ali is definitely the best boxer of all times!

Zo dus.

Op precies dezelfde manier sprak de curator van het Museum of Modern Art in New York tijdens een diner met veel kunstcollega's in de stad over mijn tijdelijke onderkomen. De curator, een knappe jongen met blond haar, een scheiding in het midden en een half cirkeltje roos op zijn donkerblauwe blazer, raakte maar niet uitgepraat over mijn, ja, stunt – want dat was het wel een beetje.

Y'know, it's incredible if you think about it. Does Jelmer Verhooff have the most sensational loft in Amsterdam? Well, in my opinion Mr Verhooff surely has the most sensational loft in Amsterdam!

Ik zei al: zo dus.

Sinds het van MOMA-wege op deze manier is verwoord, is het officieel en onweerlegbaar: ik heb de spectaculairste woonstek van Amsterdam.

Dat moet je onder Nederlanders natuurlijk niet zo direct uitspreken. Maar na het bliksembezoek van de Amerikaanse curator (in verband met een bruikleen van een Malevitsj uit onze collectie) blijf ik het toch zeggen: niemand in Amsterdam woont mooier dan ik. Mijn zitkamer is een halve museumzaal. Om maar iets te noemen.

Voordat bij anderen de afgunst oplaait, voeg ik er dan snel aan toe dat het 'maar tijdelijk' is. En als ik erbij vertel dat ik niet beschik over een badkamer of een douche en dat ik in dat spectaculaire onderkomen van mij in feite functioneer als een veredelde antikraakwacht, is ieder binnenbrandje van afgunst snel geblust.

Ondanks de geweldige locatie en het gigantische aantal vierkante meters is het ook wel afzien. Het onderkomen valt in de winter nauwelijks warm te stoken. En kun je een minimum aan huiselijke sfeer creëren in die kantoorvertrekken en de kleine museumzaal in de zogeheten Nieuwe Vleugel, die nu mijn huis-, werk-, zit- en slaapkamer vormen? Goed, ik heb uitzicht over het Museumplein, maar overdag lopen op dat grasveld allerlei vreugdeloze figuren hun hond uit te laten – want dat uit de kluiten gewassen plantsoen is natuurlijk één grote poepstrook, in het weekend bevolkt door de amateurvoetballers die hun slidings maken op een bedje van uitgesmeerde hondenstront en die bij een schot op goal – met twee hoopjes kleren als provisorische doelpalen – een stukje hard geworden bolus mee omhoogtrappen. 's Avonds en 's nachts is er nauwelijks verlichting, zodat er niet veel meer overblijft dan een sinistere vlakte, een duister vacuüm tussen Concertgebouw en Koninklijk Museum.

Intussen kan ik mijn geluk niet op. Ik bewoon een deel van de eerste en tweede verdieping van de Nieuwe Vleugel (die allang niet meer nieuw is en mettertijd zal worden afgebroken) van het Hollands Museum, en met dat wapenfeit in de binnenzak is het morsige grasveld van het Museumplein een bagatel. Aan één kant heb ik uitzicht op de bedrijvigheid van de Van Baerlestraat; aan de andere kant strekt zich die weidse vlakte uit en kan ik bij wijze van spreken naar binnen kijken in de directiekamer van het Koninklijk Museum, die is gevestigd in een kapitaal pand op een steenworp afstand van het gebouw van het Koninklijk zelf. Collega Henfling houdt daar kantoor. In mijn tijd als directeur van de Kunstloods in Rotterdam heb ik weleens, om een bruikleen van een Hobbema te bespreken, belet gevraagd bij Henfling. Aan de wand achter zijn bureau hing een binnenhuistafereel van Van der Helst, dat zó op zaal had gekund.

In de eerste maanden kreeg ik bezoek van politici, CEO's, mediatypes, schrijvers en kunstenaars die mijn woonstek van binnen wilden bekijken. Sommigen hadden het erover dat ze het wilden komen 'meemaken'; alsof men een event verwachtte. De meesten waren vrij snel uitgekeken op de drie kantoorvertrekken die ik had betrokken – de museumzalen zelf liet ik 'onbewoond'. Niemand had oog voor de vergadertafel, die door Donald Judd voor het Hollands was gemaakt. Tegenwoordig vertel ik soms aan gasten dat ze met hun ellebogen steunen op een échte Judd, met een waarde van anderhalf miljoen euro. Wie goede bedoelingen heeft, strijkt dan plichtmatig over het tafelblad, maar de meeste bezoekers drukken al even onwillekeurig hun rug tegen de stoelleuning, miniem achteruitdeinzend van ergernis. Je ziet het ze denken: hij moet het niet te dol maken, dat piepjonge directeurtje. Een groep studenten van de Rijksacademie zette grote ogen op; ze gaapten het tafelblad aan alsof Donald Judd er zelf ter plekke uit zou oprijzen. Ze sprongen, al zittend aan tafel, in de houding. Ik gaf hun een extra lange rondleiding.

De meeste gasten vinden het vooral een belevenis om door de lege zalen te dwalen. Sommigen hebben er tientallen keren rondgelopen om tentoonstellingen te bezoeken, en nu alle zalen leeg zijn, zweeft er voor hen pure magie door het gebouw. Onbewoond en ongebruikt – lege ruimtes spreken altijd tot de verbeelding, niet alleen bij kinderen. In iedere man schuilt een balorig joch: zelfs als ze al bijna zestig zijn, moeten ze even iets door de zalen roepen. 'E-chooo!' Het lege gebouw geeft iedereen het – hoe zal ik het noemen – *Night at the Museum* gevoel, alleen dan zonder de kunstwerken die 's nachts tot leven komen. Je kunt niet alles hebben.

Praktische details vindt men minder boeiend. Leeg of niet, de zalen moeten worden schoongehouden met het oog op de ophanden zijnde verbouwing. Dus het schoonmaakbedrijf werkt gewoon door. Ik moet daar niet van maken dat ik een werkster heb die voor vijfduizend euro in de maand de boel schoonhoudt, want dat riekt naar verspilling en bevoorrechting.

En over de stookkosten zal ik het maar niet hebben. Dat zijn bedragen waar ikzelf ook even stil van werd. Toch had ik het in de wintermaanden authentiek koud. Op avonden in januari, als het Museumplein er op z'n duisterst bij lag, zat ik onder drie dekens op mijn chesterfield te rillen en kostte het niet veel moeite me te verplaatsen in de spreekwoordelijke kunstenaar op zijn zolderkamertje. Maar ook op dat soort momenten vergeet ik niet dat mijn onderkomen tijdelijk is.

Woordenschat bij tekst 2

onderkomen (het, -s)	accommodation *Toen hij nog in Parijs woonde, had hij een klein <u>onderkomen</u>: een kamertje op de bovenste verdieping met een bed, een kitchenette en een toilet.*
scheiding (de, -en)	here: parting (in the hair) *Hij draagt zijn <u>scheiding</u> altijd in het midden.*
roos (de, g. mv.)	dandruff *Hij heeft last van <u>roos</u>. Dat kun je vooral zien als hij donkere kleren draagt.*
van -wege (vaste verb.)	on behalf of –, by – *Veel studiebeurzen worden <u>van</u> overheids<u>wege</u> betaald.*
onweerlegbaar	irrefutable *Het is volgens velen een <u>onweerlegbaar</u> feit dat de opwarming van de aarde wordt veroorzaakt door de mens.*
woonstek (de, -ken)	living quarters *Te koop aangeboden: prachtige <u>woonstek</u> met drie badkamers aan een Amsterdamse gracht.*
bruikleen (de, -lenen)	loan (of something in order to use it) *Ik heb hem mijn iPod in <u>bruikleen</u> gegeven, maar ik wil hem over een paar maanden wel terug!*
afgunst (de, g. mv.)	jealousy, envy *Toen de bekende acteur een tweede Oscar kreeg, zagen zijn collega's groen van <u>afgunst</u>.*
oplaaien (ww.)	to flame up *Nadat het maanden stil was geweest, <u>laaide</u> het conflict in de grensregio weer <u>op</u>.*
veredelen (ww.)	to ennoble, to refine *Deze <u>veredelde</u> orchidee heeft meer kleuren dan orchideeën die in de natuur voorkomen.*
antikraakwacht (de, -en)	anti-squatter *Een kraker woont in een leegstaand huis zonder dat hij toestemming heeft. Sommige huiseigenaren laten <u>antikraakwachten</u> in hun huizen wonen zodat er geen krakers komen.*
blussen (ww.)	extinguish, quench *De brandweer was snel ter plaatse om het huis dat in lichterlaaie stond, te <u>blussen</u>.*

afzien (ww., onr.)	to have a tough time *De marathon lopen is <u>afzien</u>. Als je lang hardloopt, krijg je overal pijn, maar toch moet je doorgaan.*
stoken (ww.)	to heat *In de winter moeten zij hun huis dag en nacht <u>stoken</u>. Anders wordt het te koud.*
vertrek (het, -ken)	room *Ik heb een kleine studio in het hartje van de stad. In het <u>vertrek</u> staan een bureau, een bed en een luie stoel. Meer ruimte is er niet.*
uit de kluiten gewassen (vaste verb.)	grown to something bigger *Hij is wat je noemt een <u>uit de kluiten gewassen</u> tiener. Hij is pas 15 en nu al twee meter groot.*
plantsoen (het, -en)	small public garden *Een <u>plantsoen</u> is een parkje met bomen en planten dat openbaar toegankelijk is. De grootte kan variëren van een tuin tot bijna zo groot als een echt park.*
strook (de, stroken)	strip *De meeste autosnelwegen in Nederland en België bestaan uit vier rij<u>stroken</u>.*
uitsmeren (ww.)	to spread out *Sommige mensen <u>smeren</u> de boter op hun boterham zo dun mogelijk <u>uit</u>.*
stront (de, g. mv.)	crap, shit *Poep en <u>stront</u> zijn synoniem, maar stront is van een lager stijlniveau.*
bolus (de, -sen)	turd *Soms ligt de stoep bij ons voor de deur vol met drollen of <u>bolussen</u>.*
vlakte (de, -n/-s)	plain *Een <u>vlakte</u> is een relatief groot stuk grond dat plat is. Denk jij dat het Museumplein groot en plat genoeg is om een vlakte te zijn?*
duister	dark, shady *Ik houd niet van <u>duistere</u> kamers. Geef mij maar een woning met uitzicht op het zuiden!*
mettertijd	in the course of time *<u>Mettertijd</u> wordt de vernis op schilderijen geel. Die moet dan worden schoongemaakt.*

wapenfeit (het, -en)	feat *Het belangrijkste <u>wapenfeit</u> van de Amerikaanse president Richard Nixon was dat hij de banden met het communistische China sterk verbeterde.*
morsig	dirty, messy *Hij is een <u>morsig</u> type. Zijn kleren zien eruit alsof ze in maanden niet gewassen zijn.*
bedrijvigheid (de, -heden)	hustle and bustle *Een mierenhoop is vol <u>bedrijvigheid</u>. Mieren staan erom bekend dat ze altijd bezig zijn.*
bij wijze van spreken (vaste verb.)	as a manner of speaking *Alle grote steden in de provincies Noord- en Zuid-Holland liggen <u>bij wijze van spreken</u> op een steenworp afstand van elkaar.*
steenworp op, een (vaste verb.)	stone's throw *Hij woont <u>op een steenworp</u> afstand van zijn werk.*
belet vragen (vaste verb.)	ask for an appointment (formal) *Toen de minister-president hoorde van de grote financiële problemen, <u>vroeg</u> hij onmiddellijk <u>belet</u> bij de koning.*
betrekken (ww., onr.)	here: to move into *Juffrouw Kwakernaat had haar huis al in februari gekocht, maar zij <u>betrok</u> haar nieuwe onderkomen pas in de tweede helft van juli.*
strijken (ww., onr.)	here: to stroke *Sommige mensen hebben een vervelende tic. Onze directeur <u>strijkt</u> elke vijf minuten door zijn haar.*
plichtmatig	dutiful *Als iemand aardig tegen haar is, vraagt ze zich altijd af of die vriendelijkheid echt is, of onecht en <u>plichtmatig</u>.*
onwillekeurig	involuntary *Toen zij op het feestje met Saskia kennismaakte, moest zij <u>onwillekeurig</u> steeds kijken naar haar neus. Wat was die groot!*
stoelleuning (de, -en)	arm and/or back of a chair *Zij zat rechtop in haar stoel zonder de <u>stoelleuning</u> aan te raken.*
achteruitdeinzen (ww.)	to recoil, to withdraw *Zij is een echte hondenliefhebber, maar toen de buldog opeens begon te blaffen <u>deinsde</u> ze van angst <u>achteruit</u>.*
ergernis (de, -sen)	annoyance *Hondenpoep op straat is altijd een bron van grote <u>ergernis</u>.*

het te dol maken (vaste verb.)	to overdo it (*dol*: crazy, silly) *Een verjaardagskaart, een verjaardagstaart, een surpriseparty...* *en nu heb je ook nog een bandje gehuurd. Volgens mij maak* *je het echt te dol.*
aangapen (ww.)	to gape at *Met ogen op steeltjes gaapte hij haar aan. Nog nooit had hij* *een bejaarde dame zoveel bier zien drinken.*
oprijzen (ww.)	to rise, to emerge *In wereldsteden zoals New York rijzen de wolkenkrabbers* *hoog op.*
in de houding springen (vaste verb.)	to jump to attention *Toen de sergeant de barak binnenkwam, sprongen alle* *soldaten in de houding.*
zweven (ww.)	to float *Boven de horizon zweefden de witte wolken tegen een* *blauwe achtergrond.*
schuilen (ww., onr.)	here: to hide *De zon school achter de wolken. Zo nu en dan verscheen* *hij, maar niet voor lang.*
balorig	wayward, naughty *Zijn oudste zoontje keek hem balorig aan: 'Ik heb die* *koekjes helemaal niet opgegeten.'*
ophanden zijnde (vaste verb.)	imminent *Die maatregelen heeft de minister genomen vanwege de* *ophanden zijnde verkiezingen.*
boel (de, g. mv.)	things *Ik houd niet van verhuizen. Je moet de hele boel inpakken,* *verplaatsen en dan weer uitpakken.*
verspilling (de, -en)	extravagance, waste *Zij vindt joggen een verspilling van energie.*
bevoorrechting (de, g. mv.)	favouritism, privilege *In de tijd van het Romeinse Rijk veranderde de* *onderdrukking van de christenen in bevoorrechting toen* *keizer Constantijn een christen werd.*
erbij liggen (vaste verb.)	to look (used for places) *Amsterdam ligt er vandaag mooi bij. De sneeuw op de* *daken en straten glinstert in de zon.*
rillen (ww.)	to shiver *Toen zij buitenkwam, rilde ze van de kou. Het had die* *nacht gevroren.*

| Vragen bij tekst 2

1. Waarom heeft Jelmer de meest spectaculaire woning in Nederland?
2. 'Dat moet je onder Nederlanders natuurlijk niet zo direct uitspreken.'

    a. Waarom kun je dat niet zeggen?
    b. Wat vertelt Jelmer om zijn uitspraak dat hij de meest spectaculaire woning in Nederland heeft, meer aanvaardbaar te maken?

3. Jelmer vertelt uitgebreid over het Museumplein.

    a. Wat zijn de belangrijkste eigenschappen van dit plein, volgens Jelmer?
    b. Wat kan hij zien vanuit zijn spectaculaire woning?
    c. Welke belangrijke straten en openbare gebouwen liggen er volgens de tekst aan het plein? Kun je er een plattegrondje van tekenen?

4. Wat vindt het bezoek van zijn onderkomen?
5. Waarom gaf hij de studenten van de Rijksacademie een extra lange rondleiding?
6. Waarom vinden de bezoekers een leeg museum magisch?
7. Wat gaat er in de toekomst met het museum gebeuren? En waarom mag Jelmer er tijdelijk in wonen?
8. Waarom is er een tweede proloog, denk je?

3. Woordenschatoefeningen

I   Welk woord past niet in het rijtje en waarom? Bespreek met je medestudenten, er is niet per se maar één goed antwoord.

1. openrijten – scheuren – beschadigen – kapotmaken – pijnigen
2. vlakte – zaal – kamer – vertrek – ruimte
3. pand – onderkomen – woning – woonstek – hoes
4. joch – juf – jongen – vent – man
5. aaien – strijken – bepotelen – bekloppen – wankelen
6. achteruitdeinzen – oplaaien – toesnellen – oprijzen – duiken
7. trappen – schot – ballen – doelpaal – elftal
8. brand – lichterlaaie – blussen – oplaaien – stoken
9. stront – poep – drol – bolus – boel
10. liggen – drukken – hurken – zitten – staan

II   Vul de ontbrekende adjectieven en adverbia in.

slordig – bescheiden – onweerlegbaar – vreugdeloos – mettertijd – plichtmatig – onwillekeurig – balorig – ophanden zijnde – spreekwoordelijk

Pietje heeft een . . . (1) bedrag van anderhalf miljoen euro op de bank staan. Dat vind ik heel veel geld! Sandra heeft een meer . . . (2) saldo van slechts vijf duizend euro.
    Er zijn plannen om de museumdirectie . . . (3) uit te breiden van drie tot vijf leden. Er is echter geen haast bij. Het heeft niets te maken met de . . . (4) reorganisatie, die voorlopig is gepland voor oktober volgend jaar.

Ik ben helemaal niet blij met de service in dit restaurant. Ten eerste vind ik de bediening ... (5): er kan geen lachje af. Bovendien voelt de belangstelling in de gast ... (6) aan: je weet dat ze doen alsof en het niet echt menen. Het lijkt wel of ze liever thuis voor de buis zitten dan dat ze mij een beetje fatsoenlijk willen bedienen.

Jongens zijn stout en meisjes zijn braaf. Dat verschil is niet alleen ... (7), maar het is volgens mij ook een statistisch bewezen, ... (8) feit. Uit onderzoek is namelijk gebleken dat ruim twee derde van alle kinderen die met de rechter in aanraking komt, van het mannelijke geslacht is. Het begint misschien onschuldig met ... (9) gedrag, maar die recalcitrante houding van veel jongens kan wel leiden tot criminaliteit.

Blozen is het ... (10) rood worden van de huid op het gezicht. Je kunt er niets aan doen.

III Vul de ontbrekende werkwoorden in. In iedere zin moet je één werkwoord invullen. De eerste letter van het werkwoord is telkens gegeven. Kies uit de werkwoorden die voorkomen in de woordenlijsten bij de twee teksten.

1. Nadat het een paar dagen had gevroren, w ... Jan zich al op het ijs. Het was wel gevaarlijk, maar hij wilde testen hoe sterk het ijs al was.
2. Midden op de bevroren rivier verloor hij zijn evenwicht: hij w ... en viel met zijn kont op het ijs.
3. Toen s ... het nog altijd vrij dunne ijs en kwam hij terecht in het ijskoude water.
4. Hij ging kopje onder. Toen hij weer boven water kwam, moest hij hoesten en p ....
5. Het was duidelijk: de Elfstedentocht kon nog niet worden georganiseerd. 'Maar als de vorst nog een paar weken a ... , zal het wel lukken', dacht Jan.
6. De fans stonden luidkeels te j ... toen de popster uit zijn limousine stapte.
7. 'Verdorie, nou begint het te regenen! Laten we snel s ... onder die boom.'
8. Dat grote kantoorgebouw stond enkele uren in lichterlaaie. Toen de brandweer het vuur eindelijk leek te hebben geblust, l ... het vuur toch weer o ....
9. Waar had ik toch mijn sleutels neergelegd? Ik p ... mijn hersenen, maar ik kon het me niet herinneren.
10. Zij a ... het paard liefdevol over zijn hoofd.

IV Verwante woorden

a. Welke substantieven horen bij deze werkwoorden uit de tekst? Geef ook aan of het een *de*-woord of een *het*-woord is.

1. beschadigen
2. bezoeken
3. werpen
4. leunen
5. verspillen
6. duiken
7. vernederen
8. scheuren
9. rillen
10. schieten

b. Maak een zin van minstens acht woorden met ieder substantief.

V Bestudeer de woordenlijsten bij de twee teksten nog eens goed.

    a. Vervang de schuingedrukte woorden en woordcombinaties in de onderstaande zinnen met vaste verbindingen uit de twee teksten.

        1. Vanuit zijn zolderkamer kon hij goed zien hoe het huis *brandde*. De vlammen sloegen uit het dak!

        2. Tijdens de première van dat toneelstuk, *maakte* de actrice *een blunder*: ze was haar tekst helemaal vergeten.

        3. Die popzangeres loopt altijd rond met een *grote* lijfwacht: die vent is ruim twee meter lang en zulke brede schouders heb ik nog nooit gezien.

        4. Toen zij de loterij hadden gewonnen, *waren* ze *enorm blij*.

        5. Nou moet je niet *overdrijven*. Ik geef toe dat je een bovengemiddeld salaris verdient, maar je bent nog geen miljonair.

        6. Zij keek hem *stomverbaasd* aan: zoiets had zij nog nooit gezien!

    b. Reageer en gebruik in je reactie een synoniem van het schuingedrukte woord. De synoniemen kun je vinden in de woordenlijsten bij de twee teksten.

        1. Vind jij ook dat Parijs *er* in de herfst mooi *uitziet?*

        2. Ik denk dat het onbeleefd is om *met open mond langdurig* naar iemand te *kijken*.

        3. Heeft Jelmer dat schilderij echt *kapotgemaakt?*

        4. Is het niet moeilijk om dat grote huis in de winter te *verwarmen?*

VI Herhalingsoefening. Deze oefening herhaalt woordenschat uit hoofdstuk 9 tot en met 11.

    a. Kies het juiste werkwoord. Denk aan de vorm van het werkwoord en aan de woordvolgorde.

        1. *aansporen/kleineren/bejegenen*

        Jan Klaassen . . . zijn vrouw Katrijn om hulp te zoeken voor haar slechte gezondheid.

        2. *uitlopen op/bezweren/pleiten voor*

        De dokter die Katrijn bezocht, . . . een streng dieet: hij raadde haar niet alleen aan om minder te eten, maar ook om minder vet te eten en minder frisdrank te drinken.

        3. *bewaken/bejegenen/luiden*

        'U moet echt het dieet proberen,' zo . . . toen het dringende advies van de dokter.

        4. *zich verzetten tegen/zich wenden tot/zich verzekeren van*

        Katrijn wilde niet creperen van de honger, maar toch . . . niet het advies van de dokter: ze besloot om het dieet een paar weken te proberen. Baat het niet, dan schaadt het niet, dacht ze.

        5. *verwerven/verstrekken/vergezellen*

        Als het dieet na die paar weken onvoldoende resultaat zou opleveren, dan zou ze de dokter vragen om haar speciale pillen te . . . die haar gewichtsverlies zouden versnellen.

b. Vervang de schuingedrukte substantieven in de zinnen door een van de onderstaande vijf substantieven. Denk aan de vorm van de adjectieven.

eensgezindheid – overtuiging – voltooiing – verschijnsel – begaafdheid

1. Dat er soms miljoenen dollars worden betaald voor een schilderij, is een *fenomeen* dat ik niet begrijp.
2. Ik huldig de *mening* dat we de kunstwereld en zakenwereld gescheiden moeten houden.
3. Al toen hij heel jong was, vertoonde hij een opmerkelijk muzikaal *talent*. Nu is hij een bekende pianist.
4. Onder de leden van het kabinet was geen *eendracht* over het beleid dat zou moeten worden gevoerd om de economische crisis het hoofd te bieden.
5. Na de *afronding* van haar studie, ging zij werken voor een groot farmaceutisch bedrijf.

c. Vul de juiste vaste verbinding in onderstaande zinnen in. Kies uit de onderstaande alternatieven. Denk aan de juiste vorm en woordvolgorde.

naar zijn hand zetten – de kluts kwijt raken – geen kaas gegeten hebben van – geen sprake zijn van – te lijden hebben onder

1. Door oorlogen en periodes van aanhoudende droogte . . . de Derde Wereld vaak honger.
2. Hij vond die negentiende-eeuwse roman over de familie Dercksz zo ingewikkeld dat hij halverwege. . . .
3. Dat vakantiecentrum adverteert dat er bij hen . . . rust: er is altijd wat te doen. Dat vindt Johanna niet zo prettig. Voor haar bestaat de ideale vakantie uit niets doen en uitrusten.
4. Mijn tante . . . computers: ze kan haar computer wel aan en uit zetten, maar hoe ze een e-mail moet versturen weet ze niet.
5. Het tijdschrift bevat een artikel over miljonairs. De auteur schrijft niet alleen over hun hebzucht, maar ook over hun verlangen naar meer politieke macht. Volgens de auteur willen zij de wereld controleren en. . . .

4. Spreekoefeningen

1. Vertel het verhaal vanuit een ander perspectief

Kun je het incident in het zwembad uit de eerste proloog navertellen, maar niet vanuit het perspectief van Jelmer, maar vanuit dat van de andere aanwezigen? Werk in groepjes. Spreek eerst af wie welke rol heeft. Vertel elkaar daarna het verhaal vanuit het perspectief van die rol. Denk bijvoorbeeld aan de badmeester, juffrouw Vreugdenhil, en aan Jelmers klasgenootjes. Die klasgenootjes kun je onderverdelen in bijvoorbeeld Jelmers beste vriend, de balorige pestkop die iedereen plaagt, en een meisje dat Jelmer nauwelijks kent. Je kunt natuurlijk ook voor andere rollen kiezen. Bespreek na afloop op welke punten de verschillende versies afwijken.

2. Bedenk een spannend verhaal

In de eerste en tweede proloog wordt de achtergrond geschetst van het verhaal in *Duel*. In de eerste proloog wordt een gebeurtenis beschreven die te maken heeft met een schilderij. In de tweede proloog lezen we over een museumdirecteur die woont in een leeg museum. Het eigenlijke verhaal begint in het lege museum en eindigt bij die rampzalige gebeurtenis met dat schilderij. Maar welke gebeurtenissen liggen daartussen? En waarom zou het boek *Duel* zijn genoemd? Bedenk in groepjes een spannend verhaal dat uitgaat van de gegevens uit de proloog. Vertel elkaar je verhaal. Stem daarna wie het spannendste verhaal heeft verteld.

5. Internetresearch

1. De meeste schrijvers hebben een eigen website. Ga naar de website van Joost Zwagerman en kijk rond.

   – Wat kun je vertellen over leven en werk van Zwagerman?
   – Op de website vind je een link naar een recensie van *Duel* in de Vlaamse krant *De Standaard*. Daarin wordt het verhaal kort en bondig naverteld. Komt dit overeen met wat jullie hadden bedacht voor de tweede spreekoefening?

2. *Duel* was het Boekenweekgeschenk voor 2010. Wat is de Boekenweek, wat gebeurt er tijdens de Boekenweek, en wat is het Boekenweekgeschenk? Welke organisaties zijn erbij betrokken en wat kun je over die organisaties vertellen? Kijk vooral op de officiële website van dit nationale (en sinds 2012 internationale) evenement. Wie schrijft dit jaar het Boekenweekgeschenk en waar gaat het over?

3. In een eerdere oefening (vraag 3c bij tekst 2) heb je een plattegrond gemaakt van het Museumplein met de museums, concertzalen en straten die daar zijn. Zoek op het Internet naar meer informatie over dit beroemde Amsterdamse plein.

   – Komt jouw plattegrond overeen met het werkelijke Museumplein?
   – Zwagerman heeft de namen van sommige museums veranderd. Welke museums die aan het Museumplein liggen, noemt hij en wat zijn hun echte namen?
   – Ga naar de websites van die museums. Waarin zijn deze museums gespecialiseerd? Wat kun je er zien?
   – Bekijk de virtuele tentoonstellingen in die museums (vaak te vinden onder het kopje 'collectie', 'hoogtepunten' en/of 'meesterwerken'). Zoek een favoriet werk uit. Laat dit werk aan je medestudenten zien, beschrijf het in detail, en leg uit waarom je het zo interessant vindt.

4. In de tekst is sprake van twee zeventiende-eeuwse schilders, Meindert Hobbema en Bartholomeus van der Helst. Ga naar de website van het Rijksmuseum en zoek deze kunstenaars op. Wat kun je vertellen over hun leven en werk?

6. Verder lezen en surfen

- Joost Zwagerman, *Duel*, Stichting Collectieve Propaganda van het Nederlandse Boek, 2010: het boek waaruit je de twee prologen in dit hoofdstuk hebt gelezen. Hoe loopt het af?
- http://www.joostzwagerman.nl: dit is de officiële website van Joost Zwagerman.
- http://www.rijksmuseum.nl: ontdek het Rijksmuseum in Amsterdam.
- http://www.stedelijkmuseum.nl: ontdek het Stedelijk Museum in Amsterdam.

Source

Text: slightly abridged from Joost Zwagerman, *Duel*, Amsterdam: Stichting Collectieve Propaganda van het Nederlandse Boek, 2010, pp. 5–10.

Answer key

Vragen bij tekst 1

1.
   a. De tekst onderscheidt hobbyschrijvers (mensen die daadwerkelijk schrijven) en aanstaande auteurs (mensen die nog niet schrijven, maar wel van plan zijn te schrijven).
   b. Er zijn 1 miljoen hobbyschrijvers en 1,5 miljoen aanstaande auteurs.
   c. Onder de hobbyschrijvers zijn 93.000 mensen die van plan zijn om hun manuscript naar een uitgeverij op te sturen.
2. Schrijven is (hard) werken; schrijver zijn is een (aantrekkelijke) toestand waarin men droomt van rijkdom, roem en glorie.
3. Zij schrijven omdat

   – een deel de ambitie/droom heeft om echt te debuteren;
   – een deel het doet voor de ontspanning;
   – een deel het gebruikt als uitlaatklep.

4. De 1 miljoen Nederlanders schrijven vooral blogs, dagboeken, gedichten en korte verhalen, maar nauwelijks grotere projecten zoals een roman.
5. Het zijn vooral vrouwen tussen de 18 en 34 jaar die relatief hoog opgeleid zijn en relatief veel geld hebben.
6. Het is ironisch bedoeld. Waarschijnlijk gaan ze helemaal niet schrijven.
7. Bestselleritis: het fenomeen dat auteurs heel rijk en beroemd worden door één boek dat erg goed verkocht wordt.

Vragen bij tekst 2

1.
   a. niet waar (alinea 5: 'Want anders dan muziek of tekenen is creatief schrijven geen apart vak op de basisschool')
   b. waar, althans volgens Dorrestein (alinea 9: 'Maar daarnaast zitten er aan schrijven heel veel ambachtelijke kanten, die je gewoon kunt leren.')
   c. niet waar, dat dacht men, nu verandert dat (alinea 14: 'De (academische) tijdgeest lijkt dus zo langzamerhand wel rijp voor het idee dat literair schrijven toch – net als andere kunstdisciplines – te leren is').

2. In alinea 2.
3.
    a. Twee dingen: een echte schrijver en een kant-en-klaar meesterwerk.
    b. Een zolderkamer, zitvlees, computer, inspiratie, talent, ambitieuze schrijver in spe.
    c. Jarenlang laten sudderen, elke roep om hulp en elk writer's block negeren.
    d. Dat is onduidelijk: de schrijver in ieder geval niet want hij/zij is een ingrediënt! Misschien de uitgever?
4. De verklaringen zijn:

    – romantisch beeld van zwoegende autodidact lange tijd dominant (alinea 2 en 6)
    – het instrumentarium voor schrijven kent iedereen (alfabet, pen, muis) (alinea 6)

5. Durlacher bedoelt dat schrijven zo zwaar is dat het logischer is dat je het niet doet.

| Woordenschatoefeningen

I
1 manuscript: is algemene benaming voor een tekst die (nog) niet gedrukt is; de andere drie zijn concrete vormen 2 basisschool: is algemene opleiding; de andere drie zijn kunstopleidingen 3 daas 4 welgesteld 5 opstel

II
1 welgesteld g berooid 2 schrappen e toevoegen 3 aanstaand i verleden 4 opvallend a on-opgemerkt 5 onbekommerd b zorgelijk 6 daas f opmerkzaam 7 gangbaar j ongebruikelijk 8 zwoegen c luieren 9 opvatting d feit 10 koesteren h verwaarlozen

III
1 gaven 2 haalde haar neus op voor 3 laat staan 4 slagingspercentage 5 gangbaar 6 vaardigheden 7 vergaard 8 aangetrokken gevoeld tot 9 uitgeverijen 10 puilen uit van 11 neerlandicus 12 uitlaatklep 13 op kan brengen 14 ben ik rijp voor het gesticht 15 ze kan uitstekend overweg met het Internet 16 popelend 17 daar is het gat van de deur

IV
a.
1 de kreet (schreeuw) om hulp 2 de trap die naar de zolder leidt 3 de club waar je leert schrijven 4 iemand die een ander coacht bij het schrijven 5 de opleiding waar je leert dansen 6 de schrijver die als hobby schrijft 7 het huis voor de bewoners van een buurt 8 de vereniging die de belangen van een groep mensen verdedigt/behartigt
b.
Voorbeelden van andere samenstellingen zijn: het meesterwerk; het schrijfinstrumentarium; de basistechniek; de strijkstok; de schrijfangst; de basisvoorwaarde; de kunstacademie; de toneelschool; de schrijfclub; de amateurschrijver.

V
    1. Ik kan geen geduld opbrengen om de hele film uit te zien.
    2. Zij hebben gisteren de hele dag gezwoegd aan hun huiswerk.
    3. Als schrijver moet je goed gedeeltes van je eigen tekst kunnen schrappen . . .
    4. Die nieuwe schrijversschool levert aan de lopende band nieuwe schrijvers af.
    5. Die schrijvers kunnen niet alleen overweg met het schrijfinstrumentarium . . .

6. Ik dacht dat ik niet van extreme sporten hield, maar ik heb me gewaagd aan bungeejumpen...
7. Voel jij je ook zo aangetrokken tot de acteur uit die soap?
8. Je kunt merken dat zij haar neus ophaalt voor een auteur die...

Chapter 2 Geluk

Vragen bij de tekst

1. Een gevarieerde arbeidsmarkt maakt ons gelukkiger, omdat er veel uitdaging is. Verder zegt Veenhoven dat carrière maken op zich geen voorwaarde is voor geluk; wat belangrijk is, is dat je het leuk en uitdagend vindt wat je doet, niet dat je hoog op de ladder staat. Anderzijds kan een hogere functie meer vrijheid opleveren, wat wel een rol speelt in het geluksgevoel. Maar meer geld verdienen op zich maakt iemand niet gelukkig. Een salarisverhoging geeft hoogstens een korte opleving van het geluksgevoel, maar dat vlakt snel weer af.
2. De wet van de afnemende meeropbrengst heeft betrekking op de kortstondige opflakkering van het geluksgevoel bij een salarisverhoging. Veenhoven maakt gebruik van deze term wanneer hij het heeft over de relatie tussen geld en geluk.
3. Het werk is saai, ze hebben vervelende collega's of een incompetente baas. Zelfcontrole is belangrijk maar ook of het beroep bij je past. Sommige mensen zijn dan weer neurotisch en zullen elke baan slecht vinden.
4. Geluk is volgens Veenhoven een kwestie van een goede balans tussen positieve en negatieve gevoelens. Daarom is het volgens hem belangrijk een evenwicht te vinden tussen bijvoorbeeld werk en privéleven, zodat als het niet zo goed gaat op het ene vlak, het andere vlak kan compenseren. Verder krijg je een geluksgevoel als je als mens je vermogens goed gebruikt, bezig bent en scherp blijft.
5. Mensen hebben soms de neiging negatieve gevoelens te compenseren door te gaan winkelen, mogelijk aangemoedigd door de reclame die geluk verbindt aan materiële zaken. Volgens Veenhoven is het verband tussen geluk en materieel welzijn beperkt, hoewel een eigen huis of auto wel iets uitmaakt.
6. Kapitalisme is structureel in de toenemende vraag naar wat ons gelukkig maakt, omdat we door het kapitalisme grote problemen als armoede en onderdrukking wegnemen, waardoor er ruimte is om te zoeken naar wat mensen verder gelukkig maakt.
7. Vroeger werden keuzes vooral bepaald door de kerk en familie, maar tegenwoordig bepalen we het vooral zelf. In deze meerkeuzemaatschappij vragen mensen zich af welke keuze hen het gelukkigste zou maken.
8. Het is belangrijk een balans te hebben, je loopt een risico als je je geluk alleen van je werk laat afhangen, want als het daar niet zo goed gaat, ben je erg kwetsbaar. Als je daarentegen een fijne thuisbasis hebt, kan dat een dip in je werksituatie opvangen.
9. We zijn gelukkiger dan ooit omdat de kwaliteit van onze arbeid erg verhoogd is; saaie banen die vroeger door mensen werden gedaan, zijn nu door machines overgenomen. Er is een gevarieerd aanbod en veel keuze, waardoor we interessant bezig kunnen zijn, en dus gelukkiger worden.
10. Het geluk is lang constant geweest, maar tijdens de agrarische revolutie (vermoedelijk late middeleeuwen tot vroeg negentiende eeuw) stortte het in. Na de industriële revolutie gaat het weer naar boven en is het naar boven blijven gaan.

11. Veenhoven haalt Japan aan als voorbeeld van een collectieve samenleving waar je baas bepaalt met wie je trouwt, terwijl de mens – volgens Veenhoven – een individualist is die een voorkeur heeft voor zwakke en inwisselbare banden. Dit baseert hij op een historisch idee van de mens als (individuele) jager-verzamelaar, die in kleine groepjes rondtrok. Sociale druk maakt niet gelukkig, daarom trokken mensen ook weg van het platteland, tijdens de industriële revolutie, zegt Veenhoven. Je zou tegen dit argument kunnen inbrengen dat in Japan de baas niet kiest met wie je trouwt; dat de mens biologisch en cultureel evolueert en zich dus niet voor altijd als een jager-verzamelaar moet blijven gedragen; dat de industriële revolutie veroorzaakt werd door andere zaken, zoals armoede op het platteland en de belofte van werk in de stad.

12.
    a. Kinderen maken je gelukkig: neen, tenminste, blijkbaar word je iets minder gelukkig van kinderen krijgen.
    b. Winkelen maakt je gelukkig: neen, dat is maar een idee, verkocht door de reclame.
    c. Geld maakt je gelukkig: tot op een zeker punt, ja, maar eens je uit de armoede bent, maakt het niets uit.
    d. Veel werken maakt je gelukkig: neen, een interessante baan en druk bezig zijn wel.
    e. Carrière maken maakt gelukkig: neen, op zich niet, een baan die je goed ligt en die een uitdaging betekent wel.
    f. Een uitdagende baan hebben maakt gelukkig: ja.
    g. Een huis hebben maakt je gelukkig: ja, een beetje.
    h. Een auto hebben maakt je gelukkig: ja, een beetje.
    i. Seriële monogamie maakt je gelukkig: impliciet ja, want in de tekst staat dat de mens een voorkeur heeft voor wisselende partners, seriële monogamie dus.
    j. Bezig zijn en scherp blijven maken je gelukkig: ja.
    k. De pil maakt je gelukkig: in zekere zin wel, want het betekent een keuze die je kan maken.
    l. Huisvrouwen zijn gelukkig: impliciet neen, want 'veel huisvrouwen [sic] nemen de dubbele belasting van een baan op de koop toe'. Met andere woorden, vrouwen met een gezin die ook werken, zijn gelukkiger, want je moet niet al je eieren in een mandje stoppen, niet in het werk, ook niet in je privéleven. Dat staat niet letterlijk in de tekst, maar zou er impliciet uit afgeleid kunnen worden.

Woordenschatoefeningen

I
1 zwak 2 inzakken 3 redelijk 4 dwingen 5 allemaal 6 hoewel

II

Stijgen	Stagneren	Dalen
toenemen	afvlakken	vertragen
in de lift zitten	stilstaan	omlaaggaan
vermeerderen		afnemen
verhogen		inzakken
oplopen		verminderen
groeien		verlagen
omhooggaan		krimpen
		teruglopen

III

1 vertoeven e verblijven 2 geborgen i veilig 3 verdringen j onderdrukken 4 hecht f sterk
5 opzeggen c beëindigen 6 buitengewoon g bijzonder 7 helaas a jammer dan 8 inwisselbaar
b vergelijkbaar 9 kwetsbaar d breekbaar 10 beperkt h gelimiteerd

IV

1 toestaan j verbieden 2 onderdrukking b vrijheid 3 aanwakkeren i blussen 4 uitdagend d
probleemloos 5 buitengewoon h ondermaats 6 aansluiten a afbreken 7 uitsluitend g inclusief 8 uitmaken f geen verschil maken 9 boud e voorzichtig 10 doorslaan c zich inhouden

V

1 niet al mijn eieren in een mandje te stoppen/aangewezen bent op 2 sloeg toe/zit het hem
in 3 kon hij zijn geluk niet op/maakte hem niets uit 4 sloeg ze helemaal door/neiging/
opzeggen 5 weer te geven/levert veel kijkcijfers op/behoefte aan 6 op de koop toe/zit in de
lift/beleving

VI

a.
1 popelen 2 koesterde 3 vergaren 4 sudderen 5 gezwoegd
b.
1 gesticht 2 hulpkreet 3 roem 4 vaardigheid 5 bewering
c.
1 voor 2 tot 3 van 4 met 5 op

Chapter 3 Sinterklaasstress

| Vragen bij tekst 1

1. De kinderen hebben slaapproblemen, gaan minder goed eten, letten op school slechter
   op, krijgen hoofdpijn, buikpijn, koortsaanvallen of ze vertonen overspannen gedrag.
2. De drukte is toegenomen: Sinterklaas komt langs op school en sport- en hobbyclubs;
   eind september kun je al sinterklaasspullen kopen en wordt al geadverteerd voor speelgoed; het Sinterklaasjournaal voert de spanning nog verder op als Sinterklaas eenmaal
   in Nederland is aangekomen.
3. De jonge kinderen die nog denken dat Sinterklaas echt bestaat ('geloven').
4. Sommige ouders besteden veel tijd met hun kind aan het maken van een surprise, maar
   soms krijgen zij maar een heel klein cadeautje van hun klasgenoten terug.
5. De ouders moeten maat houden door minder cadeautjes te geven (Clarisse van Gorkom)
   en ook minder grote cadeaus (Emmeliek Boost); de ouders moeten hun kinderen in de
   gaten houden; Sinterklaas en Zwarte Piet moeten ze niet als boeman gebruiken; het
   verhaal kan worden aangepast als dat nodig is.
6. Kinderen maken geen onderscheid tussen fantasie en werkelijkheid – wat ze zien bestaat
   volgens hen echt. Dit blijkt bijvoorbeeld uit het voorbeeld van de televisie-uitzending.
7. Tussen alinea 3–4: Workshop decemberstress; tussen alinea 5 en 6: Zelf maat houden;
   tussen alinea 8–9: Magisch denken.

Vragen bij tekst 2

1. Ze zegt dat het aan haarzelf ligt: het was haar wel eerder verteld, maar ze heeft de informatie toen niet geaccepteerd.
2. Het wordt pas liegen als je kind onzeker is of Sinterklaas en Zwarte Piet bestaan en jij continu zegt dat ze bestaan.
3. Omdat jonge kinderen problemen hebben met het maken van een onderscheid tussen werkelijkheid en fantasie.
4. Als je er maar verstandig mee omgaat, en hem niet als boeman gebruikt.
5. Het kan de banden in een familie versterken en het past goed bij de ontwikkelingsfase die het kind ondergaat, namelijk het magische denken.
6. De hulpverleners verkleden zich als Sinterklaas en Zwarte Piet waar de kinderen bij zijn.
7. a. waar; b. waar; c. niet waar; d. waar; e. niet waar; f. niet waar (rond hun zesde).

Woordenschatoefeningen

I

a.
1 kabouter 2 drop 3 geruststellen 4 op tilt slaan 5 knutselen
b.

Werkwoord	Substantief	Adjectief
bedreigen	bedreiging	bedreigend
teleurstellen	teleurstelling	teleurstellend
geruststellen	geruststelling	geruststellend
overtuigen	overtuiging	overtuigend
opwinden	opwinding	opwindend
spannen	spanning	spannend
scheiden	scheiding	gescheiden
huwen	huwelijk	gehuwd
voelen	gevoel	gevoelig

c.
1 teleurstellen d tevredenstellen 2 volstrekt f nauwelijks 3 nuchter i emotioneel 4 verbeelding a werkelijkheid 5 kleuter j volwassene 6 piek b dal 7 immuun c bevattelijk 8 boeman e idool 9 onderscheid g overeenkomst 10 geruststellen h bedreigen

II

a.
1 Theo's school doet veel g *aan* Sinterklaas en kerst. 2 Dat ligt c *aan* de hormonen. 3 Die verzekering beschermt je i *tegen* problemen met je auto. 4 Zij gaat altijd in b *tegen* haar ouders. 5 Hij windt zich op e *over* de politiek. 6 Thea is heel bevattelijk h *voor* verkoudheden.

7 Zij worstelen f *met* hun huiswerk. 8 Basje is dol j *op* softijs. 9 Ik heb last a *van* hoofdpijn.
10 Ik ben overtuigd d *van* mijn gelijk.
b.
1 in 2 aan 3 over 4 van 5 aan 6 in 7 tussen 8 met 9 met 10 over

III
a.
1 opvoeren 2 zich uitleven 3 ingaan tegen 4 zich opwinden over 5 aanpassen
b.
1 aanjagen, opvoeren 2 voorkomen, ondervinden 3 hard aankomen, voorkomen
c.
1 voorkomen 2 erachter te komen 3 aankomen

IV
1 opgevoerd 2 slaat hij op tilt 3 worstelen met 4 komt hard aan 5 kroost 6 maat te houden
7 opzadelen met, stoornis 8 angst aanjagen 9 schelen 10 komen we er dan achter

V
voorkomen, wordt opgevoerd, tegenwoordig, ondervonden, beseffen, Sinterklaas, bedreigend,
kom je er pas achter, hebben bedrogen, houd mijn kinderen in de gaten, in de hand heb

VI
a.
1 popelen 2 afgenomen 3 bereiden 4 verwarren met 5 na te streven
b.
1 opleving 2 vaardigheid 3 beleving 4 behoefte 5 neiging
c.
1 heeft zich altijd aangetrokken gevoeld tot het Sinterklaasfeest 2 kon hij daarom zijn geluk
niet op 3 haalt hij de neus voor op 4 misschien zit het hem in de datum 5 verveelt hij zich
de ogen uit het hoofd

Chapter 4 Nieuwetijds moederen

Vragen bij tekst 1

1. Thuisblijven om voor de kinderen te zorgen, maar niet specifiek om het huishouden te
   doen ('dus niet stofzuigen').
2. De samenleving keurt thuisblijfmoeders af. De tekst vermeldt ex-staatssecretaris van
   Emancipatiezaken Annelies Verstand en hoofdredacteur van het feministische maandblad *Opzij* Cisca Dresselhuys die vrouwen die thuis bij de kinderen willen blijven 'dom'
   en 'luxepaardjes' noemen. Ook wordt gewezen op het emancipatiebeleid dat de overheid
   voert; dat heeft als doel dat over vijf jaar zestig procent van de vrouwen economisch
   onafhankelijk is.
       Ook van haar omgeving krijgt ze geen positieve reacties. 'Sommigen vinden mij een
   parasiet die eerst met belastingcenten heeft gestudeerd en nu wegloopt voor haar
   maatschappelijke verantwoordelijkheden.' Ze kreeg ook reacties zoals: 'ja, ja, zeker lekker
   de hele dag sherry drinken' of 'heeft het feminisme daar zo hard voor gestreden?'

3.
   a. Door de negatieve reacties ging zij op zoek naar boeken over het ouderschap, maar ze kon niet één boek vinden over vrouwen die bewust kozen om thuis te blijven en voor de kinderen te zorgen. Ze begon een website. Die was zo succesvol dat ze een boek schreef.
   b. De tekst noemt drie onderwerpen: de financiële gevolgen van het tbm-schap (alleen nog maar tweedehands kinderkleding), de mogelijke reacties van de partner ('Waar is mijn carrièretijgerin gebleven?') en het ongemakkelijke gevoel niets te vertellen te hebben op verjaardagen en feestjes.
4. De belangrijkste uitdaging is het aanbrengen van structuur in de dag: wat doet een tbm'er overdag met haar kinderen? Haar oplossing is een planning met activiteiten voor de hele week.
5. Ze vindt het belangrijkste kenmerk van het feminisme dat een vrouw de vrijheid heeft om keuzes te maken. Stereotypes en rolmodellen zijn irrelevant.
6. Een huisvrouw wil voor het huishouden zorgen. Voor een thuisblijfmoeder is het huishouden niet belangrijk. Het gaat erom dat zij tijd wil besteden aan haar kinderen.
7. Orriëns zegt dat de moeders en grootmoeders niet tegen de stroom hoefden in te roeien, maar dat de huidige generatie moeders dat wel moet. Dit betekent dus dat zij vindt dat er tegenwoordig veel druk op vrouwen wordt uitgeoefend om te gaan werken.

Vragen bij tekst 2

1. Haar studenten uit Azië, Afrika en Zuid-Amerika zijn verbaasd dat Van Staveren Nederland achterlijk noemt wat betreft arbeidsparticipatie van vrouwen. Zij denken dat Nederland vooruitstrevend is, maar er zijn in Nederland maar weinig fulltime werkende moeders.
2.
   a. Zij zou een slechte moeder zijn omdat ze fulltime werkt.
   b. Een vriendinnetje van haar dochter Paula zei dat ze het zielig vond dat Paula altijd naar de BSO moest. Het kind vond het dus normaal dat haar moeder altijd thuis was en abnormaal en zelfs slecht als een moeder niet thuis is.
3. Zij is dol op haar vak, en ze heeft een missie (wat veel tijd vraagt): zij heeft afwijkende ideeën over economie en wat er moet veranderen in de maatschappij.
4. (1) Ze besteedt veel tijd aan onderwijs geven, studenten begeleiden en management-taken, (2) ze besteedt veel tijd aan onderzoek doen en het schrijven van wetenschappelijke publicaties.
5. (1) Ze heeft gezonde kinderen, (2) ze is zelf energiek en gezond, (3) het is op haar werk mogelijk om woensdag (als de kinderen niet naar school gaan) thuis te werken, (4) ze kan haar vakantiedagen opnemen tijdens de schoolvakanties, (5) ze heeft een man die veel aan het huishouden doet.
6. Haar moeder was chemisch analiste, maar werd thuisblijfmoeder toen de kinderen werden geboren. Haar vader voer op zee en was daarom weinig thuis; daarom had haar moeder geen keuze: ze moest thuisblijven.
7. (1) Ze denkt dat haar moeder niet gelukkig werd door haar huisvrouwenbestaan, (2) ze geven een slecht voorbeeld aan hun dochters, (3) het is mogelijk dat vrouwen voor het geld moeten zorgen, bijvoorbeeld bij een scheiding, na het overlijden van hun man, of als hun man arbeidsongeschikt wordt en dus geen geld kan verdienen.

8. (1) De BSO moet worden verbeterd: meer een tweede huis waar kinderen huiswerk kunnen doen en kunnen deelnemen aan culturele activiteiten. (2) Het zwangerschaps-verlof moet worden verlengd. (3) Vaders moeten ouderschapsverlof krijgen als het zwangerschapsverlof van de moeder is afgelopen.
9. Ze vindt dat ze te snel is gaan werken na de geboorte van haar dochter Paula: toen Paula drie maanden oud was, ging ze vier dagen per week naar de kinderopvang. Verder denkt ze dat ze het goed heeft gedaan.

Woordenschatoefeningen

I
a.
1 ouderwets 2 rijden 3 achterlijk 4 koken 5 intussen
b.
1 behalve c los van 2 onophoudelijk b voortdurend 3 moeilijk d lastig 4 vandaar e daarom 5 zoet a lief
c.
1 wordt verheerlijkt 2 in stand te houden 3 met de nek aankijken 4 snap 5 de laan uitstuurt

II
1 schaamde zich 2 schuldig 3 niet in dank afgenomen 4 keken haar zelfs met de nek aan 5 wikken en wegen 6 vergooit 7 uitdaging 8 wijden aan 9 verantwoordelijkheid 10 voert

III
1 uit 2 voor 3 voor 4 voor 5 voor 6 voor 7 voor 8 over 9 aan 10 aan 11 met 12 met 13 met 14 van 15 op 16 in 17 tegen 18 in 19 bij 20 in 21 aan 22 aan 23 over

IV
afwijken van (scheidbaar); zich ontvouwen; opnemen (scheidbaar); opzeggen (scheidbaar); stilstaan bij (scheidbaar); stofzuigen; thuisblijven (scheidbaar); toekomen aan (scheidbaar); verheerlijken; weglopen voor (scheidbaar)

V
a.
1 ingezakt 2 kan mij niet schelen 3 besefte 4 geeft duidelijk weer 5 jaagt haar veel angst aan
b.
1 doorzettingsvermogen 2 uitgeverij 3 verbeeldingskracht 4 opvatting 5 onderdrukking
c.
6 is dol op 7 in de maling neemt 8 sloeg hij door 9 ligt aan 10 maat te houden

Chapter 5 Han van Meegeren

Vragen bij tekst 1

1. Amsterdam, dat kan je afleiden uit de referentie aan de 'Keizersgracht', een bekende straat in Amsterdam.
2. Geldlust en een 'ik-zal-ze-eens-wat-laten-zien'-mentaliteit.

3. Hij bedroog aan de ene kant kunsthistorici en museumdirecteurs, en anderzijds de nazi's.

4. De meeste biografen vinden hem een kleurrijke boef en een opportunistische schurk; kunsthistoricus Lopez spreekt van een leugenaar met nazisympathieën.

5. Hij wordt door veel mensen gezien als een volksheld omdat hij kunsthistorici en nazi's te slim af was geweest; geen van beide zijn erg populaire groepen, zij het van een ander kaliber.

6. Vermoedelijk bedoelt hij hier 'de heren kunstkenners', de kunsthistorici, critici en museumdirecteuren dus.

7. 1937 is uiteraard niet vroeg voor een Vermeer, het duidt dus op de relatief recente vondst die een vervalsing bleek te zijn, maar die als 'vroege' Vermeer verkocht werd.

8. Lopez zegt dat Van Meegeren 'zijn kunstenaarsziel aan de duivel heeft ingeruild voor een eersterangs vervalser', niet bepaald een vleiend commentaar, dat Van Meegeren als boef omschrijft, en niet als kunstenaar.

9. Een goede vervalsing is enerzijds een combinatie van techniek en kunsthistorische kennis. Tegelijkertijd moet het schilderij tijdloos en eigentijds zijn opdat het publiek erin zou geloven, want dat laatste is essentieel.

10. *De Emmaüsgangers* was een goed voorbeeld van een succesvolle vervalsing zoals beschreven in vraag 9. Het beantwoordde namelijk aan de mentaliteit van de jaren '30, met de Arische boerenfamilie als voorbeeld van fascistische beeldtaal.

11. Het was een erg onverwachte en spectaculaire bekentenis; niemand had het zien aankomen en het collaboratieverhaal werd erbij vergeten.

12. De duivel staat hier voor het fascistische gedachtengoed en de nazi's met wie Van Meegeren op goede voet stond. Het volk dacht echter dat hij de nazi's opgelicht had en daarom werd hij als held gezien.

Vragen bij tekst 2

1. 'Plastic' heeft de connotatie van 'onecht' of 'nep', ook 'goedkope namaak'. Voor het namaakproces bakte Van Meegeren de doeken en vulde scheurtjes met Oost-Indische inkt om vuil te suggereren. Ook het onderwerp van zijn bekende vervalsing *De Emmaüsgangers* was nep, omdat Vermeer – voor zover bekend – geen Bijbeltaferelen schilderde.

2. De zaak was goed onderzocht en Van Meegeren was een gretig bekennende verdachte.

3. De kunstkenners hadden een onbeperkt vertrouwen in de eigen mening; ze waren gedreven door eerzucht; en ze zien met hun oren, met andere woorden, ze luisteren erg naar wat de anderen zeggen en praten hen na.

4.
   a. Hij had een Bijbels tafereel gecreëerd, wat nieuw was, want er waren tot dan toe geen Bijbeltaferelen van Vermeer bekend.

   b. De kunstkenners waren maar al te blij met de Vermeer, die een soort 'missing link' was in hun verhaal. Zo was de opstelling van het schilderij te vergelijken met een werk van de Italiaanse kunstenaar Caravaggio, waardoor het werk van Vermeer meteen meer aanzien kreeg. Dat was goed voor de Vermeerkenners, want dat aanzien straalde af op hen.

5. Van Meegeren was een schurk, maar van het soort waarbij geen doden of gewonden vallen, waardoor het makkelijker is met hem te sympathiseren. Een andere reden is dat

de mensen die hij in de luren legde, ook niet de populairste waren. Aan de ene kant waren er uiteraard de nazi's maar aan de andere kant ook de kunstkenners die door velen als snobs worden gezien en het wel verdienen eens op hun plaats gezet te worden.

6. De auteur schijnt het met de critici van Van Meegeren eens te zijn. Dat zie je aan het gekleurde woordgebruik, zoals: 'plastic', met de connotatie van slechte namaak, terwijl je ook zou kunnen argumenteren dat Van Meegeren knappe vervalsingen maakte. Verder lees je dat hij dingen 'gejat' heeft van andere schilderijen en met 'een beetje geluk en vakmanschap' een nieuwe Vermeer heeft gemaakt. Dat klinkt niet erg professioneel. Over zijn drijfveren is de auteur ook niet lovend. Er staat dat hij best goed verdiende, maar meer wilde en dat hij dat geld opmaakte aan 'hoeren en snoeren'. Zijn andere drijfveren zijn 'wraak en sensatiezucht', ook niet moreel hoogstaand. Van Meegeren komt over als erg vol van zichzelf als hij 'ook graag het verhaal [vertelde] hoe hij bij de presentatie van *De Emmaüsgangers* aanwezig was'. De laatste zin van de tekst is de doodslag, want het eindigt met de 'fascistische sympathieën' en de 'allerfoutste nazi's' met wie Van Meegeren goede zaken deed.

Woordenschatoefeningen

I
1 volksheld 2 vakmanschap 3 waarderen 4 ordinair 5 stilzwijgend 6 speelruimte 7 publiek 8 criticus

II

Tegengestelden

1 betrouwbaar d onbetrouwbaar 2 origineel a vals 3 nep e echt 4 gretig b bescheiden 5 eerzucht c bescheidenheid

Synoniemen

1 verbijsterend d schokkend 2 vooraanstaand e prominent 3 boef b schurk 4 gegoed c rijk 5 helder a duidelijk

III
1 een rare kwast b een vreemde vogel 2 niet uit de verf komen f niet goed tot uitdrukking komen 3 door de wol geverfd a ervaren 4 lak hebben aan iets d zich niets aantrekken van iets 5 iets in de verf zetten j iets benadrukken, beklemtonen 6 ergens een schilderij van ophangen e een levendig beeld van iets geven 7 de gedoodverfde (winnaar) i zeker, door iedereen verwacht resultaat 8 een huishouden van Jan Steen h chaotische toestand 9 iemand zwart schilderen c een negatief beeld geven van iemand 10 oefening baart kunst g door veel te oefenen verbetert je prestatie

IV
1 bed 2 hemel 3 doekjes 4 luren 5 klippen 6 nevelen 7 lucht 8 slim 9 hand 10 kijk

V
1 craquelé 2 de heren professoren 3 luidruchtig 4 gewoon 5 stilzwijgend 6 drijfveer 7 omvang 8 ter bevordering 9 maatstaven 10 kennelijk

VI

a.

1 dwingt 2 bevorderen 3 vertoeven 4 bedot 5 beseft

b.

1 dagverblijf 2 boeman 3 uitdaging 4 een goed evenwicht 5 kleuter

c.

1 zit (sterk) in de lift 2 is (echt helemaal) dol op 3 Je moet die nieuwe redacteur op de afdeling cultuur *in de gaten houden* 4 schept er genoegen in 5 zit hem in

Chapter 6 Infobesitas

Vragen bij tekst 1

1. Informatieovervloed of informatiestress.
2. Het aantal accounts op Hyves en andere netwerksites; tijd besteed op sociale netwerk-sites; aantal sms'jes verstuurd per dag (75 per dag); manier waarop er naar nieuws gezocht wordt op Internet.
3. Ja, ouders klagen dat kinderen moeite hebben zich te concentreren en huiswerk af te maken.
4. Onvolgroeide puberbreinen zijn erg gevoelig voor stimuli en feedback, waardoor de mediaconsumptie verslavend kan worden. Jongeren leiden ook meer aan peer pressure en de angst om informatie te missen en er niet bij te horen.
5. Vermoeidheid, slaaptekort, concentratieproblemen.
6.
   a. Bijvoorbeeld: informatitis, twitteritis of internetitis (zoals een ontsteking, een infectie).
   b. Hoewel het een 'trend' en 'verslaving' is, wordt er naar een 'ziekte' verwezen, met woorden als 'klachten' en een 'diagnose'. De klachten zijn: vermoeidheid, slaaptekort, concentratieproblemen. Dat zijn reële klachten uiteraard, dus je zou inderdaad van een ziekte kunnen spreken, in de zin dat een 'verslaving' ook een ziekte is. Het artikel benadrukt ook de fysieke verschijnselen, zoals 'je adem inhouden' en je 'geestelijk en lichamelijk welbevinden'. De verzonnen ziektenaam zorgt ervoor dat het ernstig klinkt, als een reëel probleem en dat er naar een oplossing, behandeling of genezing moet gezocht worden. Het is zeker geen positieve benaming, want een ziekte is 'fout' en moet vermeden worden.
7. a. niet waar b. niet waar c. waar d. niet waar

Vragen bij tekst 2

1.
   a. De eerste alinea bestaat uit korte zinsdelen die geen vervoegde werkwoorden bevat-ten (behalve de tweede en laatste zin). Het zijn elliptische zinnetjes, gescheiden door een puntkomma, waarbij het onderwerp en vervoegde (hulp)werkwoord weg zijn gelaten. De zinnetjes bevatten wel participia ('beantwoord', 'gestuurd' enz.). Het is een opsomming van dingen die 'gedaan' zijn. Door deze stijl krijgt de

alinea een gejaagd effect, het gaat snel, er gebeurt veel, het een na het ander; je wordt er bijna moe van.

b. De laatste zin met hoofdletters geeft de boodschap van de lange zin ervoor met veel nadruk weer, in het geval al die activiteit nog niet duidelijk genoeg was. Het lijkt ook dat we – door zo zichtbaar druk bezig te zijn – vooral bezig zijn met die boodschap over te brengen.

2. De onderzoekers hadden verwacht dat ze op zijn minst een paar voordelen van multitasken zouden ontdekken, maar ze konden alleen vaststellen dat mensen sneller afgeleid en minder productief zijn.

3.
a. Negatieve gevolgen: minder concentratie (dus sneller afgeleid), en minder productief. Daarbij komt dat hoe meer mensen multitasken, hoe slechter het wordt.

b. Paradoxaal genoeg zijn mensen die zelden multitasken er beter in. In een bedrijf brengt de vraag naar het voortdurend bereikbaar zijn dus eigenlijk de productiviteit van het bedrijf naar beneden.

4. Impliciet lees je in de derde alinea wat 'zinvolle activiteiten' zouden zijn: de krant of een boek lezen, of een goed gesprek voeren voor de ontspanning, en werken op de ouderwetse manier: geconcentreerd en in een stille ruimte. Onproductief mediagebruik zouden dan zijn: mailtjes versturen, sms'jes beantwoorden, met de mobiel bellen, laptop met Internet-dongle op schoot hebben, constant bereikbaar zijn via o.a. Skype, e-mail en telefoon.

5. Bijvoorbeeld: vaste tijden plannen om e-mails te beantwoorden en met verschillende dingen tegelijk bezig te zijn. Als er goed mee omgegaan wordt, kunnen nieuwe media allerlei werksituaties een stuk makkelijker maken, met online agenda's bijvoorbeeld.

| Vragen bij tekst 3

1. Er wordt veel woordenschat gebruikt die normaal samengaat met eten, zoals: schrokken, slurpen, vermalen, vreten, maaltje, filet, kluif, knabbel, geprakt, gerecht, zouteloos, snoepen.

2. De alliteraties creëren een soort cadans (ritme), het constante van de informatiestroom, die snel en zonder veel scrupules geconsumeerd (!) moet worden.

3. Het gerecht kan verwijzen naar het eten en past zo in het consumeren-verhaal. Maar het kan ook 'court of law' betekenen, als je de praatjes bij het koffieautomaat als een soort beoordeling of evaluatie ziet van de geruchten.

| Woordenschatoefeningen

I
1 melig 2 keerzijde (all other words have something to do with research) 3 voortdurend 4 afleiden 5 gericht (verb, all others are nouns) 6 klacht 7 attitude

II
1 funest 2 onderzoeken 3 Nadat de examens achter de rug/voorbij/afgelopen/gedaan zijn 4 verwerven 5 gerucht 6 opinie/visie/opvatting/overtuiging 7 organisatie

III
1 zwaarlijvige 2 somber 3 schadelijk 4 funest 5 dwangmatig 6 ellendig 7 ouderwets 8 uitgeblust 9 achter de rug 10 naar hartenlust 11 een overvloed aan 12 met stip 13 op de hoogte 14 in de verleiding

IV

1. See the table below.
2. See the table below. The words in *italics* indicate the words as they appeared in the text.

infinitief	participium perfectum	participium presens	substantief
kakelen	gekakeld	*kakelend*	(het) *gekakel*
mailen	gemaild	mailend	(de) *mail*
krabbelen	gekrabbel	krabbelend	(de) *krabbel*
prakken	*geprakt(e)*	prakkend	(het) geprak
praten	gepraat	pratend	(het) *praatje*
zaniken	gezanikt	zanikend	(het) *gezanik*
reutelen	gereuteld	*reutelend*	(het) gereutel
dolen	gedoold	*dolend(e)*	(het) gedool

3. Some examples:
   Kakelend en knabbelend kwamen de kinderen de keuken koloniseren.
   Dwangmatige Doortje doolde door donkere en duistere dalen.

V

a.
1 opvoeren 2 belazerd 3 verheerlijkt 4 blootgelegd 5 verwaarloosd
b.
1 vervalser 2 levenswandel 3 omvang 4 bedrog 5 martelaar
c.
1 maling 2 nek 3 tilt 4 hand 5 laan

Chapter 7 Shit, ik vloek

Vragen bij tekst 1

1. Er wordt veel gescholden. Er is een verschuiving van religieuze naar seksueel getinte krachttermen.
2. De Vloekmonitor is een onderzoek naar het gebruik van grove taal op de Nederlandse televisie in opdracht van de Bond tegen het vloeken.
3. Vloeken: God of Jezus wordt aangeroepen: godverdomme. Bastaardvloeken: vloeken waarin de woorden God of Jezus in verbasterde (gewijzigde) vorm voorkomen: potverdorie of jeetje mina. Verwensingen: je wenst iemand iets onaangenaams toe: krijg de pleuris. Scheldwoorden: een negatieve omschrijving van iemand die beledigend is: sukkel of lul. Schuttingwoorden: obscene woorden: kut, fuck of shit.

4. Hij maakt een driedeling: vloeken (of: religieuze vloeken), vloekverzachters en verwensingen (met namen van ziektes). Bastaardvloeken noemt hij vloekverzachters. Schuttingwoorden noemt hij obscene vloeken. Onder zijn categorie 'vloeken' vallen religieuze vloeken en obscene vloeken.

5. De vloek gaat terug tot het zweren van een gerechtelijke eed. De eedformules kwamen terecht in de omgangstaal en werden min of meer het tegenovergestelde van bidden.

6. Oudere mensen gebruiken veel religieuze vloeken. Jongeren gebruiken veel obscene vloeken. Voor oudere mensen is er nog een religieus taboe, maar jongeren hebben een minder emotionele band met religie. Ook de invloed van het Engels speelt een rol.

Vragen bij tekst 2

1. Met de wedstrijd wordt de Vloekmonitor bedoeld van de Bond tegen het vloeken. Waarschijnlijk gebruikt Blokker dit woord om aan te geven dat er veel op de televisie wordt gevloekt, en om de Vloekmonitor belachelijk te maken.

2. Een christelijke organisatie die het gebruik van vloeken wil verminderen of elimineren. Door haar christelijke karakter vindt de Bond ook het gebruik van de naam van God of Jezus ontoelaatbaar. Blokkers karakteristiek van de Bond is eenzijdig: hij is een tegenstander van de Bond.

3.
   a. Dat de media in de loop der jaren steeds meer aandacht aan de Vloekmonitor hebben besteed.
   b. Dit betekent volgens Blokker dat de religieuze stem in de samenleving in de 21ste eeuw weer belangrijker wordt, onder meer omdat er nu weer christelijke partijen in de regering zitten ('zitten hun geloofsgenoten achter het stuur in het kabinet'). Zij stellen duidelijke grenzen aan het beledigen ('beginnen ze ijverig de maatschappelijke bewegingsruimte in te perken').
   c. In de tweede helft van de 20ste eeuw was de christelijke invloed juist minder: (a) 'zedenprekers' stapten toen soms naar de rechter als ze zich beledigd voelden, maar meestal zonder succes, (b) de Bond tegen het vloeken was een onbelangrijke organisatie zonder werkelijke invloed.

4. VPRO-hedonisten beledigen doelbewust; zij zijn volgens Blokker interessant. Veronica-hedonisten beledigen onbewust; zij zijn volgens Blokker oninteressant.

5. Over het algemeen gaat het om mensen die standpunten huldigen omdat anderen zeggen dat dat de juiste standpunten zijn. Specifieke voorbeelden zijn: racisme, preutsheid en hebzucht.

6. Kunst is bedoeld om je aan het denken te zetten: om iets in een nieuw daglicht te zetten.

7. Bijvoorbeeld: alinea 1-2, 3-5, 6-8, 9-12.

Woordenschatoefeningen

I
a.
1 stijgen, vermeerderen 2 afnemen, verminderen 3 enorm, sterk 4 deelnemen aan, participeren in 5 zorgwekkend, alarmerend 6 verandering, wijziging 7 zich niets aantrekken van, negeren 8 kwetsen, beledigen 9 kwaadspreker, kwetser 10 onmiddellijk, direct

b.
   1. krachtterm, vloek, verwensing, scheldwoord, schuttingwoord
   2. gebed, godsdienst, geloofsgenoot, heilige, gelovige
   3. lompheid, preutsheid, hebzucht, racisme, wangedrag

c.
1 ietwat g veel 2 grof e keurig 3 brutaal h respectvol 4 doorgewinterd d onervaren 5 bij voorbaat c na afloop 6 inperken c uitbreiden 7 voorgoed a voorlopig 8 gekwetst f gelukkig

II
a.
1 daling 2 stijging 3 afname 4 toename 5 uiting 6 indeling
b.
1 belediging 2 verbijstering 3 gedrag 4 bijdrage 5 vloek 6 verschuiving

III
1 afleggen 2 worden ingeperkt 3 pakt aan 4 turft 5 afgericht 6 waar te nemen 7 slingerde 8 verwerken 9 huldigde 10 een steentje bijdraagt

IV
a.
1 zich niets aantrekken van 2 terechtkomen in 3 meedoen aan 4 te maken hebben met 5 blijken uit 6 aanzetten tot
b.
1 heeft te maken met 2 trekken zich niets aan van 3 die aanzet tot haat 4 is terechtgekomen in de Nederlandse jongerentaal 5 Uit de Vloekmonitor blijkt 6 meedoen aan

V
a.
1 verwaarlozen 2 ergert zich aan 3 zette hij zich af tegen 4 inruilen 5 miskend
b.
1 verantwoordelijkheid 2 drijfveer 3 klacht 4 leugenaar 5 bescheidenheid
c.
1 hand 2 geheel 3 bevordering 4 hartenlust 5 rug

Chapter 8 Multiculturalisme

| Vragen bij tekst 1

1. Bourgeois definieert multiculturaliteit als de aanwezigheid van mensen uit verschillende culturen; multiculturalisme is een beleidsvorm, een aanpak die (volgens Bourgeois) het accepteert dat culturen naast elkaar bestaan, als gesegregeerde gemeenschappen, en dus niet streeft naar een geïntegreerde samenleving.

2.
   a. De 'dergelijke samenleving' verwijst naar de gesegregeerde samenleving als gevolg van het 'mislukte' multiculturalisme.
   b. 'Wij' zijn de Vlamingen, of misschien meer beperkt de NVA, als partij.

c.   Bourgeois verwijst (in de eerste alinea) naar andere Europese staatsleiders die hetzelfde denken, hij is dus niet alleen met deze mening.

3.
a.   'Ze' in de vierde alinea verwijst naar de 'gastarbeiders'.
b.   'Wij' verwijst naar 'ons allemaal', de allochtonen en de allochtonen. De beklemtoonde vorm wordt als contrast gebruikt met 'ze'. (Dat is een beetje verwarrend, want je denkt aan een tegenstelling tussen wij en zij, als twee verschillende groepen, terwijl het 'wij' hier overlappend bedoeld is.)
c.   Volgens Bourgeois moet er meer 'wij' zijn en minder wij versus zij, hij wil meer integratie, minder segregatie, vandaar de beklemtoning van het collectieve 'samen'.

4.   Volgens Bourgeois is de vergelijking mank omdat het om een oppervlakkige 'onwil' gaat bij de toeristen, die ook maar tijdelijk in het vreemde land zijn. Aanpassing aan een andere (eet)cultuur zou hen 'sieren', maar is niet essentieel. Vreemdelingen die in België komen wonen, zijn daar permanent, en – volgens Bourgeois – is een zekere aanpassing noodzakelijk, niet alleen sier. Eetgewoonten vallen daar niet onder, volgens hem.

5.   Er wordt niet veel over gezegd, behalve de referentie aan eten. Dat mogen migranten behouden. Ook hun 'cultuur, identiteit en verleden' mogen ze houden, als ze maar participeren in de 'publieke cultuur' en de grondslagen ervan respecteren.

6.
a.   'Publieke cultuur' is het geheel van (on)geschreven waarden en normen voor de ordening en omgang in de samenleving.
b.   'Publieke cultuur' wordt als niet-statisch beschreven. Het is veranderlijk door de invloed van 'private' culturen, maar het heeft wel 'statische' grondslagen; dat wordt geïmpliceerd door de stelling dat er niet aan mag worden getornd.
c.   'Krachtig verdedigen' impliceert een – mogelijk krachtige – aanval, er is een ondertoon van dreiging hier, een toekomstige aanval op die 'waarden en normen'.

7.   Bourgeois vindt dat als je geen Nederlands spreekt, je een vreemde blijft, want het geeft aan dat je niet wilt communiceren en deelnemen aan de publieke cultuur door de taal te leren. Daardoor ontneem je jezelf ook kansen. De taal in Vlaanderen is Nederlands, zegt Bourgeois, en dat is de enige taal die je kunt gebruiken om te communiceren.

8.   In de eerste zin van alinea 6 is het woordje 'maar' in de tekst zorgvuldig vermeden, maar de lezer denkt het er bij, ook omdat er 'wel' staat in het stukje erop. Daardoor ontstaat er een contrast tussen 'behoud eigen cultuur' en 'integreren'. Verder staat er dat 'private culturen' de publieke cultuur 'confronteren met nieuwe uitdagingen'. 'Uitdaging' betekent meestal 'probleem', wat ook het beeld is dat 'confronteren' oproept, en verder 'spanningen en conflicten'. Dus compleet positief is die eigen cultuur niet. In de alinea die begint met 'deelname van migranten aan de publieke cultuur' gaat het over de verplichting, van de ontvangende samenleving om open te staan voor de 'nieuwkomers' en 'conflicten'. De taal in deze alinea duidt op een minder positieve attitude tegenover de cultuur van de nieuwkomers.

| Vragen bij tekst 2

1.   Volgens Leman willen de politici alleen maar stemmen winnen, door de situatie heel negatief voor te stellen, en de boodschap is dat als zij verkozen worden, alles veel beter zou worden.

2. Hij staat er kritisch tegenover omdat er veel wetenschappelijke literatuur bestaat, die aangeeft dat er veel verschillende vormen van multiculturalisme bestaan. De verschillende landen die nu roepen dat multiculturalisme 'mislukt' is, hanteren elk een heel verschillende vorm ervan. Het is dus erg onduidelijk wat er met 'multiculturalisme' bedoeld wordt. Leman vermoedt dat de politici niet veel wetenschappelijke achtergrond hebben.

3. Frankrijk: republikeins assimilatiemodel; Groot-Brittannië: tegenovergestelde van Frankrijk, dus geen assimilatie, maar eerder aparte gemeenschappen van minderheidsgroepen; Duitsland: uitsluitingsmodel. De Fransen denken dat het Britse model de minderheidsgroepen marginaliseert, voor hen is *minorité* een negatieve term, terwijl *minorities* in Engeland juist gerespecteerd worden; zowel de Fransen als de Britten veroordelen het Duitse model.

4. Leman positioneert zich als de wetenschapper door te refereren aan wetenschappelijke rapporten en namen van onderzoekers te citeren wanneer hij het over de verschillende modellen van multiculturalisme heeft. Hij is ook negatief over de politici die niet zo veel om de wetenschap schijnen te geven.

5. Leman denkt dat het probleem sociaaleconomisch is, en mogelijk soms ook cultureel. In het besef dat er niet één vorm van multiculturalisme bestaat, zou de discussie volgens hem over die sociaaleconomische en eventuele culturele problemen moeten gaan.

6. Er wordt geregeld gebruik gemaakt van gedachtenpuntjes '...'. Verder zijn er korte, elliptische zinnen ('Of kwaad worden?' 'En Duitsland dan?') en een aanspreken van de lezer door vragen en antwoorden ('Waarom in de lach schieten? Omdat....'). Er zijn ook meer spreektalige uitdrukkingen, zoals 'het kan niet op', 'de max' en 'wel, hou je vast'.

| Woordenschatoefeningen

I
1 mislukking 2 uitsluiting 3 onwil 4 illegaliteit 5 arbeidskracht 6 rommelen 7 afleren 8 inspanning 9 vermijden 10 enigermate

II
1 vaststellen 2 opgroeien 3 – 4 afleren 5 prijsgeven 6 naslaan op 7 niet opkunnen 8 – 9 aanmoedigen 10 terugdraaien

III
1 aanvankelijk 2 ongeacht 3 enigermate 4 uitbundig 5 meer bepaald 6 dergelijk 7 na verloop van tijd 8 enzovoort 9 zowel 10 bij hoog en bij laag

IV
Dennis, de vriend van Caroline is gaan lopen met haar beste vriendin, Maartje. Het is vreselijk, maar ze kan er niets aan doen en *zal er vrede mee moeten nemen*. Hoewel de kinderen bij haar zullen blijven wonen, *kan hij er wel aanspraak op maken* hen te zien en met hen op vakantie te gaan. Gezien haar situatie, *zal ze het hoofd moeten bieden aan* een beperking van haar financiële middelen en mogelijke emotionele uitbarstingen van de kinderen. Het is een moeilijke situatie voor alle betrokken partijen en het is het beste als vrienden en familie *de kerk in het midden houden* en ervoor proberen te zorgen dat er rust en stabiliteit is voor de kinderen. Ik denk dat het belangrijk is dat wij als grootouders *er garant voor staan* dat er altijd een veilige en rustige plek is voor de kinderen, en uiteraard ook voor Caroline, zodat ze toch altijd ergens thuis kunnen komen.

V

1 aan 2 aan 3 naar 4 uit 5 met 6 op 7 op 8 over 9 op 10 voor

VI

a.

1 verviel 2 vervaardigd 3 verhoord 4 vertoonde 5 verwerken

b.

1 werkwijzen c methode 2 eed a belofte 3 gebakken lucht e nonsens 4 schuttingwoord b krachtterm 5 krabbel d handtekening

c.

1 is hij ons altijd te slim af 2 tegen de klippen op 3 haar verleden is in nevelen gehuld 4 een steentje bijdragen 5 in de steek zou laten

Chapter 9 Twee soorten Nederlands

Vragen bij de tekst

1. De plantmetafoor staat voor de taal die ontwikkelt, groeit en nieuwe 'loten' krijgt; deze loten groeien uit in een verschillende richting. Met andere woorden: de taal evolueert en er ontstaan nieuwe, uiteenlopende varianten. De plantmetafoor is positief en staat symbool voor natuurlijke groei en vernieuwing, woorden die een positief beeld oproepen. Dit is een bewuste keuze omdat veranderingen in de omgangstaal vaak eerder negatieve reacties oproepen.

2. Met omgangstaal bedoelt Stroop wat mensen in werkelijkheid spreken en niet wat de regels voorschrijven. Dat laatste is het Algemeen Nederlands, het A(B)N, dat vastligt in grammatica's en woordenboeken. De omgangstaal is een aangepaste versie van het AN, aangepast aan de behoeften en wensen van de sprekers.

3. In de tekst staat dat het een 'mengelmoes' is van AN en dialecten, maar zonder de grammaticale correctheid van de dialecten. Veel dialectelementen komen uit het Brabantse dialect, maar worden gebruikt over heel Vlaanderen. Daarom is het Verkavelingsvlaams geen dialect. Het heeft geen vaste vorm of norm, is dynamisch en bevat ook veel woorden uit het Frans. Verkavelingsvlaams wordt gesproken in allerlei situaties, dat zie je ook in soaps, waar het gebruikt wordt in informele contexten zoals het café, maar ook op het politiebureau.

4.
    a. Stroop zegt dat het door alle lagen van de bevolking, ook de hogere, wordt gesproken. Je hoort het ook in soaps op de televisie, waar het door alle personages gesproken wordt. Ook vooraanstaande allochtonen spreken deze variant, omdat ze geleerd hebben die als 'normale omgangstaal' te beschouwen. Ook parlementariërs en ministers 'van allerlei signatuur' gebruiken het.
    b. Dit is relevant omdat het aangeeft dat het geen 'slang' is of een sterk gekleurde vorm zoals die wel meer verwacht wordt in de lagere sociale klassen. Verkavelingsvlaams is – volgens Stroop – wel degelijk de algemene omgangstaal, en heeft niet het aura van lage scholing of gebrek aan klasse.

5. De VRT is voorstander van een Nederlands met sterk Hollandse inslag en probeert haar personeel 'op te voeden' met onder andere muismatten met voorbeelden van Verkavelingsvlaams.

6. De slogan op de muismatten geeft weer hoe de VRT zijn rol ziet: 'VRT, taalsignaal voor 6 miljoen Vlamingen'. De VRT ziet zichzelf dus als het voorbeeld van 'goed' Nederlands in Vlaanderen.

7. Wel/Nou, Sabine, meisje, hoe zit het met (dat) het weer. Leg eens uit. (Er zijn woorden aan elkaar geschreven en er is de typische eind -t deletie, bijvoorbeeld: 'metta' = met dat; de Vlaamse diminutiefuitgang, -ke; de imperatief op -t.) Sabine verwijst naar Sabine Hagedoren, sinds jaren weervrouw op de VRT.

8.

   a. Poldernederlands is eigenlijk een nonchalante vorm van het ABN en wijkt daarvan af door de uitspraak van de tweeklanken ei, ui en ou, die 'wijder' worden uitgesproken, als aai, ou en aau. Poldernederlands heeft niet meteen een basis in dialecten.

   b. Het Verkavelingsvlaams heeft zijn basis in de dialecten en het wijkt af van het ABN op gebied van uitspraak, maar ook zinsbouw en voornaamwoorden.

9. Sommige mensen redeneren dat 'een kleine taal als het Nederlands alle sprekers bij elkaar moet houden om sterk te staan'. Daarom zouden die 'nieuwe loten' de eenheid van de taal verzwakken.

10. Stroop zegt dat de nieuwe taalvarianten ontstaan zijn omdat taalgebruikers het ABN hebben aangepast aan hun behoeften en wensen. Het heeft volgens Stroop te maken met het verschil tussen de Vlaamse en de Nederlandse identiteit, verschillen die, volgens hem, steeds groter lijken te worden, vooral door de Vlaamse drang naar een eigen identiteit. 'Die behoefte komt het duidelijkst tot uitdrukking in de taalwil waar het Verkavelingsvlaams het product van is', schrijft hij.

11. Volgens Stroop is het onmogelijk om taalontwikkelingen te sturen en sprekers ertoe te bewegen om anders te gaan spreken of te schrijven dan ze willen. Guy Tops van de Universiteit van Antwerpen zegt ook dat niet standaardtaal, maar tussentaal de sociaal geaccepteerde norm is; dat het arrogant en afstandelijk overkomt als je in de dagelijkse omgang standaardtaal zou gebruiken.

12. De delta verwijst naar de Nederlandse rivierdelta in Zeeland, waar de rivieren de Schelde (vanuit België), de Maas en de Waal, in de Noordzee uitkomen. Het beeld van de delta is daarom symbool voor de eenheid, of het samenkomen van de Lage Landen, Nederland en Vlaanderen. Tweestromenland verwijst naar het baken van cultuur dat Mesopotamië was. In de referentie aan Nederland en Vlaanderen verwijst het naar twee bloeiende culturen die elk hun eigen kant opgaan. Op die manier past het beeld mooi in het verhaal van Stroop.

Woordenschatoefeningen

I

a.

adjectief/participium	substantief	werkwoord
ongemakkelijk	het gemak	gemakkelijk zijn
verschillend	het verschil	verschillen
afwijkend	de afwijking	afwijken
levend	het leven	leven
aanvaardbaar	de aanvaarding de aanvaardbaarheid	aanvaarden
toekomstig	de toekomst	toekomst hebben
genormeerd	de norm/normering	normeren
wenselijk	de wens	wensen
belangrijk	het belang	belang hebben

b.

1 beschouwing 2 bewegingen 3 gebruik 4 aanpassing 5 sprekers 6 verwachting 7 redenering 8 richting 9 verandering 10 verdediging

c.

These are examples only, there are many other possibilities.

1. Nou, hij *beweerde* dat zijn collega hem vorige week in zijn kantoor bedreigd zou hebben. (beweren)
2. Dat zou ik niet durven *stellen*, ik denk wel dat ze aan belang inboeten.
3. Je ziet het toch meer en meer in de winkelstraten en -ramen *verschijnen*, dus ik neem aan van wel.
4. Nee, daar zal je me nog van moeten *overtuigen*.
5. Dat denken sommigen, maar ik denk dat kinderen *zich* goed *ontwikkelen* als ze in een positieve, zorgende en stimulerende omgeving zitten, of dat nu thuis is of elders.
6. Dat zou ik *definiëren* als een lekker etentje met mijn vriend in een gezellige omgeving, zonder tijdsdruk of lawaai.
7. Ja, dat denk ik wel, ik *varieer* zeker in mijn begroetingen, tegen mijn docenten zeg ik bijvoorbeeld nooit 'hoi', maar altijd 'goedemorgen'. (variëren)
8. Nee, ik kan haar eigenlijk helemaal niet *waarderen*, ze heeft meer kapot gemaakt in de maatschappij dan me lief is.
9. De werknemers zullen zo wel *leren* wat de typische 'fouten' zijn, maar of ze daarom ook hun taalgedrag gaan veranderen? Dat weet ik niet.
10. Persoonlijk taalgebruik wordt vooral *gekenmerkt* door een minimum aan informatie, je weet vaak wat de ander weet, dus je hoeft niet zo expliciet te zijn. (kenmerken)

II

a.

1 bij elkaar i houden 2 van advies j dienen 3 beleid h voeren 4 een antwoord g vormen 5 toekomst d hebben 6 naar de hand e zetten 7 aan behoeften c aanpassen 8 onder de aandacht b/f brengen 9 discussie op gang b/f brengen 10 iemand ertoe a bewegen

b.

These are examples only, there are many other possibilities.

1. Ik vind het soms moeilijk om mijn kinderen *bij elkaar te houden* als we naar de supermarkt gaan, ze schieten allemaal een andere kant op.
2. Mijn vriendin de advocate heeft me destijds heel goed *van advies gediend*, toen ik problemen had met mijn werkgever.
3. De paarse regeringscoalitie *voerde* een progressief integratie*beleid* voor niet-Europese nieuwkomers.
4. Eigenlijk *vormen* die nieuwe maatregelen *een* mooi *antwoord* op de groeiende ontevredenheid onder de bevolking wat het sociale woningbeleid betreft.
5. Niemand weet of bibliotheken zoals we die nu nog kennen, *een toekomst hebben*, misschien wordt het binnenkort allemaal digitaal.
6. Verdorie, zij weet de mannen rondom haar zo *naar haar hand te zetten*, het is niet gewoon, ze springen werkelijk als ze iets vraagt.
7. Het is altijd belangrijk om een nieuw beleid *aan de behoeften* van de lokale bevolking *aan te passen*.
8. Het recente incident heeft de hele kwestie van kindermisbruik opnieuw *onder de aandacht gebracht*, als het al verdwenen was.
9. De recente arrestaties onder journalisten hebben een hele *discussie op gang gebracht* over de grenzen van privacy en het publiek belang.
10. Ze is er op een of andere manier in geslaagd *hem ertoe te bewegen* deel te nemen aan de triatlon volgend jaar; het wordt volgens mij een fiasco.

III

a.

1 elementen opnemen c in 2 het midden houden f tussen 3 in tegenstelling h/j tot 4 afkomstig zijn g uit 5 zich verbreiden d over 6 gebonden zijn e aan 7 zich wenden h/j tot 8 wijzen i op 9 het product zijn b van 10 samenvallen a met

b.

1 zijn afkomstig uit 2 houdt het midden tussen 3 is het product van 4 in tegenstelling tot 5 wijzen op 6 bent u gebonden aan 7 elementen in opgenomen 8 zich wenden tot 9 valt het einde van de Ramadan samen met 10 heeft zich verbreid over

IV

1. De recente rellen in Londen worden door sommigen *beschouwd als* een uitdrukking van machteloosheid van een groep kansloze jongeren.
2. David is een heel open type, hij kan goed opschieten met mensen *van allerlei signatuur...*
3. Tsja, hij wordt toch zo'n beetje gezien als een zanger *op zijn retour...*
4. Ik denk dat terrorisme niet met traditionele wapens kan bestreden worden. *Naar mijn mening zijn* de aanslepende conflicten...
5. Het hele universitaire systeem moet hervormd worden, *als gevolg van* het nieuwe subsidiesysteem...

6. Als kinderen opgroeien in een probleemgezin merk je daar soms niets van op school, maar het kan *in* hun latere leven *tot uitdrukking komen* . . .
7. De regering heeft maatregelen genomen *ten gunste van* langdurig werklozen . . .
8. Kinderen *hebben* al gauw *de neiging om* te denken dat . . .
9. De straatprotesten zijn na enkele weken *uitgemond in* een heuse burgeroorlog . . .

V

a.

1 prijsgeven 2 waar te nemen 3 overheerst 4 vast te stellen 5 ingeperkt

b.

1 proefpersoon (al de andere hebben iets met gerecht of rechtspraak te maken) 2 verbijste-ring (al de rest heeft iets met leren of verwerven te maken) 3 uitkomst (al de rest zijn (nega-tieve) dingen die men kan uitspreken) 4 mislukking (al de rest heeft specifiek met arbeid of inspanning te maken) 5 lompheid (al de rest heeft met klachten of ziektes te maken, waarmee je naar de dokter gaat)

c.

1 naar 2 bij 3 op 4 van 5 met

Chapter 10 Fan en idool

| Vragen bij tekst 1

1.
   a. 'Met welk gedrag je de eeuwige sympathie van je idool kunt verwerven.'
   b. Kleren die de verering markeren; de woning het karakter van een gewijde plaats geven door souvenirs uit te stallen.
2.
   a. De kern is het lichamelijke met als ideaal de eenwording met de heilige.
   b. Het opeten van gedeeltes van het lichaam van de heilige; het koesteren van gedeel-tes van het lichaam van de heilige.
3. Met stalken proberen moderne fans eveneens eenwording met de held te bereiken. Zowel de heilige als het moderne idool verstrekt identiteit. De torenhoge kwaliteiten van de heilige/het idool stralen af op de fan. De verering is een sociaal fenomeen.
4.
   a. Ze worden gebruikt om Holland een woordje mee te laten spreken in de wereld.
   b. Het is een compensatie voor de gemiste grootheid van de Gouden Eeuw en de VOC, en het dient ter compensatie van een gebrek aan nationalisme in Nederland.
5.
   a. Het is geen uiting van nationalisme, maar van saamhorigheidsgevoel.
6.
   a. Ze moeten gewoon doen, zodat de Nederlander zich met hen kan identificeren.
   b. Op de fiets naar huis gaan; het kleineren van de eigen prestaties; schaatskampioenen die na hun schaatscarrière postbode wilden worden; winnaars van de Elfstedentocht die oerhollandse beroepen als veehouder en spruitjesteler hebben.

Vragen bij tekst 2

1.
  - Nabokov kan de dagelijkse wereld zo weergeven dat deze totaal nieuw wordt. Hij observeert dingen extatisch, alsof alles een groot wonder is.
  - In Nabokovs werk is de visuele ervaring bijvoorbeeld heel belangrijk en intens. Dat is ook in mijn werk zo.
  - Over Nabokov wordt vaak de discussie gevoerd of hij als een Russische of als een Engelse schrijver gezien moet worden. Dezelfde discussie wordt over Bouazza gevoerd. Nabokov heeft in Bouazza's ogen het volmaakte antwoord gegeven: 'Er is maar één manier van schrijven en dat is schrijven uit talent. De identiteit van de schrijver is zijn stijl.'

2.
  a. Dwepen met iemands werk vindt hij prima, maar dwepen met iemands persoonlijkheid niet, want dat kan leiden tot 'het slaafs volgen van een geestelijk leider'.
  b. Hij probeert zich los te rukken van Nabokovs literaire invloed en een eigen weg te vinden, maar dat is hem pas in zijn laatste boek gelukt.
3. De stem en het uiterlijk van Elvis (kleding, lok, lach). Hij probeert niet op Elvis te lijken, maar hij heeft wel dezelfde smaak voor kleding. In de laatste alinea noemt hij ook de persoon Elvis en de droomwereld die Elvis om zich heen creëerde.
4. Elvis is een 'bron' van inspiratie, kracht en troost. Hij vergelijkt het met het geloof in Jezus Christus.

Woordenschatoefeningen

I
1 vluchtig 2 kleineren 3 afstralen 4 stoffelijk overschot 5 omslaan 6 uitdossen 7 uitlopen op 8 losrukken 9 poging 10 hardnekkig 11 toevalligheid 12 een woordje meespreken

II
1 verstrekken c verwerven 2 volmaakt e gemankeerd 3 vergezellen f verlaten 4 chagrijnig i vrolijk 5 versmelten j splitsen 6 beslist l vermoedelijk 7 protserig a sober 8 koesteren b kleineren 9 uitdossen h uitkleden 10 uitstallen g verbergen 11 in hoge mate d nauwelijks 12 letterlijk k figuurlijk

III
1 vereerde, vereerder 2 dweper 3 gelovige 4 bewonderde, bewonderaar 5 liefhebber

IV
a.
1 uitbouwen 2 binnen handbereik 3 te kennen gaf 4 begaafdheid 5 chagrijnig 6 hadden ... het gemunt op 7 voltrok zich 8 hardnekkige 9 omslag 10 is de kluts kwijt
b.
  1. Er zijn maar weinig landen die *een woordje meespreken* in de wereldpolitiek.
  2. Hij is intelligent *en niet zo'n beetje ook.*
  3. Met carnaval *heeft* zij zich *uitgedost* als smurfin. Haar vriendje ging als brilsmurf.
  4. Zij *hecht aan* een eerlijke verdeling van de huishoudelijke taken in een goed huwelijk.

5. De ontspannen houding van de voorzitter van de vergadering *stond* een goede discussie *in de weg*.
6. Het Nederlands elftal had in de weken voor het WK weinig getraind. Dat gebrek aan voorbereiding *liep uit op* een grote nederlaag in de wedstrijd tegen België.
7. Het beleid van de regering *sloeg om* toen de extreem-rechtse oppositiepartij zijn leider kwijtraakte.
8. Daar werd in de Nederlandse kranten *tot vervelens toe* over geklaagd.
9. De auteur van dat succesvolle boek *dweept met* de naturalistische romans van Emile Zola.
10. De beroemde popzanger *werd* altijd *vergezeld* door twee lijfwachten en een chauffeur.

V

de kluts kwijt zijn; een woordje meespreken; het gemunt hebben op; te lijden hebben onder; tot vervelens toe; zich verzekeren van; afstralen op; dwepen met; hechten aan; uitlopen op; vergezeld gaan van; verslaafd raken aan

VI
a.
1 prijsgeven 2 aanpakken 3 aanmoedigen 4 tornen aan 5 vermijden
b.
1 mislukking 2 plicht 3 lompheid 4 uitdaging 5 voorstander
c.
1 met 2 in 3 van 4 aan 5 bij, bij

Chapter 11 Taal en politiek

Vragen bij de tekst

1. Het is een Vlaamse uitdrukking die betekent: 30 jaar worden. Hij wordt hier bewust gebruikt omdat het een uitdrukking is die in Vlaanderen welbekend is, maar in geen enkel woordenboek staat en vooralsnog niet als standaardtaal wordt beschouwd.
2. De bescherming voor het Nederlands kwam vanuit een bepaalde hoek.
   a. In de 19de eeuw waren het leraren, priesters, lage ambtenaren en klerken.
   b. Dit waren mensen die een opleiding genoten hadden en Nederlands konden lezen en schrijven, terwijl de meeste Vlamingen dat niet konden. Zij hielden van de taal en werkten vermoedelijk met die taal – later in de tekst worden ze 'letterkundigen, filologen en andere taalminnaars' genoemd – en zij wilden dat die taal erkend werd.
   c. De tekst verwijst naar de 'elite', zoals politici, journalisten, academici, schrijvers en uitgevers.
   d. Het zijn opnieuw beroepen die veel met 'taal' te maken hebben en waarvoor het erg belangrijk is de prestigevariant te spreken. Die variant zoeken ze in Nederland, waar de cultuurtaal een feit is, en ze kijken neer op de Vlaamse spreektaal. Het Noordnederlands zou hen een beschaafder en moderner aura geven.
   e. Op het einde van de tekst zie je een contrast tussen 'het volk' en een 'select gezelschap'. Dat laatste kijkt neer op 'het volk', de Vlamingen, die niet willen klinken als

'Hollanders'. Het selecte gezelschap vindt het Vlaamse volk zelfgenoegzaam en niet open voor 'verheffing', omdat ze geen zin hebben om een Hollands getinte standaard-taal te spreken.

3. Vermoedelijk voelen veel Vlamingen dat ze een eigen taal spreken, die onderdeel is van hun identiteit en die anders klinkt dan het Nederlands in Nederland. Het 'Hollands' klinkt voor hen 'anders'. Zie ook de tekst in hoofdstuk 9, waar Jan Stroop de link tussen taal en identiteit benadrukt.

4.
   a. De in 1971 geplande 'Academie van de Nederlandse Taal' had als doel de samenwerking op het gebied van taal en letteren te coördineren en de uitstraling van het Nederlands in binnen- en buitenland te bevorderen. Dat werd de Taalunie.
   b. De Vlamingen (de elite) hopen op een culturele eenwording met Nederland, terwijl de Nederlanders het verdrag louter zien als een manier om het onderwijs van het Nederlands te stimuleren, leesbevordering, en de regels van de taal uniform te houden.
   c. De Vlamingen willen culturele integratie, want zij zien dit als een manier om 'moderner' te worden, mede door de de overname van de cultuurtaal. Hun eigen taal (en identiteit als gevolg) wordt ervaren als 'vervuild'. De Nederlanders zijn zeker van hun taal, dus zij hebben de samenwerking niet nodig.

5. Het streven naar 'Een groot Nederland dat de zestiende-eeuwse allure van de zeventien provinciën moest evenaren.'

6. Patois is een Franse term voor dialect, of taal die niet bij het centrum hoort. Het wordt vaak pejoratief gebruikt. De rest van de uitspraak geeft aan dat het een taaltje is dat sterk afwijkt van de cultuurtaal van Nederland, wat het Vlaamse Nederlands nog verder stigmatiseert.

7. De tekst spreekt van een 'offensief' van de Vlaamse Beweging om de Noordnederlandse cultuurtaal te importeren. In de jaren 50 en 60 van de vorige eeuw bloeiden allerlei ABN-verenigingen en alle kranten hadden een taalrubriek.

8. De romantische taal van 'stamverwantschap en bloedbanden' had na de Tweede Wereldoorlog een slechte klank gekregen, door de nazi-retoriek die hier ook sterk op gebaseerd was. Die associate wilde niemand. De 'neutralere' term was 'culturele integratie', een term die de Vlamingen leenden uit de nieuwe taal van de Europese eenmaking.

9.
   a. Vooral de laatste tijd had de Taalunie last van schandaaltjes omdat ze te bureaucratisch zou zijn, en andere projecten zoals de spellingsherziening, een literatuurprijs of de nieuwe literatuurgeschiedenis krijgen veel commentaar. Ook zeggen 'criticasters' dat er van taalintegratie geen sprake is.
   b. De auteur legt uit dat de verwachtingen overspannen waren en dat die taalintegratie vooral een Vlaamse droom was en nooit door de Nederlanders gedeeld werd.

10.
   a. Voorbeelden: 'waanzin' gilde de Nederlandse pers; 'verloedering' en 'oprukkende' verengelsing, waarbij de auteur zelf aanhalingstekens plaatst, om de toon en hysterie van de kritiek duidelijk te maken; de criticasters 'jammeren'.
   b. Je krijgt het idee dat de emoties hoog oplopen. Mogelijk doet de auteur dit om aan te geven dat rationaliteit in dit debat soms ver te zoeken is en emoties vaak de boventoon voeren.

11.
  a. 'ongeneeslijke', 'ziekte', 'besmetten', 'immuun', 'de ziekte slaat toe'
  b. Vermoedelijk wel omdat hij schrijft dat Brouwers het 'scherp' ziet, de ziekte-metafoor kwam van Brouwers, en Absillis, de auteur van deze tekst, neemt hem over.

12.
  a. Het selecte gezelschap zijn de journalisten, academici enzovoort, die pleiten voor de Nederlandse taalnorm in Vlaanderen.
  b. Zij kijken erg neer op de Vlaamse spreektaal, vandaar dat de sprekers ervan met het verkleinwoord 'volkje' worden benoemd. Dat is hier kleinerend en pejoratief bedoeld.

13. Aan de ene kant pleit de Taalunie voor variatie en staan ze niet meer per se voor uniformiteit. Ze willen het 'spontane Nederlands beschrijven', maar het is toch wel opvallend – zo zegt de schrijver – dat de spontaan ontwikkelende varianten zoals het Poldernederlands en het Verkavelingsvlaams, niet beschreven worden. Daaruit blijkt dat er toch nog een soort normerende rol wordt aangenomen. Volgens de auteur zou de Taalunie vooral bang zijn om schoolmeesterachtig over te komen.

Woordenschatoefeningen

I

1 politici 2 modern 3 standaardtaal 4 beschaafd 5 spontaan 6 Nederlanders 7 gillen 8 creperen 9 zakelijkheid 10 werkelijkheid 11 tweedracht 12 flagrant

II

a.

1 tegenstellingen aanscherpen 2 aanzien verwerven 3 geen moeite sparen 4 een hoogtepunt bereiken 5 een akkoord sluiten

b.

  1. In de zeventiende eeuw *bereikte* de Nederlandse economie en cultuur een absoluut *hoogtepunt*.
  2. Het recente hoofddoekjesverbod op die middelbare school *heeft* de *tegenstellingen* tussen de leerlingen alleen maar *aangescherpt*.
  3. Na nachtenlang vergaderen werd eindelijk *een akkoord* gesloten.
  4. Het was een fantastisch feest, de gastvrouw had werkelijk *geen moeite gespaard*.
  5. Die Iraanse regisseur heeft heel wat *aanzien verworven* in het westen.

III

  1. Ik zou hem eens heel graag *onder de neus willen wrijven* dat dit niets met hem te maken heeft en dat hij zich met zijn eigen zaken moet bemoeien.
  2. Het kan me eigenlijk weinig schelen of ik die baan krijg of niet, op zich vind ik het wel een interessante gelegenheid om mezelf te profileren, maar anderzijds ben ik ook best tevreden met de baan die ik nu heb; *baat het niet, dan schaadt het niet*.
  3. Sommige mensen nemen echt elk woord en verhaal uit de Bijbel, de Koran of het Wetboek *naar de letter* en nemen die als waarheid aan, terwijl ik eerder denk dat het met al die belangrijke teksten belangrijk is om ze in een historische context te zien en ze voorzichtig te interpreteren; de waarheid is heel relatief.

4. Het is moeilijk als je ouders bejaard worden en ze niet meer *bij hun volle verstand zijn*; weinig mensen zijn nog bereid hun ouders in huis te nemen, maar gelukkig zijn er tegenwoordig geweldige verzorgingstehuizen.

5. Ik heb een collega en het is onvoorstelbaar hoe weinig *kaas zij gegeten heeft van* computers en bepaalde programma's; ze kan eigenlijk nauwelijks haar e-mails organiseren. Daardoor vindt ze ook nooit iets terug en verliest ze heel veel tijd.

6. Sinds er allerlei schandalen aan het licht kwamen over priesters en misbruik, staat de katholieke kerk *in een kwalijke geur*; hun reputatie is onherroepelijk beschadigd.

7. Ik vermoed dat het het beste is als je eens rustig met een aantal mensen gaat praten; ik zou niet meteen op tafel kloppen, hogerop gaan of de pers contacteren. Dit soort problemen los je best *achter de schermen* op.

8. De wetgeving rond seksuele discriminatie op de werkvloer is eigenlijk *een dode letter*, tenminste, ze is er wel, maar niemand die er wat mee doet; ik geloof ook niet dat er al ooit iemand voor veroordeeld is.

IV
a.
ten val brengen = omverwerpen; ter discussie stellen = in vraag stellen; ter harte nemen = zich ontfermen over
b.
1 ter discussie gesteld 2 ter harte te nemen 3 ten val gebracht zou worden
c.
1 te allen tijde g altijd 2 ter attentie van a bestemd voor 3 uit den boze e met slechte bedoelingen 4 ter plaatse j daar, op die plek 5 op staande voet k onmiddellijk 6 ter sprake (komen) c over gesproken worden 7 ten hoogste i niet meer dan 8 ter ere van d voor (de glorie van) 9 ter gelegenheid van f voor (de gebeurtenis van) 10 mijns inziens b volgens mij 11 ten gunste van h voor (het voordeel van)

V
1 verloederen 2 zich te verzetten tegen 3 floreerde 4 verwijten 5 criticasters 6 vooralsnog 7 afgrijselijk 8 ongerijmd 9 hachelijk

VI
a.
1 beschouwd als 2 moet je je er altijd van verzekeren dat 3 dwepen vreselijk met 4 monden altijd uit in 5 wendt u zich dan tot
b.
1 het saamhorigheidsgevoel 2 autochtoon – allochtoon 3 voltooiing 4 lacune 5 toewijding
c.
1 hand 2 woordje 3 kluts 4 kerk 5 gemunt

Chapter 12 Duel

Vragen bij tekst 1

1 Jelmer Verhooff kijkt in het heden naar het schilderij dat hij net kapot heeft gemaakt en denkt terug aan een gebeurtenis uit zijn jeugd. Toen hij een jongen van negen jaar oud was, probeerde hij een grote vent te zijn door van de hoge duikplank te springen.

2   Hij voelt het als een extra vernedering dat hij na zijn vernederende blunder door de schooljuffrouw wordt bemoederd.

3   Het verhaal van Jelmers val van de duikplank in het Sportfondsenbad toen hij negen jaar oud was. Het verhaal van Jelmer (de volwassene) die met zijn vuist een kostbaar schilderij heeft beschadigd.

4   Te vergelijken: de klap van zijn vuist door het schilderij = de val op het water in het zwembad; beide gebeurtenissen hebben hem pijn gedaan en doen schrikken; in beide gevallen sloeg hij een modderfiguur.

Niet te vergelijken: hij heeft het water in het zwembad niet beschadigd, maar het schilderij wel; het water in het zwembad kost niets, het schilderij kost een slordige dertig miljoen euro; er waren slechts 28 klasgenoten die hem de rest van het jaar plaagden, maar in het geval van het schilderij zal hij door de hele wereldbevolking worden bespot.

5   Het schilderij heet *Untitled No. 18, 1962*. Het is een wereldwijd erkend meesterwerk. Het heeft een waarde van ruim 30 miljoen euro. Jelmer heeft het schilderij kapotgemaakt door er met zijn vuist op te slaan.

Vragen bij tekst 2

1. De curator van het Museum of Modern Art in New York heeft het gezegd. Niemand woont mooier dan Jelmer, vindt hij ook zelf. Hij woont tijdelijk in een deel van de eerste en tweede verdieping van de Nieuwe Vleugel van het Hollands Museum. Dat museum is verder momenteel leeg.

2.
  a. Jelmer zegt dat bij anderen de afgunst kan oplaaien.
  b. Daarom zegt hij dat het 'maar tijdelijk' is, dat hij geen badkamer of douche heeft, en dat hij functioneert 'als een veredelde kraakwacht'. Ook vertelt hij dat het in de winter nauwelijks warm te stoken is, en dat er geen huiselijke sfeer is.

3.
  a. Het is geen park maar een groot plantsoen dat vooral dient als uitlaatplaats (lees: toilet) voor honden en in het weekend voor amateurvoetballers. Er is nauwelijks verlichting; daarom is het 's avonds en 's nachts een sinistere leegte.
  b. Aan de ene kant ziet hij de drukke Van Baerlestraat, aan de andere kant het Museumplein (die weidse vlakte) en in de verte het Koninklijk Museum en het kapitale pand waar de directie van dat museum is gehuisvest.
  c. Van Baerlestraat met daar: Hollands Museum, Concertgebouw. Aan de andere kant van het Museumplein: Koninklijk Museum (Jelmer kan er als het ware naar binnen kijken).

4. De meesten zijn vrij snel uitgekeken op de drie kantoorvertrekken waar Jelmer woont. Zij vinden het vooral een belevenis om door de lege zalen te dwalen.

5. In een van de kantoorvertrekken staat een vergadertafel van Donald Judd die anderhalf miljoen euro waard is. De meeste bezoekers zijn daarvan niet onder de indruk, behalve de groep studenten van de Rijksacademie.

6. Ze hebben er vaak rondgelopen om tentoonstellingen te bezoeken; lege ruimtes spreken tot de verbeelding; Jelmer vergelijkt het met de film *Night at the Museum*.

7. Het museum zal worden verbouwd, daarom staat het nu leeg (maar de zalen worden wel schoongehouden).

Woordenschatoefeningen

I
1 pijnigen 2 vlakte 3 hoes 4 juf 5 wankelen 6 oplaaien 7 ballen 8 stoken 9 boel 10 drukken

II
1 slordig 2 bescheiden 3 mettertijd 4 ophanden zijnde 5 vreugdeloos 6 plichtmatig 7 spreekwoordelijk 8 onweerlegbaar 9 balorig 10 onwillekeurig

III
1 waagde 2 wankelde 3 scheurde 4 proesten 5 aanhoudt 6 joelen 7 schuilen 8 laaide op 9 pijnigde 10 aait/aaide

IV
1 de beschadiging 2 het bezoek 3 de worp 4 de leuning 5 de verspilling 6 de duik 7 de vernedering 8 de scheur 9 de rilling 10 het schot

V
a.
1 in lichterlaaie stond 2 sloeg een modderfiguur 3 uit de kluiten gewassen 4 konden zij hun geluk niet op 5 het niet te dol maken 6 met ogen op steeltjes
b.
7 er in de herfst mooi bijligt 8 om iemand aan te gapen 9 beschadigd 10 stoken

VI
a.
1 spoorde zijn vrouw Katrijn aan 2 pleitte voor 3 luidde 4 verzette ze zich niet tegen 5 verstrekken
b.
1 verschijnsel 2 overtuiging 3 opmerkelijke muzikale begaafdheid 4 eensgezindheid 5 voltooiing
c.
1 heeft de Derde Wereld vaak te lijden onder honger 2 de kluts kwijtraakte 3 geen sprake is van 4 heeft geen kaas gegeten van 5 naar hun hand zetten